ESSAIS SUR BALZAC

AF368591

DU MÊME AUTEUR :

L'Art en Espagne............................... 1 vol.

SOUS PRESSE :

Journal d'Eugène Delacroix (préface et notes).
Seconds Essais sur Balzac........................ 1 vol.

EN PRÉPARATION :

La Force intérieure (roman)........................ 1 vol.

PAUL FLAT

ESSAIS

SUR BALZAC

PARIS

LIBRAIRIE PLON

E. PLON, NOURRIT et Cie, IMPRIMEURS-ÉDITEURS

RUE GARANCIÈRE, 10

1893

Tous droits réservés

A MON CHER ET AFFECTIONNÉ

MARCEL SEMBAT

Je dédie ces Essais, en souvenir des heures précieuses et charmantes, durant lesquelles la pénétration réciproque de nos esprits développa notre intimité, et fortifia le sentiment inaltérable d'une rare amitié.

P. F.

Avril 1893.

AVANT-PROPOS

Un des phénomènes caractéristiques de l'évolution littéraire moderne est la fortune diverse et
contradictoire de ces deux maîtres du roman :
Balzac et Stendhal. Le premier, dès l'abord, força
la réputation, s'imposa comme une puissance de la
nature, s'installa dans les lettres en conquérant :
c'est qu'à côté de certaines qualités qui ne pouvaient être appréciées que de nos jours, il dévoila
dès l'origine un don de vie intense et d'intérêt poignant propre à saisir le succès immédiat, à lui
assurer la prompte réputation. Stendhal, bien au
contraire, était un composé de talents rares, un
précurseur en toutes choses, et par sa forme
d'esprit si bizarre, et par son style si curieuse-
ment voulu, et par l'attitude énigmatique de sa
personnalité d'artiste ; il le comprit lui-même
tellement bien qu'il ne s'illusionna pas un instant

a

sur sa destinée littéraire, et marqua, nous savons avec quelle merveilleuse divination, l'époque précise de sa renommée. Aujourd'hui, c'est-à-dire depuis quelque dix ans, une gloire commune unit et associe leur nom : ils nous apparaissent tous deux contemporains, par l'exceptionnelle faveur dont ils jouissent parmi les artistes, autant que par l'influence indiscutable qu'ils exercent sur les productions imaginatives de notre âge. Stendhal a pris une place que l'on peut exalter comme M. Paul Bourget, ou déplorer, en termes un peu lourds, comme M. Édouard Rod, mais qu'il faut bien constater, quoi qu'on en pense. Quant à Balzac, son nom continue, après plus d'un demi-siècle, à bénéficier de la célébrité qu'il souhaitait si ardemment, et son génie marque d'une empreinte ineffaçable les efforts littéraires en apparence les plus opposés. Ce serait une très intéressante étude que de comparer les diverses catégories de « Balzaciens », et l'on y verrait, entre autres curieuses choses, unies par une commune admiration pour le maître du roman moderne, les deux classes d'écrivains les plus irréconciliables : les *écrivains naturalistes* et les *écrivains d'idées*.

Entre Balzac et Stendhal, il convient de noter

une autre différence. Stendhal inspira toute une
série de travaux ; depuis l'époque où M. Taine le
découvrit et le mit si magistralement en lumière,
on vit se produire une floraison de critiques
et d'études ; aujourd'hui encore on continue à
s'occuper de son œuvre et à commenter son
talent : il faut reconnaître d'ailleurs que les
récentes publications inédites livrées à la curiosité des lettrés, qui dévoilent de plus en plus
l'arrière-fond de ce mystérieux esprit, consti-
tuaient des documents nouveaux, à maint égard
précieux pour l'analyste. En ce qui concerne
Balzac, il n'en fut pas ainsi : si l'on excepte la
belle étude de M. Taine — mais la dimension
même de ce travail limitait son effort — on cite-
rait difficilement, croyons-nous, un ouvrage qui
compte sur Balzac, ou plutôt sur le *génie* de Balzac ; car toute une partie du travail a été exécutée,
la partie accessoire et fragmentaire ; on a réuni
les matériaux de l'œuvre ; tout ce qui a trait à
l'élément anecdotique et biographique a été fait,
tellement fait qu'il ne reste rien à y ajouter, et
que, pour notre part, nous nous garderons soigneusement de la plus légère incursion dans ce
domaine.

Il est clair que Balzac, par la hauteur et l'immensité de son génie, se prête mal à des études du genre de celles qui furent tentées sur Stendhal. Si rare et si complexe que soit l'esprit de ce dernier, il est de dimension moins vaste et se laisse plus aisément aborder. Balzac nous apparaît comme une montagne dont l'ascension épouvante. L'occasion est ici propice d'expliquer ce que nous avons voulu. En effet, s'il s'était agi d'une analyse complète et détaillée de son œuvre, nous n'aurions eu ni la force ni le goût de l'entreprendre ; une telle besogne nous aurait semblé inutile et vaine : c'eût été à la fois trop et trop peu. Ce que nous avons cherché, ce qui restait à tenter suivant nous, c'était, une fois admis et constaté le retentissement, la réaction puissante du génie de Balzac sur l'âme moderne, de préciser les exemples de cette influence et de ce retentissement. Il ne faut donc voir dans ces « Essais » que le résultat d'heures employées à savourer Balzac, dilettantisme qui, loin d'être stérile, suggère une foule d'aperçus embrassant à la fois telle partie de l'œuvre du maître romancier et telle face de la société : nous confondons les deux termes, puisque son triomphe est précisément d'avoir réalisé cette confusion dans ses ouvrages.

Ne sont-ce point, en effet, deux choses identiques et réciproquement convertibles que l'étude de certains problèmes palpitants de la vie, et l'examen, en ses portions capitales, de l'œuvre de Balzac? Là réside son *modernisme* au regard des artistes, ce mot signifiant l'intensité de suggestion exercée sur nos âmes par tel ou tel écrivain. C'est ainsi, par exemple, que la sensibilité féminine ayant été examinée par lui sous la plupart de ses aspects, une étude des principaux types de femmes, surtout des femmes contristées et torturées par l'existence, se trouvera être en même temps une étude de la sensibilité féminine. Émettre cette idée, c'est indiquer le but et la limite même de notre effort : cet effort ne doit pas porter seulement sur les jugements, sur la critique à faire de tel ou tel ouvrage, sur les contradictions qu'il peut enfermer ; il dépasse de beaucoup et dans un sens tout différent tel ou tel type concret, pour s'attaquer au fond même de l'âme féminine, successivement envisagée par Balzac dans des milieux et des situations diverses, comme en présence d'autant de réactifs qui nous aident à pénétrer le secret de son essence !

Le point de vue auquel nous nous plaçons ici, qui a suggéré le chapitre des *Femmes malheu-*

reuses, nous pourrions le reprendre et l'appliquer de manière identique aux différentes catégories sociales étudiées par Balzac. Notre raisonnement serait le même pour le chapitre que nous avons intitulé *les Jeunes Gens*, le même encore pour celui des *Courtisanes*, s'il ne convenait d'ajouter que nous abordons ici une question plus complexe : en même temps que nous y tentons une étude de psychologie pure, nous touchons à l'un des plus graves problèmes sociaux. Dans le chapitre des *Artistes*, nous y entrons bien plus encore, en examinant ces belles études sur la presse, dans lesquelles Balzac pressent les développements et les vices du journalisme moderne.

Si les explications précédemment fournies ont bien marqué l'esprit qui a présidé à ces « Essais », le plan en apparaîtra comme forcé : d'abord une étude sur l'œuvre maîtresse de Balzac, dans laquelle, écartant de parti pris tout ce qui a trait à la genèse, aux péripéties des romans, nous nous sommes uniquement appliqué à choisir, parmi ses créations, celles où nous trouvions avec le plus d'intensité le reflet des préoccupations de nos âmes modernes : tel est l'objet de ce premier volume, consacré à la Comédie humaine. Nous

passerons ensuite à l'examen de ce qu'on pourrait appeler les parties *adjacentes* de son œuvre,
en étudiant son ingénieux effort de style comme
conteur, ses vues si profondes en matière de critique générale, ces idées si larges et trop peu
connues, par lesquelles Balzac se révèle comme
un précurseur : idées qui constituent une mine
d'une inépuisable richesse où beaucoup allèrent
puiser qui ne s'en vantèrent point. La conséquence immédiate et directe sera l'examen de sa
langue, de sa philosophie, en un mot des causes
maîtresses qui contribuèrent à faire de lui la plus
haute figure littéraire de ce siècle.

Tel est le cercle de notre effort : nous placer
en face d'une grande œuvre écrite, comme dans
un musée l'artiste se place en face des tableaux
d'un grand peintre; en jouir profondément;
noter les vibrations exquises ou puissantes qui
nous agitent; laisser enfin ces vibrations produire
en notre âme leurs conséquences nécessaires,
c'est-à-dire l'évocation de quelques idées générales sur l'Art et sur la Vie.

1893.

ESSAIS SUR BALZAC

CHAPITRE PREMIER

LA PRÉFACE DE LA « COMÉDIE HUMAINE ».

Conception d'ensemble de la *Comédie humaine* : comment elle
s'opéra. — Solidarité des phénomènes de la vie ; esprit généralisateur de Balzac. — Nature du véritable esprit scientifique. —
L'esprit *systématique*, soutien de toute grande œuvre.
L'idée *maîtresse* de la *Comédie humaine* : l'humanité et l'animalité. — Doctrine de l'*Évolution* opposée à celle de la *Création*.
— L'*Unité de plan* appliquée aux espèces sociales. La théorie
des *Milieux* et des *Types* indiquée par Balzac. Réaction de ces
idées sur l'œuvre.
Les *Idées à côté* : La théorie des *Forces*. — Conception *amorale*
de l'art. — Seule lacune de ses vues d'ensemble en ce qui touche
la religion.

« L'idée première de la *Comédie humaine* fut
d'abord chez moi comme un rêve, comme un de ces
projets impossibles que l'on caresse et qu'on laisse
s'envoler. Une chimère qui sourit, qui montre son
visage de femme et qui déploie aussitôt ses ailes en
remontant dans un ciel fantastique. Mais la chimère,
comme beaucoup de chimères, se change en réalité :
elle a ses commandements et sa tyrannie auxquels il
faut céder. » Ne vous trompez pas à cette phrase qui

figure au début de la Préface; si vague qu'elle semble au premier abord, si métaphorique qu'elle vous apparaisse et embrumée de poésie, elle n'en est pas moins suggestive en ce qui touche les tendances de l'esprit de Balzac et la manière dont s'imposa la conception d'ensemble de son œuvre.

Les phénomènes du monde lui apparurent un jour, non plus distincts et isolés comme aux intelligences moyennes qui ne sauraient embrasser la nature que fragmentairement, mais reliés entre eux par des attaches puissantes et dans un rapport de dépendance éternelle les uns à l'égard des autres. L'immense solidarité qui caractérise les manifestations de la vie et fait que, dans le choc des événements multiples, elles réagissent d'une manière aussi sûre que mystérieuse, cette solidarité dut le hanter en un jour d'obsession plus vive : le *Roman,* par conséquent, cette représentation artistique des choses, dut lui paraître susceptible, à l'image des réalités qu'il est destiné à fixer, d'une coordination par ensembles et par masses superposées. Mais comment s'opéra chez lui cette subordination d'œuvres diverses à une conception générale, cette superposition, ou, si vous aimez mieux, comment s'établit cette assise scientifique de son grand ouvrage? Tel est le point capital qu'il importe de fixer, car il nous servira à différencier Balzac d'une autre catégorie d'artistes radicalement opposés à lui. Ce travail ne se fit pas soudainement, à l'origine de ses inventions romanesques; ce ne fut pas une notion « plaquée » et artificielle.

Il s'imposa à lui lentement, sous l'influence de cet effort latent et inconscient du cerveau qui échappe à l'analyse, mais n'en produit pas moins ses effets, à l'insu de celui-là même qui les subit : ce qui ne veut pas dire qu'il se présenta d'une manière purement *déductive,* comme pourrait le faire croire la suite de sa préface. Je me l'imagine au contraire aboutissant à une sorte d'illumination soudaine, phénomène de véritable intuition, mais préparé de longue main par ses innombrables travaux antérieurs, par cette élaboration inconsciente dont nous parlions. A l'exemple de toutes les vastes généralisations philosophiques qui s'imposèrent au génie de leur inventeur avec le caractère d'évidence, et qui n'en sont pas moins le résultat d'une patiente contemplation des phénomènes particuliers de la vie, cette gigantesque vue d'ensemble de la *Comédie humaine* dut se produire avec la rigueur d'une nécessité psychologique, suite de la longue accumulation de documents qui furent ses premières œuvres. On ne saurait trop insister sur cette idée pour marquer la différence entre une conception scientifique réellement viable et les conceptions scientifiques rattachées et plaquées à un effort littéraire, ainsi que nous en vîmes naître à la suite et par esprit d'imitation (1). Celle de Balzac découle de son œuvre et s'impose comme une conclusion logique; elle fait corps avec elle au point d'en être inséparable. Les autres sont

(1) Telle la conception des « Rougon-Macquart » de M. Émile Zola.

antérieures à l'œuvre de leurs auteurs, qui paraît avoir été écrite pour les prouver; d'où cette impression qu'elles laissent d'être inefficaces et dépourvues de vie.

Plus d'une fois dans le cours de ces essais, nous aurons à indiquer le retentissement des théories philosophiques et scientifiques sur le génie de Balzac. Pour lui, comme pour tous les écrivains de premier ordre, elles formèrent l'assise de l'œuvre; elles lui communiquèrent cette sève et cette saveur exceptionnelles qui, malgré d'immenses défauts, marqueront sa place immortelle dans l'histoire des lettres. A vrai dire, il n'est pas de grand ouvrage, même de pure imagination, qui ne révèle, chez celui qui l'a composé, une vue générale des choses, une doctrine par conséquent, qui ne soit en quelque manière *systématique* et ne repose sur une conception d'ensemble de la vie. Quelle que soit leur forme, leur catégorie artistique : drame, roman, poésie, ils présentent tous ce point commun, à côté de leur affabulation individuelle, élément secondaire et contingent, de nous hausser au domaine inviolable de l'*idée,* qui est l'élément éternel. A cet égard, les productions de l'esprit peuvent se diviser en deux classes : celles qui n'ont point de soutien et sont destinées à disparaître avec les circonstances transitoires qui leur ont donné naissance; les autres à côté, qui reposent sur une puissante assise et correspondent aux besoins éternels de l'humanité. L'assise littéraire de l'œuvre de Balzac fut, sinon la connaissance, — le mot serait

trop précis, — l'intuition des grands problèmes dont
la solution devait renouveler les sciences naturelles
et les sciences morales. De même que les découvertes de Copernic et de Newton avaient précédemment bouleversé de fond en comble les notions
acquises par l'humanité sur le système du monde,
de même aussi les hypothèses fécondes des Lamarck
et des Geoffroy Saint-Hilaire allaient exercer une
réaction profonde sur l'esprit humain et renouveler
son sens de la vie. L'œuvre de Balzac est imprégnée
de cette bienfaisante influence. A ce titre, il fut au
premier chef un *moderne :* il laissa le rare et magnifique exemple d'une entière compréhension des destinées littéraires, et il semble que sa Préface ait été
composée pour donner une attestation solennelle à
cette phrase d'un de ses contemporains : — « Le
temps n'est pas loin où l'on comprendra que toute
littérature qui se refuse à marcher fraternellement
entre la science et la philosophie est une littérature
homicide et suicide. »

L'idée maîtresse de la *Comédie humaine* vient
d'une « comparaison entre l'humanité et l'animalité ». Cette proposition nous semble bien simple
aujourd'hui; il faut songer qu'elle fut formulée en
1842, c'est-à-dire sous l'influence des mémorables
discussions entre Cuvier et Geoffroy Saint-Hilaire.
A son heure, elle était étrangement hardie, mise en
tête d'œuvres d'imagination, et passa pour une surprenante innovation. Depuis lors, l'esprit humain a
marché : les vérités entrevues par Geoffroy Saint-

Hilaire, qui représentaient à cette époque la limite
extrême de l'effort scientifique, ont été reprises, con-
firmées, étendues, proclamées avec leurs conséquences, et ont abouti aux hypothèses darwiniennes.
En nous plaçant à ce point de vue, l'opposition se
fait aussitôt dans notre esprit entre la conception
ancienne de la *création,* et la conception moderne
de l'*évolution.* Au lieu de voir à tous les tournants de
la pensée l'intervention d'une puissance surnaturelle,
d'une Providence qui à chaque lacune de nos connaissances intervient comme un coup de miracle,
une autre conception a dominé notre cerveau : celle
de la continuité, des transformations successives et
insensibles grâce auxquelles toutes choses ont passé
de l'état indifférencié de la nébuleuse primitive à
travers les stades divers qui constituent l'évolution
cosmique, géologique, puis biologique, et se résument
dans les matières qui firent le fond de l'étude de
Balzac : l'évolution sociologique. Nous disons que le
retentissement d'une telle doctrine doit être considérable et universel sur un esprit. Son effet principal
est de communiquer à l'artiste, quand l'esprit qui en
est pénétré se trouve être tel, la forme de pensée
philosophique, ce qui au plus haut degré caractérise
Balzac; forme de pensée qui a pour trait capital l'intense sentiment qu'à tout phénomène, physique ou
moral, il existe une ou plusieurs causes. *Causalité,*
sentiment de la causalité : c'est un des traits saillants
de son talent littéraire. Balzac n'assista qu'à la première phase de rénovation des sciences naturelles; il

s'arrêta à Geoffroy Saint-Hilaire et ne connut rien
des théories darwiniennes. On peut se demander, on
doit même se demander l'application qu'il en eût
faite aux lettres, s'il avait vécu de notre temps, si, au
lieu d'appartenir à la première moitié de ce siècle, —
car son effort intellectuel ne dépasse guère cette
moitié, — il avait écrit à partir de 1860. Quels points
de vue nouveaux et féconds il en eût su tirer!

La belle loi d'*unité de composition*, empruntée à
Geoffroy Saint-Hilaire, qu'il cite avec enthousiasme,
tout en reconnaissant qu'elle avait été pressentie
bien avant qu'on en vînt à la formuler nettement, le
conduit à briser le cadre désormais trop étroit de sa
précédente doctrine : comparaison entre l'humanité
et l'animalité. « Il n'y a qu'un animal », dit-il plus
loin. Le mot est lâché; l'idée lui servira à étager
toute sa conception sociale. Lors même que les
découvertes des naturalistes et son impérieux besoin
de généralisation ne l'eussent point amené à procla-
mer, comme savant, l'exactitude de cette loi, sa
puissance de vision et les saisissantes analogies physionomiques entre certains types humains et les représentants de l'animalité la lui auraient imposée comme
artiste. Les exemples sont innombrables au cours de
ses œuvres, dans les minutieuses descriptions qu'il
fait des particularités physiques de ses personnages,
de l'obsession inquiétante qui s'impose à son cerveau
en face de ces analogies.

Une fois posée la loi d'*unité de plan* et sorti du
domaine de la nature pour entrer dans le domaine de

la société, le problème des différenciations individuelles ou des déformations du type primitif se présente à lui. — « La société ne fait-elle pas de
l'homme, suivant les milieux où son action se déploie,
autant d'hommes différents qu'il y a de variétés en
zoologie? » — Ici encore comme plus haut, il vit
puissamment et profondément; il pénétra jusqu'à la
cause véritable et eut le mérite de la formuler, peut-
être le premier, en ce qui touche l'espèce sociale. Il
eut la hardiesse de prononcer le mot qui, érigé plus
tard en doctrine, repris et développé par de purs
savants (1), devait faire leur fortune et établir leur
réputation. La théorie des *milieux* n'est-elle pas en
effet le point essentiel de la conception scientifique à
laquelle se rattache le nom de Darwin? Pour les
naturalistes d'aujourd'hui, c'est une vérité incontestable que les êtres vivants se sont modifiés en cent
espèces diverses sous l'action de milieux différents.
Pour les animaux, du moins pour la plupart, le seul
dont il puisse être question est le milieu physique et
matériel. Avec l'homme, les choses changent; à l'action de celui-ci s'ajoute celle d'un nouveau qui parfois contrarie le premier, mais toujours se combine
avec lui, et dont les effets l'emportent en gravité sur
les effets du milieu physique : c'est le milieu social.
L'action qu'il exerce se manifeste de la même
manière. Il ne s'agit pas, dans l'esprit de Balzac, d'une
simple figure de rhétorique, d'une comparaison litté-

(1) M. Taine en est le plus illustre exemple.

raire, mais d'une constatation scientifique rigoureusement exacte. Elle consiste en ceci que les milieux physique et social agissent tous deux en favorisant le développement, chez l'être vivant, de certaines aptitudes spéciales au détriment de certaines autres : c'est ce que la biologie appelle le phénomène de l'*adaptation;* d'où il suit que les facultés en harmonie avec le milieu finissent par régner aux dépens des autres, qui s'atrophient.

L'effet du milieu physique a été de multiplier les diverses espèces animales; l'effet du milieu social sera de multiplier les variétés de types humains. Dans ce sens, un distingué criminaliste de notre époque (1) essaya d'édifier une théorie des *types professionnels.* Il soutint que ce n'est pas le criminel seul qui dans nos sociétés apparaît comme un être à part, un type particulier, mais que tout comme pour les criminels, on pourrait pour les professionnels instituer des catégories très tranchées et reposant sur la constatation de déformations différentes. C'est identiquement l'idée qu'esquisse Balzac dans la préface de la *Comédie humaine* : « Les différences entre un soldat, un ouvrier, un administrateur, un avocat, un oisif, un savant, un homme d'État, un commerçant, un marin, un poète, un pauvre, un prêtre, sont, quoique plus difficiles à saisir, aussi considérables que celles qui distinguent le loup, le lion, l'âne, le corbeau, le requin, le veau marin, la

(1) M. Tarde.

brebis, etc. Il a donc existé, il existera donc de tout temps des espèces sociales comme il y a des espèces zoologiques. » Ces nombreuses variétés de types humains sont le produit de ce milieu social que précisait Balzac et qui a succédé, comme loi d'évolution pour l'homme, au milieu physique seul connu des animaux. Le fait de vivre en groupes crée à l'homme des conditions de vie fort différentes de celles de l'animalité et transpose d'un ordre à un autre les exigences vitales, par suite leurs conséquences. Si pour un animal le milieu physique a cet effet de lui rendre la nourriture abondante ou rare, si l'herbivore, cantonné comme le renne dans les neiges de Laponie, trouve plus difficilement sa pâture que l'antilope dans les prairies herbues de l'Afrique centrale, est-ce que l'ouvrier de nos cités modernes ne voit pas changer, lui aussi, les conditions pénibles ou faciles de son existence, mais cette fois avec les modifications apportées au milieu social ?

Telles furent les idées maîtresses et dominantes auxquelles se subordonna la conception de la vie chez Balzac : toutes scientifiques, on le voit, et puisées aux sources mêmes des découvertes modernes. Elles dominent son œuvre et la pénètrent, en ce sens que leur salutaire réaction sur la pensée de l'écrivain se fait sentir à chaque tournant; preuve qu'il ne peut s'agir ici d'une doctrine artificielle, mais au contraire parfaitement assimilée et infusant à son œuvre quelque chose comme un sang nouveau. En effet, si l'on considère, ainsi qu'il le voulait lui-même, les multiples conceptions de son génie comme un organisme vivant, à quoi pourrait-on mieux le comparer, cet ensemble de doctrines scientifiques, qu'à un principe de vie? C'est lui qui communique à ses créations cette force et cette sève, garanties d'une jeunesse éternelle; lui qui de personnages de fiction, purement imaginaires semble-t-il, fait des êtres de vie ardente et passionnée, obsédants pour l'esprit, s'imposant avec une réalité presque hallucinatoire; c'est de lui enfin que découlent les *idées à côté,* moins importantes que ses conceptions primordiales, mais qui ne s'en déduisent pas moins avec rigueur comme les conséquences d'un principe préalablement établi.

Tout d'abord, ce que l'on a appelé la *théorie des forces,* qu'il formule ainsi : « L'homme n'est ni bon, ni méchant : il naît avec des instincts et des aptitudes. » Nous examinerons plus loin (1) jusqu'à quel point Balzac osa l'appliquer et se montra par là le rival des plus grands créateurs d'âmes qui jamais aient existé. Dans cette vue d'ensemble du monde, qui lui parait conduit à des fins inconnues sous l'impulsion d'une destinée invincible, l'homme, non plus que les autres êtres, n'est soustrait aux lois fatales : il comprend que, dans cette conception nouvelle de la vie, il n'y a plus de place pour l'antique dogme de la *liberté d'agir,* et que si, dans le domaine de l'existence journalière, nous sommes encore con-

(1) Voir le chapitre des *Personnages excessifs.*

traints d'en tenir compte, puisqu'il régit les rapports
sociaux, dans celui de la spéculation ce mot n'a plus
de signification. Douloureuse et inquiétante anomalie
que la société repose sur des principes dont la faus-
seté est aujourd'hui établie; problème dont la solution paraît hors de notre portée! Balzac ne recule
point devant cette vérité qui domine toute la psychologie, dont il avait déjà magnifiquement fourni la
démonstration à l'époque où il la formulait; presque
tous ses types de vie intense et passionnée donnent
l'impression de forces en mouvement, obéissant en
aveugles à une destinée supérieure qui n'est que
l'enchaînement successif des phénomènes mentaux,
et se traduisant aussi rigoureusement par la santé ou
par la maladie que les phénomènes de la vie physique
dont ils sont les corollaires. Il n'existe peut-être dans
l'histoire des littératures qu'un artiste qui puisse à ce
point de vue être rapproché de Balzac : c'est Shakespeare; lui aussi nous communique dans ses
créations dramatiques excessives l'impression d'écra-
sement sous la main de fer de la fatalité.

De même que dans les espèces sociales Balzac ne
relève ni vertus ni vices, mais simplement des
instincts et des aptitudes, de même aussi il ne distingue dans le roman ni types moraux, ni types immo-
raux. Si le mot avait existé à son époque, il se serait
rangé lui-même comme artiste dans la catégorie des
amoraux. Durant toute son existence d'écrivain, il
eut à subir les furieux assauts de la critique et les
accusations d'immoralité qui tombaient sur son œuvre

avec une âpreté d'autant plus vive qu'il s'était donné comme tâche de peindre la vie dans son infinie complexité, qu'en conséquence les déformations morales ne pouvaient manquer d'y fourmiller. Il s'en vengea comme l'on sait, de la bonne manière, en fixant dans un immortel roman de satire les ridicules et les bassesses de ce monde du journalisme qu'il avait su percer à jour : « Quand on veut tuer quelqu'un, on le taxe d'immoralité. Cette manœuvre familière aux partis est la honte de tous ceux qui l'emploient. » — Vous sentez dans cette phrase comme un ressouvenir des blessures cuisantes que les attaques de la presse lui avaient fait endurer. La préface de la *Comédie humaine* reprend cette question vieille comme le monde, mais on peut s'étonner de ne pas l'y voir traitée avec l'ampleur qu'elle comporte. L'occasion était belle pourtant de montrer qu'une conception de la vie analogue à celle qui hantait son cerveau, impliquait la création de personnages de vie violente et passionnée : il ne s'arrêta pas à cette idée et préféra se livrer à la besogne légèrement puérile de réunir, pour les opposer aux autres, les figures irréprochables imaginées par lui. C'était là tourner court et ne pas accepter la discussion sur le terrain où il l'avait lui-même placée.

La sûreté des vues de Balzac sur les phénomènes de la vie nous est apparue vraiment géniale et digne de ce grand esprit ; il semble qu'elle l'ait abandonné sur un autre point capital, qui se rattachait pourtant à la loi d'évolution pressentie. Balzac, on le sait, était monarchiste : par tempérament et par raisonnement, il considérait le principe monarchique comme une nécessité; à la royauté il associait le catholicisme, les jugeant unis de manière indissoluble, et en cela il pensait excellemment, car il avait pénétré les causes d'évolution de cette forme religieuse qui, sous l'influence des hommes et des institutions, aboutissait à des conséquences en tout opposées à celles qu'avaient prévues ses premiers fondateurs (1). Lorsque Balzac, convaincu de l'utilité sociale du catholicisme, écrivait qu'il y voyait un système complet de répression des tendances dépravées de l'homme, et le plus grand élément d'ordre, il ne disait rien qui ne fût exactement juste; car il faut être aveugle ou fanatisé par la passion pour ne pas constater dans la religion le plus salutaire des freins individuels, la sauvegarde irremplaçable de la moralité du grand nombre. Mais quand, à côté de cette première vue et immédiatement après elle, Balzac en formulait une autre comme celle-ci : « La Pensée, principe des maux et des biens, ne peut être préparée, domptée, dirigée que par la religion », il oubliait les premiers principes qu'il avait posés. En vérité ce n'était pas la peine d'avoir édifié tout un système scientifique subordonné aux seules causes naturelles, pour en venir finalement à l'intervention d'une cause supra-terrestre dominant et expliquant toutes choses. Il semble qu'il y ait eu

____

(1) C'est là une idée que Renan a reprise et développée dans maint passage de ses études religieuses.

solution de continuité dans sa pensée ; tout au moins n'eut-il pas la hardiesse d'appliquer aux manifestations d'ordre religieux les hautes vues généralisatrices qui jusqu'alors l'avaient soutenu. La religion, en effet, nous apparaît comme un organisme enfermant des principes de vie, de développement et finalement de ruine, soumis à des lois fixes et rationnelles ; nous n'y devons voir aucune dérogation à l'ordre éternel, rien qui fasse échec à la belle loi d'unité de plan ou de composition qu'il avait appliquée aux phénomènes sociaux. Nous ne pouvons donc que constater ici chez Balzac une défaillance manifeste : il manqua à sa gloire d'étendre ses doctrines jusqu'au point où aurait dû les conduire la pensée du plus illustre des précurseurs en matière d'exégèse religieuse, ce *Spinoza* qu'il connaissait pourtant, mais dont il allait laisser à d'autres le soin d'approfondir les œuvres et de moderniser les vues !

Reconnaissons que ce furent là ses seules défaillances. Sur tous les autres points il vit juste et puissamment. Lorsque, par exemple, il touche à la question du progrès, il se pose comme un véritable philosophe en négateur du perfectionnement indéfini. Lorsque enfin, par une sorte de coup d'œil d'ensemble jeté sur son œuvre, il s'interroge à son sujet, l'occasion lui est belle d'exalter la forme d'art dont il apparaît le maître incontesté, de marquer la place grande et glorieuse du roman de mœurs dans l'histoire des littératures modernes. Par opposition avec celle des littératures antiques, il précise le rôle du roman, auxiliaire de l'histoire. C'est ainsi qu'en dehors de son intérêt comme œuvre imaginative, comme œuvre d'art, — et par là il se suffit à lui-même, — le roman de mœurs tient un rang exceptionnel. Balzac dut plus d'une fois penser, dans un de ces rêves grandioses auxquels il se complaisait, tel que celui à la faveur duquel Victor Hugo nous représente Paris à l'état de ville morte, Balzac dut penser à ce que pourrait être son œuvre dans une période lointaine pour écrire l'histoire des générations éteintes. Il lui fut loisible de songer, avec une fierté légitime, que ce qui avait manqué aux historiens des temps antiques, les historiens de l'avenir le trouveraient dans ses romans, et qu'au milieu de cet immense amas de ruines qui sont les derniers vestiges d'une civilisation disparue, l'édifice de la Comédie humaine se dresserait encore comme un monument indestructible de son génie et de sa gloire !

CHAPITRE II

LES JEUNES GENS.

Naissance du sentiment d'amour chez le jeune homme. *Calyste de Guénic.* — Éveil de la jalousie maternelle : mélange de crainte et de fierté. — Caractéristique de ce premier amour : timidité apparente. — Violence foncière de l'instinct du sexe.

Rastignac : complexité de ses tendances. — Absence de frein moral. Nature ondoyante de sa personnalité. Théorie psychologique de M. Taine. — Ses luttes; ses volte-face; pour quels motifs il doit succomber.

Point commun aux principaux jeunes gens de Balzac : *aucun principe directeur de la vie. Félix de Vandenesse.* — Souffrances des âmes d'élite. Réaction salutaire de ces souffrances : leur importance comme préparation à l'amour. — Relations du jeune homme avec la femme déjà mûre. Illusion volontaire de celle-ci : semblant de maternité.

L'amour subordonné au sentiment : *Lord Grenville.* Extrême rareté de son cas. Cause de séduction d'un ordre unique.

La naissance et le développement du sentiment d'amour dans l'âme vierge d'un adolescent, aussi tendre et naïf qu'un Fortunio, mais plus passionné que lui ou, pour parler exactement, plus porté vers les résolutions extrêmes; l'envahissement de son être par la passion exclusive, avec cette particularité de l'amour à cet âge que sa poursuite tend plutôt vers la satisfaction du sentiment lui-même que vers la possession de l'être qui en est l'objet : telle nous semble une des thèses favorites de Balzac, sur laquelle il est revenu avec complaisance dans plusieurs de ses grandes œuvres, mais qu'il n'a nulle part mieux étudiée en ses détails que dans le personnage de Calyste de Guénic. Il convient donc d'y insister comme sur une des créations les plus typiques et les plus délicatement analysées de la *Comédie humaine*.

Les antécédents physiologiques de Calyste de Guénic sont longuement expliqués par le romancier, ainsi que le milieu dans lequel s'épanouissent ses premières années d'enfance. Il nous montre son père, vieux Breton ayant de sa race l'honnête entêtement, la bravoure militaire et la noblesse morale, fidèle à ses croyances politiques et religieuses, mais borné par ces croyances mêmes, rebelle aux idées nouvelles autant qu'à l'instruction ; sa mère, la douce fille irlandaise, vivante incarnation de la beauté du Nord, tendre et soumise comme elles le sont en ce pays, née plutôt pour subir que pour partager l'amour, n'ayant d'ailleurs jamais connu qu'un sentiment intense : l'adoration de cet enfant unique qui représente tous ses espoirs et en qui elle retrouve, à peine virilisés, les principaux traits de sa nature.

De sa mère, en effet, Calyste aura la tendresse et la féminéité ; de son père, la hauteur d'âme et la fierté. Avec quel soin jaloux Fanny O'Brien veilla sur les premières années du jeune homme ! Avec quelle prudence elle écarta de lui, comme s'il se fût agi de la pureté d'une vierge, les causes de trouble et d'initiation sensuelle qui assaillent les tout jeunes gens à leur entrée dans la vie! Les mères, si pieuses qu'elles soient, ou plutôt parce qu'elles sont pieuses, et que les enseignements chrétiens ont particulièrement fixé leur attention sur ce point, ne vivent plus alors qu'avec un seul souci : éloigner de l'enfant aimé tout ce qui leur paraît de nature à altérer cette innocence si chère. Le soin qu'elles prennent de la fille est peu de chose auprès de celui qui les attache au fils; elles n'ignorent pas que la fille est gardée par son sexe même et son rôle de « passivité » dans l'amour. C'est alors chez la mère, et tout le temps qu'elle le sent sien, une joie de chaque instant. Mais aussi quelles douleurs, le jour où les premières atteintes ont terni cette pureté, où elle comprend que le fils n'est plus à elle, que l'image d'une autre femme a envahi sa pensée et soudain s'est substituée à la sienne! Ce sont des douleurs secrètes qu'elle cache avec soin, des blessures d'âme qui, par leur intensité, peuvent être comparées à celles de l'amante prévenue que son aimé la trompe. — Car il entre, ne l'oublions pas, dans un sentiment maternel de cet ordre beaucoup d'éléments inconscients du sentiment d'amour. La mère éprouve pour sa nouvelle rivale une haine d'autant plus vive qu'elle aura elle-même goûté avec moins de vivacité l'amour dans le mariage, comme Fanny O'Brien, et que son enfant unique aura été la vraie passion de sa vie.

Chose étrange! il s'ajoute à ce sentiment-là, — le fait n'est point rare, — une sorte de fierté secrète de voir leur fils, c'est-à-dire un fragment d'elles-mêmes, pesant sur une destinée humaine, s'élevant à la virilité, et nous voyons alors un bien bizarre mélange d'angoisse et d'orgueil. Balzac écrit à ce propos : « Quand les mères conçoivent les inquiétudes que ressentait la baronne, elles tremblent presque devant leur fils, elles sentent instinctivement les effets de la grande émancipation de l'amour; elles comprennent tout ce que ce sentiment va leur emporter; mais elles ont en même temps quelque joie de savoir leur fils heureux : il y a comme un combat dans leur cœur. Quoique le résultat soit leur fils grandi, devenu supérieur, les véritables mères n'aiment pas cette tacite abdication; elles aiment mieux leur enfant petit et protégé. »

L'homme pourtant se dégage de l'enfant; une force irrésistible le pousse vers l'élément féminin, qui de loin l'attire. Quelle que soit son innocence native, si soigneusement qu'ait été cultivée son âme par l'amour jaloux de sa mère, les sentiments de pudeur et de honte qui font rougir sa joue à l'approche d'une femme, les cuisants appels de la puberté lui révèlent les mystères de la vie et son véritable rôle dans l'amour. Pour l'observateur qui ne poursuit dans la marche d'un sentiment que le bonheur de l'analyse et de la contemplation, le jeune homme offre alors un spectacle d'un ordre rare. Pour la femme aimante en quête d'une tendresse entière, il est le plus délicieux objet qui puisse s'offrir à ses désirs, et celle qui sait jouir d'un si inestimable trésor, j'entends celle qui n'est pas assez craintive pour hésiter ou assez coquette pour se refuser au bonheur, celle-là se réserve des joies sans analogue.

C'est bien ainsi que Balzac a conçu le personnage de Calyste : ni sa pudeur native, ni la piété de sa mère, ni les précautions avec lesquelles elle l'a gardé, n'ont empêché la naissance soudaine de ce besoin d'aimer; il met en Camille Maupin tous ses désirs et tous ses espoirs; il tend vers elle avec l'infaillible sûreté de l'instinct. Nous retrouvons en lui l'amour pareil à celui de Chérubin, une force intérieure le poussant vers le seul être qui, à ses yeux, incarne la femme : Camille Maupin. Fût-elle moins belle, moins supérieure d'intelligence, il y volerait encore, car l'assouvissance d'un pareil désir est obsédante et absorbe l'énergie virile. Notez que tout en elle est fait pour irriter le désir : le refus de sa personne d'abord. Chez le tout jeune homme, l'amour ne se trompe pas; il tend, en dépit de son innocence, vers la fin que la nature lui a prescrite : la possession. Bien plus nettement que chez la jeune fille, qui dans le plan de la nature représente l'élément passif, le jeune homme, même ignorant en fait, a l'intuition des réalités physiques : la démonstration extérieure de sa tendresse est infiniment plus précise!...

Camille Maupin se refuse donc, non par coquetterie, — sa nature de femme artiste est la négation même de la coquetterie; — elle se refuse par crainte, parce qu'elle songe à l'avenir, parce qu'elle redoute cet avenir, parce que, malgré son exceptionnelle intelligence, il lui manque ce sentiment de haute sagesse que Schopenhauer résume si admirablement dans cette maxime : « Au lieu de nous occuper exclusivement de plans et de soins d'avenir, ou de nous livrer à l'inverse aux regrets du passé, nous devrions ne jamais oublier que le présent seul est réel, que seul il est certain, et qu'au contraire l'avenir se présente presque toujours autre que nous le pensions, et que le passé, lui aussi, a été différent; ce qui fait qu'en somme avenir et passé ont tous deux bien moins d'importance qu'il ne nous semble. »

Joignez à cela, au milieu de cette naissance à la vie, avec cette excitation constante entretenue par un refus qui s'explique mal, l'influence irritante que peut avoir sur un jeune esprit, sur une sensibilité exacerbée, la vue des belles choses, des élégances qui lui sont demeurées inconnues et que son âme d'artiste goûte avec une singulière volupté.

C'est donc avec un véritable enthousiasme sentimental, accru encore par l'enthousiasme de l'intelligence s'ouvrant au beau, que Calyste se laisse aller à la douceur de vivre auprès de Camille Maupin : elle représente pour lui l'initiation à la vie, une initiation totale dans laquelle se trouvent satisfaits le cœur et l'esprit, où seuls les sens sont tenus en échec. Lorsqu'il rentre au manoir paternel, dans son milieu honnête, mais borné, le pauvre enfant tente de faire comprendre aux siens la cause et la nature de ses enthousiasmes : « Elle a changé notre Calyste, dit la vieille aveugle en l'interrompant, car je ne comprends rien à ces paroles. Tu as une maison solide, mon beau neveu, de vieux parents qui t'adorent, de bons vieux domestiques; tu peux épouser une bonne petite Bretonne, une fille religieuse et accomplie qui te rendra heureux... C'est simple comme un cœur breton. Tu ne seras pas si promptement, mais plus solidement un riche gentilhomme. »

N'est-ce pas précisément cette simplicité, cet embourgeoisement de sa vie qui lui paraît insupportable? Il se révolte et repousse cette perspective de toutes les forces de son être : « Serais-je donc sans belles et folles amours? Ne pourrais-je trembler, palpiter, craindre, respirer, me coucher sous d'implacables regards et les attendrir? Faut-il ne pas connaître la beauté libre, la fantaisie de l'âme, les nuages qui courent sous l'azur du bonheur et que le souffle du plaisir dissipe?... Ne connaîtrai-je de la femme que la soumission conjugale; de l'amour, que sa flamme de lampe égale? » Voilà une déclaration qui nous semble aujourd'hui fortement entachée de romantisme; mais il faut songer à l'époque où elle fut écrite, et, de plus, il serait injuste de ne pas y reconnaître, sous une forme vieillie, l'ardeur immortelle et toujours vraie des premiers désirs...

Le sentiment d'amour se caractérise, à cet âge, bien plutôt par la poursuite de l'amour lui-même que de l'objet de cet amour. Comme, d'autre part, c'est une loi psychologique que tout sentiment cherche sa satisfaction dans un objet réel et précis, Calyste aime

Camille Maupin; mais la présence d'une autre femme
suffira pour que ses désirs se reportent avec une intensité au moins égale sur cette dernière. Bien plus,
tant l'imagination est ardente à cet âge, il suffira que
Camille Maupin lui fasse de Béatrice une enthousiaste description, vantant sa grâce enveloppante et
ses charmes de blonde, pour que, immédiatement,
grâce à une transformation psychologique merveilleusement comprise par Balzac, il mette en elle toute sa
complaisance. Tous ceux qui ont eu comme Calyste
une imagination très vive et un cœur également ardent, peuvent se rappeler des états d'âme analogues :
l'imagination construit une figure idéale sur une simple description, quelquefois même sur une conception qui lui est personnelle, et la cristallisation s'opère.
Dès la première entrevue de Calyste avec la jeune
femme, nous voyons un envahissement total de son
être : « En un moment, Calyste fut saisi d'un amour
qui couronna l'œuvre secrète de ses espérances,
de ses craintes, de ses incertitudes. » S'agira-t-il
désormais de Camille Maupin? Non, plus jamais.
Cette femme, d'un âge mûr sans doute, mais brillante
de génie et de tendresse concentrée, cette intelligence
qui a contribué à développer la sienne, qui, sous
l'apparence trompeuse d'une maternité plus tendre,
lui a révélé la beauté en étendant l'horizon de sa vie,
elle disparaîtra de sa pensée, et il ne songera plus
qu'à s'en servir pour atteindre à la satisfaction de son
second amour. Le jour même où, poussant le dévouement jusqu'à un point qui peut paraître invraisem-

blable, — nous y reviendrons en étudiant Camille Maupin, — elle fera mieux encore que sacrifier sa passion, elle favorisera la tendresse de Calyste pour Béatrice, ce jour-là, le jeune homme acceptera sans honte cette preuve surhumaine d'abnégation.

C'est qu'en effet, — et Balzac l'a profondément senti, comme il l'a merveilleusement rendu dans son œuvre, — l'amour sexuel, par son essence même, tient aux racines les plus égoïstes de l'être humain Il poursuit sa satisfaction avec une significative âpreté, et l'on retrouve, jusque dans le jeune homme innocent et pur, ignorant les fins de la vie, je dirai même, d'autant mieux qu'il les ignore, les traces de l'animalité primitive et quelque chose de ce qui caractérise l'appétit du mâle luttant pour la possession de la femelle. Lisez la lettre dans laquelle Calyste décrit à Béatrice son amour, et qui fait songer aux timides déclarations, ardentes néanmoins, d'un Chérubin ou d'un Fortunio : « Que suis-je pour vous? Un enfant attiré par l'éclat de la beauté, par les grandeurs morales, comme un insecte est attiré par la lumière. Vous ne pouvez pas faire autrement que de marcher sur les fleurs de mon âme, mais tout mon bonheur sera de vous les voir fouler aux pieds... Je n'ai pas d'autre génie que celui de l'amour, je n'ai rien qui me rende redoutable, et je serai devant vous comme si je ne vous aimais pas. Rejetterez-vous la prière d'un amour si humble, d'un pauvre enfant qui demande pour toute grâce à la lumière de l'éclairer, à son soleil de le réchauffer? »

Quelle humilité! quelle tendresse discrète et douce! Vous seriez tenté de voir uniquement dans ces paroles l'expansion d'une âme virginale avec ses timides et chastes désirs. Il semble que les sens et leurs obsédantes convoitises n'y aient point de part. Détrompez-vous : ce ne sont là qu'apparences vaines. Sous cette enveloppe séduisante, mais fausse, parce qu'elle cache la véritable nature, il faut découvrir et discerner l'homme naissant qui aspire avec frénésie à la possession de l'être désiré. Lorsque Calyste se promène avec Béatrice au milieu des rochers de la côte bretonne, et que celle-ci, après avoir exaspéré son amour par sa coquetterie, se laisse aller un instant, puis se reprend, goûtant le suprême plaisir de la femme sans cœur : torturer celui qui l'aime, lorsqu'il l'a saisie par la ceinture et qu'elle lui répond : « Eh bien! » d'un air imposant, une sorte de férocité jalouse s'empare de lui; l'image du rival surgit dans son cerveau. « Ne serez-vous jamais à moi? lui demanda-t-il, d'une voix étouffée par un orage de sang. — Jamais, mon ami, répondit-elle. Je ne puis être pour vous que Béatrice, un rêve. N'est-ce pas une douce chose? Nous n'aurons ni amertume, ni chagrin, ni repentir. — Et vous retournerez à Conti? — Il le faut bien. — Tu ne seras donc jamais à personne?» dit Calyste en poussant la marquise avec une violence frénétique. — J'avoue que cette violence me plaît. Je la trouve vraie, quelque objection qu'on lui puisse adresser d'être à certains points de vue en désaccord avec les précédents connus de sa conduite.

Elle me plaît comme significative de la véritable nature de l'amour, de son fond brutal, et de ses fréquents retours, malgré les dupeuses apparences du sentiment, vers le point de départ primitif!...

Calyste de Guénic, c'est le jeune homme aux prises avec l'amour, et l'amour exclusif de tout autre mobile. Mais la vie est complexe, et les passions multiples qui s'y entre-croisent sont autant de sujets d'invention pour le romancier actif et fécond; dans cette voie, suivons Balzac : il n'existe point de guide plus sûr, point de peintre plus puissant.

Être jeune et beau, mais n'avoir au service de cette jeunesse et de cette beauté pour les mettre en relief, pour les imposer, ni l'aristocratique décor de l'existence mondaine, ni la fortune qui fraye le chemin vers cette existence; être né avec des sens exquis et l'intime besoin du luxe, apparente faiblesse, accompagnement inévitable de ces délicatesses d'instincts, et ne posséder que la pension modeste du pauvre étudiant débarqué de province, à qui les sacrifices d'une mère et de sœurs généreuses constituent avec peine une rente de quelques centaines de francs; se sentir ambitieux, avide de puissance et de renommée, et ne se savoir d'autre appui que celui d'une femme du monde, influente sans doute, mais que ses innombrables devoirs absorbent inévitablement; enfin, de toute la puissance de son être aspirer à l'amour, à l'amour le plus délicat, à l'amour, — sentiment que seule peut satisfaire la possession d'une de ces femmes vues en rêve qui composent la haute société : — telles sont en quelques traits épars, à peine indiqués, les contradictions cruelles qui, dans la pensée de Balzac, donnèrent naissance à cette création d'Eugène Rastignac, le plus significatif et le plus tranché des types de jeunes gens qui s'agitent et souffrent dans ce milieu complexe du monde créé par l'imagination du grand romancier.

Ajoutez la perpétuelle lutte en une âme de vingt ans entre le devoir qu'une instinctive noblesse lui prescrit et cette ambition qui, sous toutes ses formes, l'obsède en le torturant ; représentez-vous le démoralisant exemple du succès rapide acquis au prix des plus dégradantes compromissions, du vice triomphant en tous lieux, tandis que le véritable mérite et la vertu ne récoltent souvent qu'insuccès et dédains ; imaginez enfin les troubles de conscience et les douloureuses hésitations d'une âme passionnée à laquelle une chose manque : *un principe directeur de la vie,* comme seules en possèdent les grandes âmes et les hautes intelligences ; alors peut-être comprendrez-vous dans son ensemble la plus diverse et la plus ondoyante des natures, tout comme la théorie psychologique qu'une telle nature semble le mieux justifier, d'après laquelle notre personnalité se compose uniquement des impressions multiples et des émotions successives qui la traversent.

Lorsque nous l'envisageons, cette personnalité, en considérant les états d'âme qui ont constitué notre vie antérieure, elle se présente à l'observation avec une apparence d'unité suffisante pour nous illusionner : les différents actes de l'existence, qu'elle appartienne à l'ordre actif ou contemplatif, nous semblent subordonnés à une sorte de *substance* spirituelle *une* et toujours pareille à elle-même, et c'est cette illusion qui a pu si longtemps donner tant d'autorité à la doctrine d'un « moi » conscient, indépendant et comme détaché des impressions ressenties. Mais si, pénétrant mieux au fond des choses et nous écartant du souvenir de ces états d'âme antérieurs, nous nous attachons uniquement à l'existence présente, si nous nous regardons agir, la diversité et le contraste des impressions subies, mieux encore la mobilité même de ces impressions et l'inconsistance qui en est le caractère, nous *prouvent jusqu'à l'évidence l'erreur de cette doctrine enseignée.* C'est en ce sens que l'un des philosophes qui le plus énergiquement l'ont combattue, celui qui a le plus contribué à la détruire, a pu dire avec une entière exactitude, si exagérées qu'aient paru ses conclusions : « Les idées, une fois qu'elles sont dans la tête humaine, tirent chacune de leur côté à l'aveugle, et leur équilibre imparfait semble à chaque minute sur le point de se renverser. A proprement parler, l'homme est fou, comme le corps est malade par nature ; la raison, comme la santé, n'est en nous qu'une réussite momentanée et un bel accident. »

Nous n'insisterons pas, car ce n'est point ici le lieu d'examiner des théories psychologiques ; nous n'avons qu'à nous occuper des âmes conçues et créées par Balzac. Si pourtant nous avons rappelé celle-ci, c'est qu'elle nous a paru éclairer d'une lumière particulièrement favorable les actes et les démarches du personnage que nous tentons d'analyser, et dont l'importance est capitale comme type; c'est qu'enfin, si nous nous placions non plus au point de vue du psychologue, mais au point de vue du moraliste, aucune ne pourrait mieux justifier ou excuser ces actes et ces démarches. Que parlons-nous d'excuse? Ce mot ne saurait avoir de sens, car le même philosophe, dont nous invoquions plus haut l'autorité, nous répondrait, conséquent avec sa doctrine : « En l'homme, point de puissance distincte et libre : lui-même n'est que la série de ses impulsions et de ses imaginations fourmillantes. » Et, de fait, il ne saurait être inutile de l'énoncer ici, cette doctrine, dès les premières pages de l'essai consacré à l'étude des œuvres maîtresses du grand romancier; car il n'est pas un seul ensemble d'autres écrits, sinon peut-être celui des œuvres de Shakespeare, à propos desquelles M. Taine la formulait, qui mieux que le sien en soit la vérification.

Si maintenant de la théorie psychologique, dont le propre est de revêtir un caractère d'abstraction, nous passons à l'être vivant créé par le romancier, quelle imposante démonstration va nous fournir Eugène Rastignac! Il a une âme naturellement noble, un esprit délicat et distingué, sinon supérieur. Il est ambitieux; qui pourrait le lui reprocher? L'ambition n'est que le légitime désir d'occuper dans le monde la place pour laquelle on se sent marqué. Du fond de sa province, au milieu de sa petite vie de noble ruiné, Paris lui est apparu de loin comme le centre attirant, comme le seul lieu favorable à son développement; il y est accouru. Ses intentions premières sont d'arriver par le travail et de tout devoir à son mérite. Noble résolution, mais combien difficile à tenir! « Son esprit était éminemment méridional; à l'exécution, ses déterminations devaient donc être frappées de ces hésitations qui saisissent les jeunes gens, quand ils se trouvent en pleine mer, sans savoir ni de quel côté diriger leurs forces, ni sous quel vent enfler leurs voiles. » — Le monde l'instruira vite; il aura bientôt fait de lui déconseiller les moyens qu'il envisageait dans son enfantine ignorance, de lui en montrer de moins nobles, mais aussi de plus rapides pour parvenir.

C'est d'abord en lui, sans qu'il ait le temps de raisonner, le premier éblouissement que peuvent produire sur un jeune homme de son âge, ardent, passionné, ambitieux et débordant de vie, les fascinantes splendeurs de l'existence aristocratique, qui ne laissent point de place à la réflexion, au repliement sur soi-même, à la saine critique, lesquelles mettent toutes choses à leur rang, pèsent ce qu'il y a de petit et de mesquin dans tous ces dehors et ces vaines apparences. Il éprouve comme une griserie de l'âme, et l'imagination, si puissante dans la jeunesse, contribue encore à embellir les rêves qui flottent dans son cerveau.

Ce sont ensuite, et comme contre-partie, les inévitables et douloureux froissements d'amour-propre que lui attirent son inexpérience, ses maladresses de provincial, son ignorance de l'infini détail des nuances qui constituent les usages mondains. Il comprend l'importance de la fortune pour parvenir à briller dans ce milieu, en même temps qu'il se voit pauvre, irrémissiblement pauvre; un entretien rapide avec Maxime de Trailles, le roi du dandysme de l'époque, lui révèle ce qui lui manque, ce qu'il ne saurait acquérir de sitôt. La blessure est cruelle, étant faite à son amour-propre, car l'amour-propre est chatouilleux chez un jeune homme convaincu qu'il n'a qu'à paraître pour conquérir le monde.

Un moment d'orgueil légitimement révolté le ramène à ses premières résolutions : il vivra hors du monde et conquerra la réputation qui finira par l'imposer. Mais ce n'est point impunément qu'il a fréquenté ce milieu; l'image lui est toujours présente de ces distinctions et de ces attirants dehors. La vie solitaire du travailleur obscur est faite pour des âmes mieux trempées que la sienne, et la terrible phrase de Vautrin l'obsède sans cesse : « La fortune est la vertu. » — Il deviendra donc riche : tous ses efforts tendront à ce but. D'ailleurs, il a rencontré en Mme de Beauséant un appui solide, et les conseils de cette amie sûre lui ont montré la société comme une conquête glorieuse dans laquelle il trouvera la satisfaction de ses désirs et de ses ambitions. « Traitez ce monde comme il le mérite. Vous voulez parvenir, je vous aiderai. Plus froidement vous cal-

culerez, plus avant vous irez... Frappez sans pitié,
vous serez craint... Voyez-vous, vous ne serez rien
ici, si vous n'avez pas une femme qui s'intéresse à
vous. Il vous la faut jeune, riche, élégante. Mais si
vous avez un sentiment vrai, cachez-le comme un
trésor; ne le laissez jamais soupçonner, vous seriez
perdu. Vous ne seriez plus le bourreau, vous devien-
driez la victime. Vous aurez des succès; à Paris, le
succès est tout, c'est la clef du pouvoir... Je vous
donne mon nom comme un fil d'Ariane pour entrer
dans ce labyrinthe. » — Quel est le jeune homme
qui, avec la nature de Rastignac, mobile, impression-
nable et passionné, quel est le jeune homme qui, se
sentant fort d'un tel appui, eût dirigé son existence
autrement que lui?

Mme de Beauséant lui a révélé le monde tel qu'il
est, comme un milieu de luttes capable d'exciter
son ambition et méritant le combat qu'il se sent
prêt à livrer. Vautrin, autrement profond qu'elle, à
l'aide de ses maximes brèves, concises et perçant à
jour l'immoralité des choses, porte le dernier coup à
ses résolutions premières; c'est comme un voile qui
lui couvrait la vie et qui brusquement s'est déchiré.
Son influence magnétique agit sur cette nature riche,
mais faible; une dernière lutte se livre en lui, et Balzac nous la décrit en un monologue étrangement
suggestif : « Quelle tête de fer a donc cet homme?
Il m'a dit crûment ce que Mme de Beauséant me
disait en y mettant des formes. Il me déchirait le
cœur comme avec des griffes d'acier... » Il s'assit et

reste là plongé dans une étourdissante méditation. « Être fidèle à la vertu, martyre sublime! Bah! tout le monde croit à la vertu; mais qui est vertueux? Les peuples ont la liberté pour idole; mais où est sur la terre un peuple libre? Ma jeunesse est encore bleue comme un ciel sans nuages; vouloir être grand ou riche, n'est-ce pas se résoudre à mentir, ployer, ramper?... Je veux travailler noblement, saintement; je veux travailler jour et nuit, ne devoir ma fortune qu'à mon labeur. Ce sera la plus lente des fortunes, mais chaque jour, ma tête reposera sur mon oreiller sans une pensée mauvaise. Qu'y a-t-il de plus beau que de contempler sa vie et de la trouver pure comme un lis? Moi et la vie, nous sommes comme un jeune homme et sa fiancée... Vautrin m'a fait voir ce qui arrive après dix ans de mariage... *Diable, ma tête se prend...* Je ne veux penser à rien; le cœur est un bon guide... »

Il fallait citer la page entière, car le personnage de Rastignac s'en dégage avec une entière netteté, comme on y voit la justification vivante de la doctrine psychologique que nous indiquions au début de cette étude.

Désormais la vie du monde et ses compromissions l'occuperont tout entier; il n'aura plus qu'un but : arriver à la satisfaction de ses ambitions, non plus par le travail, qu'il avait envisagé un moment comme le seul moyen noble de parvenir, mais par l'habileté. Oubliant les sacrifices que ses sœurs et sa mère, dans leur sublime dévouement, s'imposent à chaque instant de leur vie, il leur en demandera de nouveaux. Dominé par la toute-puissante influence de Vautrin, il se prêtera tacitement aux monstrueuses combinaisons de ce génial forçat; à peine résistera-t-il lorsque ces combinaisons le feront complice d'un homicide. Devenu enfin l'amant de Mme de Nucingen, il en viendra pour elle à oublier le plus sacré des devoirs, celui qu'impose la reconnaissance, et il laissera agonisant le père de sa maîtresse pour obéir à un caprice de celle-ci. Il faudra le spectacle du long martyre et de la mort de Goriot pour réveiller brusquement en lui le sentiment de sa noblesse originaire, ce mépris de l'homme supérieur à l'égard d'une société faite de conventions et de petitesses. Et les dernières paroles prononcées par Rastignac auront beau être un défi à la société : on comprend qu'il ne tardera pas à retomber sous son joug et à subir ses lois!...

Ce qui leur manque en effet à tous, presque sans exception, c'est ce « principe directeur de la vie », dont nous parlions : j'entends une de ces convictions intimes et profondes auxquelles les âmes fortement trempées subordonnent toute une existence. De quelque rares mérites que Balzac les ait dotés, qu'ils soient nés comme Calyste de Guénic avec un cœur ardent et droit, ou comme Eugène Rastignac avec de hautes et légitimes ambitions, il se rencontre toujours un moment où ils transigent avec le devoir et paraissent oublier leur passé : tel Calyste de Guénic, aimé par Camille Maupin, passant soudain de ce premier amour à la folle passion pour Béatrice de Rochefide, et ne se rappelant même plus les sacrifices surhumains grâce auxquels ses récentes tendresses ont pu se donner cours; plus tard, il épouse une jeune fille qui lui apporte le véritable amour en ce qu'il peut avoir de plus pur et de plus délicat; voici qu'il retrouve Béatrice dans le décor somptueux de l'existence parisienne; la dangereuse courtisane le reprend tout entier, lui fait fouler aux pieds ses premiers serments et le contraint aux dernières lâchetés. Tel encore Eugène Rastignac, dont nous avons essayé de montrer la nature ondoyante et l'incessante mobilité!

Balzac, comme tous les créateurs d'âme, se retrouve dans les personnages qu'il a imaginés, avec ses aspirations et ses ambitions déformées ou détournées; mais ce que leur père spirituel ne leur a point communiqué, c'est cette *volonté* énergique dont il se fit le théoricien éloquent en une œuvre que nous étudierons plus tard, et dont il donna le magnifique exemple dans le cours de sa prodigieuse carrière d'artiste. Gardons-nous pourtant de généraliser trop vite : lorsque nous en viendrons à l'examen des types d'artistes qu'il a conçus, nous le verrons là tout entier dans une de ses plus belles créations; n'eût-il point été invraisemblable que son portrait ne se trouvât pas en pied parmi la foule des personnages qui composent la *Comédie humaine?* Il n'en reste pas moins vrai, si l'on écarte cette exception, que la plupart des types en lesquels il s'efforça d'incarner la jeunesse contemporaine, demeurent aussi distants de lui par l'énergie virile qu'ils en sont rapprochés par l'ardeur de leurs aspirations !

Prenons Félix de Vandenesse, un de ceux qu'il a créés avec le plus d'amour et développés avec le plus de complaisance ! Ne parait-il pas légitime de dire que l'enfance de Félix, c'est l'enfance même de Balzac ? Lisez ses premières années, ses douleurs d'enfant incompris. Il lui prête les qualités de poésie et de rêverie dont son âme était pleine ; c'est d'ailleurs un thème qui lui est cher, qu'il développera avec insistance et avec toute l'étendue qu'il comporte dans *Louis Lambert*, qu'il aborde déjà dans le *Lys*. Lorsqu'il nous peint les premières heures de la vie contemplative de Félix de Vandenesse, son amour de la nature et de la solitude, les vexations auxquelles il est en butte : « Châtiment horrible, écrit-il, je fus persiflé sur mon amour pour les étoiles, et ma mère me défendit de rester au jardin le soir. » Il est déjà « incompris », et l'on pourrait dire de lui ce que le poète disait du jeune enfant marqué par une vocation prématurée : « Je le regardais attentivement ; il y avait dans son œil et dans son front je ne sais quoi de précocement fatal qui éloigne généralement la sympathie et qui, je ne sais pourquoi, excitait la mienne, au point que j'eus un instant l'idée bizarre que je pouvais avoir un frère à moi-même inconnu. » Quelle est l'âme songeuse qui, aux heures de repliement sur elle-même, n'a connu ces premières souffrances ? Souffrances dans la famille, qui ne comprend ni ne pressent ses aspirations et ses tendresses ; souffrances au collège, au milieu des « hideux niais » formant déjà une réduction en petit de l'humanité qu'elle connaîtra plus tard ! Rude apprentissage sans doute, mais combien précieux et combien nécessaire ! — Car rien n'y saurait suppléer. — Tel est le rôle des plus dures épreuves : si la volonté conserve assez d'énergie pour réagir, si la « vie intérieure » est assez forte pour résister aux atteintes du dehors, la douleur devient un bienfait, et ce sont des sources nouvelles et purifiantes qu'elle fait jaillir au plus intime de l'être.

Surtout quelle merveilleuse préparation à l'amour ! Comme l'âme, sevrée jusqu'alors de sentiments tendres, s'ouvre naturellement et spontanément au plus doux et au plus pénétrant ! Voyez Félix de Vandenesse à vingt ans. Toutes les puissances de son être comprimées par les vulgarités ambiantes vont prendre essor et se détendre à la faveur du sentiment le plus pur, le plus délicat et le plus ardent. Rien n'égale la douceur de ces premières rencontres avec Mme de Mortsauf : c'est la naissance soudaine de l'amour conforme au vœu de la nature ; ce sont ces premières sensations qui, dans le souvenir de ceux qui les ont goûtées en les savourant, demeurent sans analogues connues ; ce sont ces troubles indicibles qui remuent l'âme jusqu'en ses replis les plus cachés ; c'est la poésie intérieure, auxiliatrice souveraine du sentiment et qui transfigure la personne aimée ! Il n'est qu'un âge dans la vie où de semblables émotions puissent se produire; encore faut-il, pour favoriser leur éclosion, de ces coïncidences fortuites qui sont à la volupté sentimentale ce que l'inspiration visitant le poète est à la volupté créatrice ! « Des hasards inouïs, dit Félix de Vandenesse, m'avaient laissé dans cette délicieuse période où surgissent les premiers troubles de l'âme, où elle s'éveille aux voluptés. »

Que seront-elles donc ces relations du tout jeune homme avec la femme jeune encore, mais plus âgée que lui? Elles suivront des étapes successives et nettement différenciées. Tout d'abord le désir sexuel demeure au second plan, se précisant à peine et s'avouant encore moins; chez la femme, un sentiment de protection quasi maternelle domine et se fait jour à travers toutes les manifestations intérieures de tendresse : il est en quelque façon l'excuse de cette tendresse et le motif apparent dont elle la justifie à ses propres yeux; point de femme aimante et jusqu'alors malheureuse qui n'appelle son enfant le jeune homme vers qui la poussent invinciblement les puissances refoulées de son cœur; il y a dans cette illusion qu'elles nourrissent comme un mensonge sentimental qui satisfait à la fois leur conscience et leur besoin d'affection! Comment s'avoueraient-elles la véritable nature de cette affection, sans se trouver, par cet aveu même, dans l'obligation d'y renoncer? « A chaque heure, de moment en moment, notre fraternel mariage, fondé sur la confiance, devint plus cohérent. Nous nous établissions

chacun dans notre position : la comtesse m'envelop-
pant dans les nourricières protections, dans les blan-
ches draperies d'un amour tout maternel, tandis que
mon amour, séraphique en sa présence, devenait,
loin d'elle, mordant et altéré comme un fer rouge. »
— C'est là justement préciser le rôle du jeune homme
et la transformation qui s'opère en lui : l'heure arrive
en effet où la passion s'impose avec son caractère de
sexualité fatale. La nature ne peut être trompée plus
longtemps, et de même que chez l'amante, — fût-elle
la pure Henriette de Mortsauf, — elle exigera ses
droits impérieux à plus longue échéance, de même
chez Félix de Vandenesse elle s'imposera, mais avec
une autre rigueur! « Si elle demeura chaste et pure,
je fus travaillé par des idées folles que m'inspiraient
d'intolérables désirs. »

Au début de cette étude, à propos du personnage
de Calyste de Guénic, nous avons insisté sur cette loi
physiologique dont Balzac mieux que personne a
compris l'importance : c'est cette « logique amoureuse », cette implacable nécessité dans la marche
progressive du sentiment d'amour chez l'homme,
cette impossibilité où il se trouve de se confiner plus
longtemps dans le domaine du cœur qui dut amener
Balzac à imaginer l'épisode des amours de Félix
de Vandenesse avec lady Arabelle. La composition
de ce fragment du *Lys dans la vallée* relève bien
plutôt, nous semble-t-il, d'une nécessité logique de
l'amour que de l'observation saine d'un caractère
vrai! Si par l'intervention de cet épisode et sa valeur

de contraste Balzac a voulu simplement préciser une loi psychologique, — et telle est notre pensée, — cette fin de l'œuvre se justifie surabondamment ; sinon elle demeure comme une tache et une erreur. C'est dire qu'au point de vue de la pure observation le personnage de lady Arabelle est bien inférieur à la plupart de ses créations féminines : il représente la partie contestable du chef-d'œuvre qui a nom : *le Lys dans la vallée*.

Encore une fois, cet épisode, tout comme la création de femme qui s'y réfère, est le résultat d'une opposition artificielle conçue par Balzac entre deux types rigoureusement opposés ; il convient de l'envisager comme un moyen imaginé pour la vérification et l'affirmation d'une loi physiologique. « Elle — lady Arabelle — c'est Balzac lui-même qui l'écrit, était la maîtresse du corps, Mme de Mortsauf était l'épouse de l'âme. » — Tout est dans cette phrase, l'explication du contraste même qui s'est imposé à la pensée du romancier et la cause de cette création féminine qui semble conçue en dehors des conditions de la vie.

Ne nous arrêtons pas à lady Arabelle ; retenons seulement du personnage ce qui peut servir à expliquer la conduite de Félix de Vandenesse : elle représente en effet le facteur principal de sa déchéance morale ; c'est elle qui réveille en lui les sentiments bas, les idées vulgaires qui sommeillent au fond de tout homme même supérieur, et n'attendent qu'une circonstance favorable pour s'élever à la surface ;

c'est elle qui, par les piqûres savamment faites et fréquemment réitérées à son amour-propre, le détache lentement de Mme de Mortsauf, ainsi que Béatrice de Rochefide détourne Calyste de Guénic de son amour pour Camille Maupin et plus tard pour Sabine ; elle encore qui suscite les pensées de fortune et d'ambition à la réalisation desquelles Mme de Mortsauf apparaît la plus opposée. Comme Calyste, comme Rastignac, comme tant d'autres dont nous n'avons pas à nous occuper ici, car ils ne sont que les reflets atténués de ces personnages principaux, Vandenesse sent son énergie faiblir ; la volonté s'annihile et le livre impuissant aux mains cupides de lady Arabelle. Que reste-t-il désormais du jeune homme que nous avons aimé, dans lequel nous nous étions plu à voir l'incarnation de l'amour naissant ? Rien, ou bien peu de chose : il vérifie à nouveau l'idée maîtresse qui domine cette étude, à savoir, la diminution progressive de l'énergie sous l'influence déprimante du milieu.

Avec Lucien de Rubempré, la démonstration sera complète et la preuve établie, d'autant mieux que nous l'examinerons ici dans sa seconde incarnation, celle de l'homme du monde. Sa première incarnation, le Rubempré des *Illusions perdues*, relève de l'étude des artistes. Nous verrons alors comment Balzac s'est plu à représenter dans ce personnage, à côté des plus brillantes facultés intellectuelles, des plus riches dons et des plus rares séductions de l'esprit, les faiblesses et les compromissions

d'une nature d'artiste telle qu'il s'en rencontre tant,
sans consistance, comme sans réaction à l'encontre
des influences destructrices qui les environnent. Dans
le Rubempré de *Splendeurs et misères des courtisanes*, plus rien ne survit de l'artiste ; ses facultés
créatrices sont éteintes ; elle a disparu pour jamais,
cette merveilleuse facilité de production qui fit sa
gloire et sa perte ; il ne survit plus en lui que
l'homme du monde, le rival des Maxime de Trailles,
des d'Ajuta-Pinto ; mais combien inférieur à eux
comme représentant du « dandysme »! Car il est un
dandy *déchu*, et l'on ne saurait dire de lui ce qu'un
écrivain fameux notait pour caractériser cette manière de goûter la vie : « Que ces hommes se fassent nommer raffinés, incroyables, beaux, lions ou
dandys, tous sont issus d'une même origine ; tous par-
ticipent du même caractère d'opposition et de révolte ;
tous sont des représentants de ce qu'il y a de meilleur
dans l'orgueil humain, de ce besoin trop rare, chez
ceux d'aujourd'hui, de combattre et de détruire la tri-
vialité. De là naît chez les dandys cette attitude hautaine de caste provocante, même dans sa froideur.
Le dandysme apparaît surtout aux époques transitoires où la démocratie n'est pas encore toute-puissante,
où l'aristocratie n'est que partiellement chancelante
et avilie. Dans le trouble de ces époques, quelques
hommes déclassés, dégoûtés, désœuvrés, mais tous
riches de force native, peuvent concevoir le projet de
fonder une espèce nouvelle d'aristocratie, d'autant
plus difficile à rompre qu'elle sera basée sur les fa-

cultés les plus précieuses, les plus indestructibles, et sur les dons célestes que le travail et l'argent ne peuvent conférer. Le dandysme est le dernier éclat d'héroïsme dans les décadences ; et le type du dandy retrouvé par les voyageurs dans l'Amérique du Nord n'infirme en aucune façon cette idée ; car rien n'empêche de supposer que les tribus que nous nommons sauvages soient les débris de grandes civilisations disparues. Le dandysme est un soleil couchant ; comme l'astre qui décline, il est superbe, sans chaleur et plein de mélancolie. »

Voilà ce que nous représente assez exactement un Maxime de Trailles, un du Tillet, un d'Ajuta-Pinto ou tel autre de ces jeunes hommes brillants et inconsistants, tout de dehors et de vie extérieure, mais conséquents avec leurs principes et dirigeant leurs actes avec une rigoureuse logique. Voilà ce que ne peut plus être Lucien de Rubempré dans *Splendeurs et misères*. C'est une figure pâle et effacée, peinte en grisaille, si l'on peut ainsi s'exprimer ; une personnalité sans ressort qui sera tout entière à la discrétion de Vautrin, qui le domine de toute son énergie et de toute son intelligence, une personnalité destinée à s'effondrer le jour où Vautrin ne se trouvera plus derrière elle pour l'appuyer et la soutenir. Le secret de cette dernière incarnation est dans les paroles qu'il prononce lui-même : « J'ai mis en pratique un axiome avec lequel on est sûr de vivre tranquille : *Fuge, late, tace.* » — Nous retrouvons dans Lucien homme du monde les traits moraux que nous avons rencontrés déjà dans Lucien artiste, mais de plus en plus affaiblis et inclinant vers la déchéance.

« Poète, écrivain, ambitieux, vicieux, à la fois orgueilleux et vaniteux, plein de négligence et souhaitant l'ordre, un de ces génies incomplets qui ont quelque puissance pour désirer, pour concevoir, ce qui est peut-être la même chose, mais qui n'ont aucune force pour exécuter. » Il est tout entier dans cette phrase; nous le constaterons dans l'étude sur Lucien artiste : les rapports de Lucien avec Vautrin en demeurent la preuve évidente. Nous nous expliquerons ailleurs sur les relations de ces deux personnages, dont l'un semble la lumière et l'autre le reflet. N'ayant aucune énergie, il était naturel que Lucien de Rubempré se livrât corps et âme à celui qui avait pour ainsi dire passé avec lui un traité intime et secret. Sa personnalité se confond et se perd dans celle de Vautrin, qui l'absorbe et l'annihile. C'est à peine si, de temps en temps, quelques anciens scrupules de l'honnêteté primitive transparaissent et se manifestent timidement. Vautrin en a vite raison, lui montrant le but à atteindre, et justifiant les moyens par le but. Sur cette pente, Rubempré ne s'arrête pas : il joue la comédie de l'amour avec la jeune fille qu'il a intérêt à épouser; il aime ou prétend aimer Esther, et la livre au baron de Nucingen; il prend part aux intrigues qui ont pour but d'extorquer au malheureux financier les sommes énormes dont il profitera. Sa volonté n'existe plus, et le jour où Vautrin ne sera plus derrière lui, il finira par le suicide. Vautrin, d'ailleurs, résume ainsi sa nature : — « Il était faible : voilà son seul défaut, faible comme la corde de la lyre, si forte quand elle se tend. Ce sont les plus belles natures; leur faiblesse est tout uniment la tendresse, l'admiration, la faculté de s'épanouir au soleil de l'art, de l'amour, du beau que Dieu a fait pour l'homme sous mille formes... Enfin, Lucien était une femme manquée... »

Jusqu'ici, nous n'avons rencontré, en somme, que faiblesse et inconsistance dans le sentiment d'amour. Balzac ne pouvait s'en tenir là, et il ne s'y est point tenu. Sans parler des personnages de jeunes gens comme Savinien de Portenduère, comme David Séchard, comme tant d'autres encore qui trouveront leur place en des études postérieures, arrivons à *Lord Grenville*. Tandis que les Rastignac, les Rubempré, les Vandenesse, si pure à l'origine qu'ait été leur tendresse, si détachée qu'elle nous soit apparue de toute considération pratique, en viennent toujours à l'envisager comme un moyen de parvenir, comme un marchepied pour leurs ambitions politiques ou mondaines, ce sentiment, chez lord Grenville, est véritablement exempt de toute visée positive et ne tend qu'à la satisfaction de son objet.

Sans doute, il nous semble une figure de demiteinte, légèrement voilée de mélancolie septentrionale; mais la discrétion première et la persistance de son amour, ce dévouement de toute la personne à la femme qui l'a distingué, enfin ce sacrifice de sa vie pour sauver son honneur, en font un réel héros de l'amour, une noble victime du plus noble des sentiments, et lui assignent une place unique et exceptionnelle dans l'œuvre de Balzac. Sa valeur psychologique se mesure non point tant à l'importance du rôle qu'il joue qu'à la qualité de ce rôle... Tout, dans sa vie, est subordonné à son amour : il est le principe et l'origine de ses actes; aucun mobile secondaire ou bas ne vient y porter atteinte, et son exclusivisme est la garantie de sa durée.

Tout, dans son amour, — il convient de l'ajouter, — est subordonné au *sentiment,* et nous entendons par là que le sentiment est le principe directeur de toutes ses démarches: par quoi il se différencie totalement de la plupart des jeunes gens amoureux de Balzac, et par conséquent de la masse des hommes amoureux, puisque Balzac reflète en son œuvre, comme en un miroir fidèle, la société dont il fait partie; par quoi enfin il se rapproche de l'amour tel que le conçoivent les femmes aimantes, dont la caractéristique est la prédominance du sentiment.

Tel est le secret de sa force et de l'attraction invincible qu'il exerce sur Mme d'Aiglemont. « Tous les hommes ont les sens de leur sexe, dit-elle en une heure de rêveuse mélancolie; mais celui qui en a l'âme et qui satisfait ainsi à toutes les exigences de notre nature, dont la mélodieuse harmonie ne s'émeut jamais que sous la pression des sentiments, celui-là ne se rencontre pas deux fois dans notre exis-

tence. » Nous avons essayé de montrer, à propos de
Calyste de Guénic, de quelle manière et avec quelle
intensité, même chez le tout jeune adolescent, l'appétit sexuel, compliqué des brusques sursauts de la
jalousie, pouvait précipiter celui qui en était esclave
vers les résolutions extrêmes et le contraindre à des
actes d'une violence irraisonnée ; nous avons tenté
d'indiquer la persistance obsédante du désir physique, marque incontestable du rôle actif de l'élément
masculin dans l'amour. Chez lord Grenville, nous
ne trouverons rien d'analogue, rien de ce qui rapproche l'homme de l'animal, de ce qui, à certaines
heures, sous la poussée subite du désir, réveille la
brute primitive en l'être raisonnable.

En lui, les sens seront toujours subordonnés au
sentiment; on conçoit alors facilement l'attraction
toute poétique qu'il peut exercer sur une jeune femme
aux instincts délicats, dont l'unique malheur a été
de sentir avec toute son âpreté l'affreux désaccord
des réalités de l'amour avec le rêve qu'elle s'était
complue à en faire. L'émotion qui l'agite au moment
où elle aperçoit cette idéale figure à peine entrevue
se produit aussi soudaine que troublante, et Balzac
l'explique ainsi : « Les bizarres pressentiments qui
avaient si souvent agité Julie se trouvaient tout à coup
réalisés. En s'occupant d'Arthur, elle s'était complue
à croire qu'un homme, en apparence si doux, si délicat, devait être resté fidèle à son premier amour.
Parfois, elle s'était flattée d'être l'objet de cette belle
passion, la passion pure et vraie d'un homme jeune,

dont toutes les pensées appartiennent à sa bien-
aimée, dont tous les moments lui sont consacrés, qui
n'a point de détours, qui rougit de ce qui fait rougir
une femme, pense comme une femme, ne lui donne
point de rivales et se livre à elle sans songer à l'ambition, ni à la gloire, ni à la fortune. »

Comme tous ces traits, qui sont précisément les
traits moraux de lord Grenville, le différencient des
autres jeunes gens de Balzac! Ce sont eux qui, par
leur réunion et leur solidarité, constituent cette puissance sentimentale dominatrice et exclusive qui font
du jeune Anglais un personnage à part, presque féminin, malgré ses mérites intellectuels, qui sont bien
ceux d'un homme, et d'un homme supérieur.

Une première fois, il a vu Julie d'Aiglemont, et
cette apparition l'a ravi d'enthousiasme; mais son
amour discret n'a pas cherché à s'imposer, bien qu'il
eût compris et pressenti les tortures morales dont
elle souffrait. Le hasard lui a permis de la revoir; il
s'est rendu compte du rôle qu'il pourrait jouer auprès
d'elle, des services qu'il pourrait lui rendre; il s'est
attaché à sa destinée, la suivant, la soignant, mais
toujours respectueux et ne provoquant jamais l'aveu
d'un amour. Cet aveu, Mme d'Aiglemont l'a laissé
échapper; elle lui a montré la profondeur et l'intimité de sa tendresse, mais en même temps lui a fait
sentir que ses devoirs d'épouse et de mère l'empê-
chaient d'être à lui. Pas une protestation, pas une
révolte; il la quitte et s'éloigne. Pourtant, il lui devient impossible de demeurer loin d'elle; il revient

Mme d'Aiglemont va non pas *céder,* mais s'offrir; elle s'écrie : « Connaître le bonheur et mourir ! » C'est lui qui meurt pour elle; donnant ainsi, pour sauver son honneur, le plus bel exemple de dévouement qu'un homme puisse offrir !

CHAPITRE III

LES JEUNES FILLES.

Comment Balzac a conçu les jeunes filles : leur caractère de *passi-vité* dans l'amour. Il les a peintes en grisaille.
Leur impersonnalité due surtout à l'éducation. — Rôle capital de l'éducation : ce qu'elle est ; ce qu'elle devrait être. — Idées de Balzac à ce sujet : *Mme du Tillet* et *Mme Félix de Vandenesse*.
Césarine Birotteau : la jeune fille de la petite bourgeoisie. — Caractère égoïste de l'amour.
Éveil de l'amour chez la jeune fille : signes physiologiques. *Ursule Mirouet*. La jeune fille guidée par l'instinct. Balzac applique la théorie de Schopenhauer.
Eugénie Grandet. La femme créée par l'amour.
Véronique Graslin. L'amour né d'émotions intellectuelles.

Au cours d'*Eugénie Grandet*, Balzac écrit : « Dans la pure et monotone vie des jeunes filles, il vient une heure délicieuse où le soleil leur épanche ses rayons dans l'âme, où la fleur leur exprime des pensées, où les palpitations du cœur communiquent au cerveau leur chaude fécondance et fondent les idées en un vague désir ; jour d'innocentes mélancolies et de suaves joyeusetés ; quand les enfants commencent à voir, ils sourient ; quand une jeune fille entrevoit le sentiment dans la nature, elle sourit comme elle souriait enfant. Si la lumière est le premier amour de la vie, l'amour n'est-il pas la lumière du cœur ? » — En s'exprimant ainsi, Balzac ne cédait point simplement au plaisir de formuler en phrases délicieuses une observation psychologique; il présentait en outre ce que nous pourrions appeler l'idée générale qu'il s'est formée de la jeune fille et la conception d'ensemble qui fut le point de départ de ses créations virginales. Si nous les envisageons en effet par le rapide coup d'œil du souvenir, qui écarte les éléments indifférents pour retenir uniquement ceux qui sont essentiels, une chose nous frappe : c'est que Balzac les a toujours peintes en grisaille, leur donnant peu de relief, peu de personnalité, ainsi que l'exige d'ailleurs la réalité des choses. Penser ainsi, c'était se trouver en conformité avec la nature : c'était obéir aux lois de développement physiologique qui régissent l'être féminin et lui impriment le caractère de réceptivité qui lui est propre. A ses yeux, en effet, la femme est créée de toutes pièces par l'amour et n'existe pour ainsi dire pas avant que ce sentiment ait développé son être. D'où la différence, au cours de ses œuvres, entre l'importance qu'il attache à l'analyse des caractères de femmes et celle qu'il attache à l'analyse des caractères de jeunes filles. Il suffit, pour s'en convaincre, de rappeler quelques noms et de se souvenir en même temps du rôle que les personnages ainsi évoqués tiennent dans le milieu où le romancier les a placés.

Modeste Mignon, Eugénie Grandet, Césarine Birot-

teau, Céleste Colleville, Ursule Mirouet, et tant
d'autres, autant de figures douces et discrètes qui,
pour employer une expression d'école mais rendant
bien l'idée, sont plutôt « agies » qu'agissantes, subissent les circonstances parmi lesquelles le hasard les
a fait naître, et s'inclinent avec résignation devant la
force des événements qui refoulent leurs pensées ou
compriment leurs désirs !

Si l'on essaye de les classer en proportionnant leur
relief comme personnages et leur intensité comme
types au degré de conscience du sentiment d'amour,
on arrive au résultat suivant : les moins conscientes,
celles en qui ce sentiment est à peine indiqué, soit
que les instincts religieux prédominent comme chez
Céleste Colleville, dont la destinée de femme est tout
entière subordonnée à la piété, soit que la crainte
d'une autorité supérieure et respectée leur imprime
un caractère d'excessive timidité, comme à Césarine
Birotteau, celles-là connaissent l'existence du sentiment, mais osent à peine se l'avouer; il n'aura pas
d'action décisive sur leur vie de femme, et si elles en
souffrent, elles cacheront leurs souffrances. Après
Céleste Colleville et Césarine Birotteau, nous en
trouvons chez qui l'amour est plus conscient sans
être encore absorbant. Il régira certains de leurs
actes, et en plus d'une circonstance pourra les pousser à des démarches qu'elles s'expliquent à peine et
dont la cause est toute en lui : Eugénie Grandet,
par exemple, qui malgré la terreur que lui inspire
son père, arrive à tenter des choses dont l'idée ne

lui serait jamais venue si la présence de Charles
Grandet n'avait soudainement fait jaillir en son cœur
des sources vives de tendresse : Marguerite Claës
encore, trouvant dans son amour, qui chez elle est
déjà de l'instinct maternel, la force de diriger une
famille et de résister aux folies ruineuses d'un père
maniaque! Notons en passant que l'on sent dans ses
démarches plus encore la femme d'ordre, la jeune
fille née pour être mère, que la femme amoureuse :
c'est ce qui la distingue d'Eugénie Grandet. Elle
appartient à la classe des femmes qui seront plutôt
mères qu'amantes : tous ses actes s'expliquent ainsi,
et c'est un point de vue essentiel sans lequel on ne
saurait la comprendre. Nous arrivons enfin aux dernières, très rares, — car je ne vois guère que Véronique Sauviat, la future Mme Graslin, — chez lesquelles on sente en la jeune fille le rôle absorbant
que l'amour tiendra dans leur vie, instrument de douleur et de tortures morales. Nous ne parlons point
ici de celles qui, comme la Péchina et la Fos-
seuse, sont de véritables inconscientes, des malades, des irresponsables dans toute la force du terme,
et dont le cas ne saurait infirmer en rien l'exactitude
de ce que nous avançons.

Cette impersonnalité, cet effacement voulu, ne
tient pas exclusivement, dans l'idée de Balzac, à la
nature intime de la jeune fille et au caractère de
réceptivité que nous indiquions plus haut; il est par
certains points acquis, et ici se présente la grave
question de l'éducation. Elle devait venir à la pensée

du maître, pour une première raison d'abord : c'est
que toutes les questions sociales d'une réelle importance ont hanté son cerveau; puis ensuite, la place
prépondérante qu'il assigne à la femme dans la
Comédie humaine, l'amour et la tendresse profonde
qu'il manifeste pour son développement sentimental,
pour son rôle d'initiatrice de l'homme aux nuances du
désir, le culte réel qu'il professe pour cette divinité
du poète, ce sont là autant de motifs, et de motifs
puissants, pour l'avoir fait s'attacher à ce point d'où
dépendra souvent toute sa vie intérieure : Comment
la jeune femme a-t-elle été élevée quand elle était
jeune fille? Quelle éducation a-t-elle subie? Quelles
influences a-t-elle traversées? L'intérêt qu'il y voit
est et doit être énorme ; il doit l'être, *à priori* d'abord,
car nous savons que Balzac fut un des plus fervents
adeptes de la théorie « des milieux »; il en fut un
des inventeurs dans le domaine littéraire, l'ayant
appliqué le premier peut-être à l'analyse psychologique. Il l'est *à posteriori,* et il suffit, si nous voulons
être convaincus, de nous souvenir de l'analyse du
caractère de Véronique Graslin, pour comprendre
quelle importance à ses yeux pouvait avoir cette éducation sur l'avenir de la femme. Rappelons-nous cette
jeune fille, à l'imagination et au cœur vierges, élevée
dans la plus extrême retenue, ignorant tout de la vie,
d'autant mieux que son existence s'est déroulée dans
un coin de province isolée, pure comme un ange
auquel Balzac la compare. Voici que tout à coup un
livre tombe entre ses mains ! Et quel livre ! Le plus

pur, le plus inoffensif pour toute autre nature! Pour elle il devient la révélation la plus troublante de l'existence; par et à travers ce livre le monde s'explique à elle; elle en comprend les mystères, ou plutôt elle les pressent.

Si Balzac avait été un moraliste pur au lieu d'être un romancier; s'il avait écrit des œuvres pour exposer non point ce qui est, mais ce qui devrait être, il n'eût pas manqué de nous livrer le fruit de ses méditations sur ce grave sujet : comment procéder à l'éducation des jeunes filles? Comment chez la vierge, dont l'esprit sommeille encore, préparer l'éclosion de la femme qui sera demain? Sans doute il n'eût pas posé de règle absolue, car il était trop intimement convaincu de la relativité de toutes choses; il n'eût point conseillé de soumettre à une éducation identique tous les esprits féminins destinés à occuper un même rang dans la société. Il n'ignorait pas qu'en ce monde on ne doit considérer que des « individus », et que la première règle d'une éducation parfaite est d'agir « individuellement ». Cette vérité psychologique dont il avait fait la cruelle expérience au collège, il eût souhaité qu'on l'appliquât dans l'éducation des jeunes filles. Sans doute aussi, s'il est vrai de dire qu'il n'eût point posé de règle absolue, il aurait recommandé aux éducateurs de ne point appliquer le système en usage de « contention spirituelle » et d'entière ignorance de la vie. Déjà dans les *Mémoires de deux jeunes mariées* il insiste sur les inconvénients de cette méthode. A maintes reprises, dans la *Femme de trente ans*, opposant l'ignorance absolue de la jeune fille à la brutalité ordinaire des premières initiations, il indique les dangers et les irréparables malheurs qui en sont l'habituelle conséquence ; enfin les premières pages de l'œuvre intitulée : *Une fille d'Ève*, sont consacrées à la peinture de l'éducation donnée aux jeunes filles de l'aristocratie, et la manière dont il la décrit précise ses préférences et ses antipathies !

Voilà sans doute dans sa pensée ce qui contribue le plus à en faire des êtres insignifiants, ayant si peu de relief, et présentant en somme un intérêt médiocre pour le psychologue et l'observateur.

Examinons l'éducation des jeunes filles qui deviendront plus tard Mme du Tillet et Mme Félix de Vandenesse : — « Marie-Angélique et Marie-Eugénie atteignirent le moment de leur mariage, la première à vingt ans, la seconde à dix-sept ans, sans jamais être sorties de la zone domestique où planait le regard maternel. Jusqu'alors elles n'étaient allées à aucun spectacle : les églises de Paris furent leurs théâtres. » L'ignorance de la vie est poussée chez elles à ses extrêmes limites, cette ignorance qui sera cause de la révolte, qui du moins y contribuera, lorsque les réalités leur seront soudain dévoilées. « Leur instruction ne dépassa pas les limites imposées par des confesseurs élus parmi les ecclésiastiques les moins tolérants et les plus jansénistes... Jamais filles ne furent livrées à des maris ni plus pures, ni plus vierges : leur mère semblait avoir vu dans ce point,

assez essentiel d'ailleurs, l'accomplissement de tou
ses devoirs envers le ciel et les hommes. »

Le résultat, Balzac l'indique, inévitable : d'un
part, l'assurance à peu près certaine que leur unio
sera faite d'autant plus légèrement que la jeune fill
ne soupçonne même pas les obligations positives du
mariage et qu'elle n'a qu'un désir : se soustraire
l'autorité des parents qui compriment ses sentiments
d'indépendance. « Vous n'êtes pas très heureuses,
mes chères petites, leur disait le père ; mais je vous
marierai de bonne heure, et je serai content en vous
voyant quitter la maison. — Papa, disait Eugénie,
nous sommes décidées à prendre pour mari le premier homme venu. » Et le père conclut tristement,
faisant lui-même la critique de cette éducation :
« Voilà le fruit amer d'un semblable système. On
veut faire des saintes, on obtient des... Il n'acheva
pas. » — D'autre part, la crise fatale, la soudaine
révolte qui se produira lors du mariage et de ses
révoltantes initiations : — « Ève ne sortit pas plus
innocente des mains de Dieu que ces deux filles ne
le furent en sortant du logis maternel, pour aller à la
mairie et à l'église, avec la simple mais épouvantable recommandation d'obéir en toutes choses à des
hommes auprès desquels elles devaient dormir ou
veiller pendant la nuit. »

Mais alors faudra-t-il donc éclairer les jeunes filles
sur les réalités de la vie ? Qu'aurait répondu Balzac à
cette question ? J'imagine qu'il n'y eût point apporté
de solution précise et qu'il eût dit simplement en

substance : Tout dépend des natures ; il n'y a pas ici, comme en tout ce qui touche à l'éducation, de règle générale applicable à des groupes, car toute méthode doit procéder de considérations individuelles !...

Ayant vu ce qui devrait être, examinons maintenant ce qui est : Césarine Birotteau, c'est la jeune fille de la petite bourgeoisie, du milieu commerçant, élevée dans ce milieu rétréci et mesquin. Dans le portrait physique qu'en donne Balzac se trouveront unis les traits délicats et exquis d'une rare beauté physique et ces défauts de race qui ne peuvent laisser de doute sur son origine : quant à son portrait moral, il est marqué au coin de la plus parfaite entente des superfluités qui constituent l'éducation des jeunes filles, avec cette caractéristique de la supériorité de l'enfant voulue par les parents sur eux-mêmes : « Elle aimait la musique, dessinait au crayon noir la *Vierge à la chaise,* lisait les œuvres de Mmes Cottin et Riccoboni, Bernardin de Saint-Pierre, Fénelon, Racine ; son père et sa mère, comme tous ces parvenus empressés de cultiver l'ingratitude de leurs enfants en les mettant au-dessus d'eux, se plaisaient à déifier Césarine, qui heureusement avait les vertus de la bourgeoisie et n'abusait pas de leur faiblesse. » — Elle demeure le type accompli de la petite bourgeoise, d'esprit médiocre sans doute, mais capable du plus vif attachement et susceptible d'un amour constant et fidèle. Étudiez la naissance de son amour pour Popinot, le jeune homme timide et contrefait, dont elle sent avec cette

délicatesse d'âme qui n'est pas refusée aux natur[es]
même médiocres, la secrète adoration pour ell[e].
Balzac explique ici ce qui paraît un mystère d[u]
cœur féminin, à savoir, par quelles complicatio[ns]
psychologiques une jeune fille belle et riche comm[e]
Césarine Birotteau peut s'éprendre d'un infirme [et]
d'un boiteux.

Ce que certains esprits pourraient attribuer à u[n]
sentiment de générosité basé sur la pitié, Balza[c]
l'attribue à une raison d'égoïsme fort compréhen[si]-
sible. Ce lui est une occasion d'expliquer qu'à so[n]
sens et de manière générale la tendresse amoureus[e]
repose tout entière sur « l'égoïsme », c'est-à-dir[e]
sur une sorte d'instinct secret qui nous pousse spontanément vers ce qui convient à notre nature e[t]
développe nos affinités intimes. Telle est une de se[s]
idées les plus chères, une de celles qui le mieu[x]
cadrent avec son système général du monde et se[s]
théories physiologiques. Cette conception de l'amour,
aussi exacte pour ce qui tient de l'élément féminin
que pour ce qui concerne l'élément mâle, relève
directement de cette unité de plan qui suivant lui
régit le monde moral comme le monde physique :
« Quelques moralistes pensent que l'amour est la
passion la plus involontaire, la plus désintéressée, la
moins calculatrice de toutes. Cette opinion comporte
une erreur grossière. Si la plupart des hommes
ignorent les raisons qui font aimer, toute sympathie
physique ou morale n'en est pas moins basée sur les
calculs faits par l'esprit, le sentiment ou la brutalité.

L'amour est une passion essentiellement égoïste. »
— L'égoïsme de Césarine consistera donc, — et c'est
là que Balzac cherchera l'explication de sa tendresse
secrète pour Popinot — à distinguer de préférence
le jeune homme qui, par son adoration silencieuse,
par les disgrâces de sa nature physique lui paraîtra
le plus propre à lui conserver une éternelle fidélité!...

« J'ai bien observé les femmes et sais que si, chez
la plupart, l'amour ne s'empare d'elles qu'après bien
des témoignages, des miracles d'affection, si celles-là
ne rompent leur silence et ne cèdent que vaincues,
il en est d'autres qui, sous l'empire d'une sympathie
explicable aujourd'hui par les fluides magnétiques,
sont envahies en un instant. » — Cette phrase
d'analyse physiologique, ce jugement porté sur la
nature intime de la femme au point de vue amoureux, Balzac la place dans la bouche du docteur
Minoret au moment où sa pupille bien-aimée, celle
qui est devenue l'enfant de son intelligence et de son
cœur, qu'il a élevée avec la tendresse d'un père et la
perspicacité d'un « esprit », lui avoue, avec la franchise de ses vingt ans, la naissance de l'amour en
son âme.

Peu de détails sont aussi touchants dans l'œuvre
de Balzac que le récit des premières années d'Ursule
Mirouet, l'histoire de cette petite fille élevée par son
père adoptif, le vieux docteur Minoret, la douceur
et l'affection croissante dont il l'entoure, cette entière
communauté de joies et de douleurs; ce sont d'abord

les premiers soins que réclame l'enfance, et pour
lesquels Minoret a les douceurs d'une mère, les précautions d'une nourrice attentive; puis, après ces
années où l'intelligence sommeille encore, où la
conscience est comme assoupie, ce sont les premiers
éveils de la sensibilité; l'âme s'ouvre à la vie et le
rôle de l'éducateur commence; toutes les qualités
natives de la petite fille se développent et fleurissent
en ce milieu, favorable comme l'est un riche terreau
pour une plante rare; autour d'elle elle ne sent
qu'affection, douceur, sympathie raisonnée, souci
d'éducation pour son jeune esprit. Aucun souffle
impur, aucune image chagrine ne vient assiéger son
cerveau. Elle grandit cependant, et le premier motif
de tristesse qui lui vienne est l'impiété du docteur.
Minoret, en effet, est un savant de l'école matérialiste,
et un sceptique en ce qui touche la foi religieuse; il
a pourtant fait élever Ursule chrétiennement, et
c'est ce désaccord de croyances qui fait naître les
premières inquiétudes de la jeune fille. Ce qui cause
la plus vive peine à une femme réellement pieuse,
c'est de sentir que ceux qu'elle aime ne partagent
pas ses convictions. Ursule n'a que douze ans, mais
son tact développé et affiné par l'éducation lui révèle
une secrète divergence entre ses idées et celles du
docteur; elle n'a de cesse qu'elle n'ait appris la
vérité et la nature exacte des croyances de Minoret :
« Pressé de questions par l'innocente créature, il
fut impossible au docteur de cacher plus longtemps
ce fatal secret. La naïve consternation d'Ursule le fit

d'abord sourire ; mais en la voyant quelquefois triste, il comprit ce que cette tristesse annonçait d'affection. Les tendresses absolues ont horreur de toute espèce de désaccord, même dans les idées qui leur sont étrangères. » — N'est-ce pas là l'énoncé d'une vérité souvent cruelle, dont la plupart de ceux qui « pensent » ont fait la douloureuse expérience à l'âge de l'émancipation intellectuelle ? Quel est celui qui, doué d'une vraie personnalité, et poursuivant la recherche d'un but spirituel dans la franchise entière de ses convictions, n'a pas connu cette intime et vive souffrance du désaccord religieux avec ceux qui entourèrent son enfance de soins affectueux ? Mais il ne suffit pas qu'Ursule la connaisse cette divergence d'idées, il faut qu'elle y porte remède. Ce que la tendresse d'une femme n'eût sans doute pas obtenu, ce dont l'affection d'une mère ne fût certes point venue à bout, la douce insistance de cette petite fille de douze ans parvient à l'enlever.

Ursule grandit cependant, et voici qu'arrive l'âge de la puberté. Elle a le cœur tendre et son éducation n'a pas peu contribué à développer en elle tout ce qui se trouvait en germe d'affection, d'exquise puissance d'attachement ! Jusqu'alors elle ne s'est jamais vue auprès d'un homme qui fût en âge de lui inspirer de la tendresse. On conçoit quel pourra être l'effet produit sur elle par l'arrivée du jeune Savinien de Portenduère : c'est un envahissement de l'être par la toute-puissante sympathie, et comme Ursule est aussi innocente qu'ignorante, l'aveu qu'elle en fait

au docteur est « symptomatique » au premier chef :
il vaut à ce titre comme document psychologique.
On y découvre, dans la naissance subite du sentiment
d'amour, le mélange primordial de l'élément physique
et moral : « Il m'a monté, je ne sais d'où, comme
une vapeur par vagues au cœur, dans le gosier, à la
tête, et si violemment que je me suis assise. Je ne
pouvais me tenir debout, je tremblais. Mais j'avais
tant envie de le voir que je me suis mise sur la pointe
du pied : il m'a vue alors, et m'a, pour plaisanter,
envoyé du bout des doigts un baiser, et... — Et?...
— Et, reprit-elle, je me suis cachée aussi honteuse
qu'heureuse, sans m'expliquer pourquoi j'avais honte
de ce bonheur. Ce mouvement qui m'éblouissait
l'âme en y amenant je ne sais quelle puissance s'est
renouvelé toutes les fois qu'en moi-même je revoyais
cette jeune figure... Il m'a semblé que je ne devais
plus désormais m'occuper que de lui plaire. Son
regard est maintenant la plus douce récompense de
mes bonnes actions. »

Peut-il exister aveu plus franc, plus naïf, décou-
vrant mieux par cette naïveté même l'entière ignorance du mal, et nous ramenant mieux à ce qu'était
le rapprochement des êtres en des civilisations primitives? Chez la jeune fille complètement ignorante
des réalités de l'amour, non point seulement de sa fin
dernière, mais encore des ruses préparatoires dont
l'instinct de l'espèce nous environne pour atteindre à
son but, tous ces troubles physiologiques qui accom-
pagnent l'éveil du sentiment, ne correspondent à

aucune idée précise dans le cerveau de la vierge, et
peuvent faire l'objet d'un aveu d'autant plus sincère
que leur cause est plus entièrement ignorée de celle
qui fait cet aveu. Quel père, pourtant, inquiet des
premières langueurs d'une fille trop aimée, en soup-
çonnant la cause et désirant que cette cause soit pré-
cisée, quel père obtint jamais confession si franche
que celle d'Ursule au vieux docteur? Lui, vraiment
digne d'une telle confiance, il découvre à Ursule la
nature de son sentiment, lui marque l'antinomie qui
existe entre la nature et la société, et, tout en lui
indiquant que cette antinomie est artificielle, lui
enseigne qu'il faut savoir s'y soumettre!...

Assez semblable à l'amour d'Ursule Mirouet nous
apparaît celui d'Eugénie Grandet, du moins dans son
origine, dans son primitif épanouissement; infiniment
plus pitoyable et plus touchant d'ailleurs, puisqu'il
se trouve traversé par des crises cruelles et qu'il n'en
vient point à son aboutissement normal, la possession
de l'être aimé, comme il arrive pour la filleule du
docteur Minoret. Au début même, et bien que la
naissance de cet amour donne lieu à des manifestations physiologiques à peu près semblables à celles
qui troublent Ursule, nous saisissons déjà les différences. Ce qui fait la suprême consolation d'Ursule,
au milieu des plus rudes traverses, c'est l'indéfectible
tendresse du docteur, qui pour elle est plus encore
qu'un père. Nous avons montré l'ardeur de cette
affection, son caractère d'intelligente et chaude protection, ce qui est cause en un mot qu'il ne se trouve

pas une douleur d'âme, pas un chagrin qui ne soit compris et prévu par l'adorable vieillard!

Combien différente et cruellement opposée la destinée d'Eugénie Grandet! Et que l'on n'aille pas dire que son amour, pour plus effacé qu'il apparaisse, ne reste pas aussi touchant! Les manifestations sont peut-être moins soudaines; la physionomie poétique d'Eugénie Grandet est plus discrète que celle d'Ursule; mais le travail intérieur de la sympathie amoureuse y est tout aussi vif; c'est une âme plus concentrée : cela ne veut pas dire qu'elle ne souffre pas aussi cruellement!

Dans les deux œuvres, Balzac s'est proposé un but à peu près identique : étudier la naissance et le développement de l'amour en des âmes vierges, mais singulièrement tendres et dans lesquelles il devait apparaître comme une brusque irruption. L'impression produite par l'arrivée de Charles Grandet est peu différente de celle qu'éprouve Ursule à la vue de Savinien. Ce sont deux jeunes gens dans l'éclat de la première jeunesse : leur beauté physique, cette beauté qui, comme excitant à la naissance de l'amour, semble justifier pleinement la théorie de Schopenhauër, est l'origine et la cause première du sentiment d'Eugénie, comme elle fut l'origine et la cause du sentiment d'Ursule! C'est bien le fait d'une âme simple et primitive, toute voisine encore de la nature, de se laisser prendre tout d'abord aux apparences physiques. Comment ne pas trouver logique cet envahissement d'un cœur fait pour aimer sous l'influence de

ce qui lui paraît essentiellement digne d'amour : la
beauté du visage ? « Eugénie, à qui le type d'une
perfection semblable, soit dans la mise, soit dans la
personne, était entièrement inconnu, crut voir en
son cousin une créature descendue de quelque région
séraphique. » — Si réellement le sentiment d'amour
est l'éternelle duperie dont parle le philosophe allemand, grâce à laquelle le monde perpétue ses misères
et ses souffrances, les causes les plus infimes, aux
regards de ceux qui les observent en les analysant
froidement, peuvent devenir les plus puissantes et
les seules puissantes pour pousser l'être au résultat
final que la nature lui assigne. De même que dans la
sélection naturelle des animaux, et pour la perpétuité
des races, le mâle triomphe des rivaux qui l'entourent par ses avantages physiques, et conquiert les
bonnes grâces de la femelle par la supériorité qu'ils
lui confèrent, de même aussi, dans cette sorte de
sélection sociale à la faveur de laquelle s'accomplis-
sent les unions, il est de toute vraisemblance et de
toute logique que la jeune fille, docile esclave de
l'instinct, aille droit à la beauté physique la mieux
faite pour l'attirer. « La jeune fille qui, malgré le
conseil de ses parents, contrairement à toute conve-
nance, suit son penchant instinctif, offre en sacrifice
au génie de l'espèce son bonheur individuel. Elle a
agi dans le sens de la nature, c'est-à-dire de l'espèce ;
ses parents agissaient dans le sens de l'égoïsme,
c'est-à-dire de l'individu. »

Cette théorie de l'amour, qui demeurera sans

doute dans l'histoire de la philosophie la plus haute gloire de son inventeur, Balzac l'ignorait en ses grandes lignes; mais s'il ne la connaissait point comme théorie, il la pressentait, il en avait une vague intuition; et cette intuition du poëte, qui va souvent plus loin que la vue scientifique du philosophe, elle est manifeste en ces deux créations d'Ursule et d'Eugénie; elle se complétera d'ailleurs avec le personnage de Véronique Sauviat. Le soin qu'il prend de décrire ce moment physiologique chez la jeune fille, l'insistance avec laquelle il y revient, prouvent l'importance qu'il y attache.

Chez Eugénie, c'est comme une naissance nouvelle, quelque chose comme une création spontanée! L'être qui jusqu'alors était inerte et ne connaissait que deux sentiments, la crainte de son père et une respectueuse affection pour sa mère, cet être découvre aux objets qui l'environnent une intime signification; elle comprend la beauté des choses, et comme nous ne rapportons rien qu'à nous-mêmes, elle s'applique ce sens nouveau de la beauté. La coquetterie, le besoin de parure, le désir d'être aimée surgissent en même temps, et ce lui est une cuisante blessure que cette pensée de ne point plaire. La cristallisation s'est faite, et les fleurs les plus délicates du sentiment vont éclore là où il n'y avait que sécheresse et aridité! L'éveil de son esprit aux beautés naturelles s'opère également, corollaire inévitable des autres sentiments; et puisque nous parlons de cet éveil que toutes les âmes sensibles ont connu, à

l'heure où elles se trouvaient transportées par un
mouvement d'enthousiasme soit intellectuel, soit
sentimental, n'est-ce pas le lieu de noter combien il
justifie l'ingénieuse pensée du philosophe : « Un
paysage est un état de l'âme » ? Il eut le mérite, lui,
de formuler d'une façon définitive un mode de sentir
qui apparaît commun à toutes les intelligences poétiques ; mais l'idée était en germe dans plus d'une
œuvre, et notamment dans celles que nous étudions.

L'amour d'Eugénie Grandet ira désormais croissant et s'ennoblissant chaque jour ; elle est de ces
femmes qui se donnent et ne se reprennent point :
la fidélité de son sentiment ne sera pas le moins
beau fleuron de sa couronne poétique. Elle avait
aimé Charles d'un amour craintif et presque respectueux, lorsqu'il arriva auprès d'elle sous l'appareil
trompeur mais séduisant d'une élégance inconnue
pour elle ! Quand elle saura la vérité, c'est-à-dire sa
ruine totale, il lui semblera, comme à Ursule, que
les distances se sont rapprochées, et elle s'attachera
d'autant plus fidèlement qu'il souffre et lui semble
pitoyable. Son amour ne calcule pas : c'est le véritable ; il agit tout spontanément, en effet, et le
propre de sa nature est de conduire ceux qui en sont
touchés à des démarches qu'ils n'eussent même
point osé concevoir avant de le connaître. Elle est
assurément belle, d'une rare beauté, la scène où la
jeune fille, emportant la bourse qui contient son
trésor, monte dans la chambre de Charles, et, pour
le contraindre à accepter la somme que sa délica-

tesse lui fait refuser, plie le genou devant lui ; ce
mélange de hardiesse, de pudeur et de générosité,
en fait la plus touchante de l'œuvre. On comprend
comment, une fois parti, sa pensée l'accompagnera
dans ses voyages ; comment à son retour, et lorsqu'elle voit que son amour est oublié, le déchirement
de son cœur sera total, et communiquera à toute sa
vie cette immense tristesse qui ne la quittera pas,
non plus que le souvenir de son amour ! Il est des
âmes qui ne savent pas oublier, et qui donnent en
ce monde, où tout se transforme, un démenti flagrant
à l'universelle métamorphose qui régit l'ordre moral
et physique !...

La marque propre du caractère de Véronique
Sauviat, — la future Mme Graslin, — c'est que le
sentiment d'amour est né en elle non point de la
connaissance et du rapprochement d'un être semblable, comme chez les autres jeunes filles amoureuses, mais bien d'une *idée*, et en quelque façon
d'*émotions intellectuelles*. C'est là l'indice d'une nature
plus raffinée, plus complexe. Balzac a voulu nous
montrer ici — et tous les événements de sa vie de
femme s'expliqueront de la sorte — le rôle prépon-
dérant que peut tenir l'imagination dans le développement sentimental ! Cette apparition d'un sentiment
sans objet réel, sous la simple influence d'une lecture,
ce coup de foudre, explicable par la vivacité d'une
imagination qui sera dans l'avenir sa volupté et sa
torture, font du personnage de Véronique un type
qui mérite d'être examiné dans son premier épa-

nouissement de jeune fille. La femme demeurerait du reste inexplicable, si l'on ne connaissait la jeune fille.

Il convient de rappeler son origine : elle est née de parents travailleurs, dans un milieu provincial, n'ayant pour illuminer leur existence que l'amour de leur fille. Dès l'enfance on distingue chez elle la marque d'une vie intérieure très accentuée, une piété profonde, assez voisine du mysticisme. Balzac, dans la description très précise qu'il fait de sa beauté, ne manque pas d'indiquer sa destinée de malheureux amour : « Elle avait une taille moyenne... mais ses formes se recommandaient par une souplesse gracieuse, par ces lignes serpentines si heureuses, si péniblement cherchées par les peintres, que la nature trace d'elle-même si finement, et dont les moelleux contours se révèlent aux yeux des connaisseurs, malgré les linges et l'épaisseur des vêtements..... » C'est en même temps l'indication d'une beauté intérieure qui grandit avec le développement de sa nature amoureuse : « Il était impossible de voir froidement Véronique, alors qu'elle revenait de l'autel à sa place, après s'être unie à Dieu et qu'elle se montrait à la paroisse dans sa primitive splendeur. Sa beauté eût alors éclipsé celle des plus belles femmes. Quel charme pour un homme épris et jaloux que ce voile de chair qui devait cacher l'épouse à tous les regards, un voile que la main de l'amour lèverait, et laisserait retomber sur les voluptés permises ! »

L'ardeur de style et sa passion contenue sont bien l'indice du sentiment que Balzac veut exprimer : la substitution prochaine de l'amour humain à l'amour divin; les tendresses mystiques de la religion ne sont que le voile trompeur grâce auquel elle dissimule sa nature véritable !...

CHAPITRE IV

LES FEMMES MALHEUREUSES.

Seule manière de comprendre les « femmes » de Balzac : les aimer.
— Rôle de l'*imagination sympathique*.

La femme abandonnée : *Mme de Beauséant*. — Solitude hautaine
et fière. Dédain du monde. — La persistance du besoin d'aimer.

Rapports de l'homme et de la femme dans le mariage. Gravité de
la question. Souveraine maîtrise de Balzac : *Mme d'Aiglemont*.
— Contraste entre les lois sociales et les besoins des âmes supérieures. Le mariage, prostitution légale. — Première rencontre
de la jeune fille avec les réalités de l'amour. — Désaccord sensuel
entre les époux. Infériorité fréquente du mari : *le colonel d'Aiglemont*.

La fidélité dans l'amour ; fidélité au souvenir : elle manque à Julie
d'Aiglemont.

Mme de Mortsauf : prédilection de Balzac pour ce personnage.
Avec quel amour il l'a peint. Sa vie n'est qu'une souffrance
ininterrompue. — Illusions de maternité.

Les âmes qui ont une fin unique : l'amour. *Mme Graslin* et Mme
de Mortsauf. Points communs et différences. Disproportion du
rêve et de la réalité. — Les femmes mères ; les femmes amantes.
— La souffrance, cause de développement de la vie intérieure. —
L'adultère moral aussi grave que l'adultère physique.

Mme Hulot : l'amour conjugal résigné. Sentiment du devoir accompli. Objections adressées au personnage. Défense de Mme Hulot.

Mme Claës : sentiment d'amour chez la femme contrefaite. Séduction morale toujours renouvelée ; séduction physique toujours la
même.

La faiblesse, séduction décisive des femmes de Balzac. Caractère
transfigurateur de la poésie.

« Se sentir destinée au bonheur et périr sans le
recevoir, sans le donner... Une femme!... Quelle

douleur! » Vous entendez ces paroles et la plainte mélancolique qu'exhale, en les prononçant, le plus compréhensif des écrivains et le plus expert en tendresses féminines. Il y a dans cette phrase si pleine de douceur, si puissamment suggestive, comme un immense pardon, comme une absolution sans réserves prononcée par Balzac en faveur de ces âmes malheureuses dont l'unique faute fut d'avoir demandé à la vie plus que la vie ne peut donner, de n'avoir pu se résigner à mourir sans amour, lorsqu'elles sentaient que l'amour seul pouvait satisfaire les puissances inassouvies de leur être, de nous apparaître enfin comme une vivante démonstration de l'antinomie qui persiste, éternelle, entre les aspirations secrètes des créatures d'élite et les conventions sociales auxquelles elles sont contraintes de subordonner ces aspirations! Il n'est qu'une manière de les comprendre, c'est de les envelopper d'une tendresse égale à celle qu'éprouvait pour elles le poète qui les créa; ici, l'imagination sympathique doit intervenir et jouer son rôle tout-puissant; par et à travers elle, la conception même de l'écrivain est recréée à nouveau dans l'esprit qui les contemple; en dehors d'elle et sans elle, il ne peut exister qu'inintelligence et totale incompréhension!

Dans ce long martyrologe de l'amour qui est la *Comédie humaine,* entre toutes ces femmes, ou jeunes ou d'un âge mûr, auxquelles la vie et ses rudes épreuves ont communiqué des doutes cruels sur l'existence du bonheur, il n'est peut-être pas de plus

noble figure, sinon de plus touchante, que celle de
Mme de Beauséant, *la femme abandonnée ;* il n'en
est pas qui donne un plus entier démenti à cette insi-
nuation d'un critique sur l'œuvre du romancier, à
savoir que Balzac n'a pas créé de types féminins ac-
complis. Accompli, certes il l'est, ce type de la
femme abandonnée, non qu'il se développe suivant
la lente et patiente progression dont le romancier a
donné l'exemple en d'autres créations féminines :
Mme d'Aiglemont, Mme de Mortsauf et Mme Graslin, que nous aurons à étudier ici même, puisqu'elles sont, elles aussi, des incarnations de la
souffrance amoureuse. Le type de Mme de Beauséant n'est, à proprement parler, qu'une esquisse,
mais une esquisse exécutée par un maître, dans
laquelle il a su mettre autant d'âme, autant de
pitié sympathique que dans ses peintures les plus
célèbres comme les plus poussées ; et de même que
l'œil d'un amateur expert découvre souvent plus de
saveur, une saveur d'un ordre autrement rare, à la
simple ébauche qu'au portrait fini, de même aussi le
lecteur psychologue goûte peut-être un charme aussi
intense à ce récit de quarante pages ; il en emporte
le souvenir d'une figure aussi attachante que si l'œuvre
avait eu les proportions d'un long roman.

Elle nous apparaît d'une rare noblesse, cette femme
qui vit retirée dans la pensée de son amour et de sa
faute, isolée du monde qui ne saurait la comprendre
et qu'elle méprise, conservant au milieu de la solitude cette hauteur et cette fierté, caractéristiques des

grandes âmes. Elle représente, dans le domaine du *sentiment*, ce que peuvent être dans celui de la *pensée* ces *intellectuels* qui traversent la vie, solitaires, tout entiers à leur œuvre, et ne se commettant avec quiconque, sinon avec ceux qu'ils savent, infiniment rares, être leurs frères spirituels. Taxés d'orgueil et d'égoïsme, ils passent pour des maniaques et des excentriques, sauf aux regards de leurs égaux ou de ceux qui, les comprenant, méritent par cela même d'en être compris. N'est-ce pas le cas de Mme de Beauséant? Le monde, dont elle a violé les lois, méprisé les conventions, n'a pour elle que dédains. Qu'irait-elle faire au milieu de lui? Elle n'y rencontrerait qu'inintelligence et cruauté; car ce qu'il pardonne le moins, c'est une supériorité quelconque, l'existence seule de cette supériorité étant la proclamation de son universelle insuffisance. Il n'a d'indulgence que pour ce qui lui ressemble, et toute atteinte aux conventions qui sont sa loi suscite aussitôt ses mépris et sa haine. Ce qu'il peut le moins concevoir, ce qu'en tout cas il ne saurait jamais admettre, c'est qu'à des êtres d'exception par la noblesse de leur âme une équitable répartition des choses devrait une vie d'exception, et que la révolte des cœurs doit suivre de près celle des intelligences : « Elle présentait noblement son front, un front d'ange déchu, qui s'enorgueillit de sa faute et ne veut point de pardon... N'étant ni épouse, ni mère, repoussée par le monde, privée du seul cœur qui pût faire battre le sien sans honte... elle devait prendre sa force en elle-même, vivre de sa propre vie et n'avoir d'autre espérance que celle de la femme abandonnée; attendre la mort, en hâter la lenteur, malgré les beaux jours qui lui restaient encore. »

Existait-il un être qui la pût rompre, cette solitude, une créature sur terre pouvant lui faire oublier que la vie est une souffrance, mais qu'à cette souffrance, et par instants, le doux abandon à l'amour doit apporter un allègement? Un seul en était capable, celui qui, par une inépuisable sympathie, par une tendresse jeune et faite pour rajeunir, saurait éveiller à nouveau, sans froisser les souvenirs d'autrefois, l'immortel instinct de tendresse qui nous fait persévérer dans l'espoir, comme l'instinct de vie nous pousse à persévérer dans l'existence... Gaston de Nueil n'est ici qu'un personnage secondaire; l'œuvre a été conçue uniquement pour Mme de Beauséant. Il n'est aux yeux de Balzac que l'instrument nécessaire à la démonstration de cette vérité d'âme. Et voyez avec quelle simplicité, quelle spontanéité les sentiments naturels reprennent leurs droits! Gaston est d'abord repoussé, mais Mme de Beauséant l'écoute une fois : elle se trouve aussitôt conquise. Il se dépeint lui-même comme un jeune homme au cœur tendre; il flatte Mme de Beauséant en lui faisant entrevoir qu'elle seule peut le rendre heureux. Il parle de passion dans cette froide solitude. Moyen sûr, moyen infaillible pour atteindre au but qu'il se propose : « Mme de Beauséant était privée depuis trop longtemps des émotions que donnent les sentiments vrais

finement exprimés, pour ne pas en sentir vivement
les délices... En écoutant l'accent vrai avec lequel
Gaston lui parlait des malheurs de sa jeunesse, elle
devinait les souffrances imposées par la timidité aux
grands enfants de vingt-cinq ans... Elle trouvait en
lui le rêve de toutes les femmes, un homme chez lequel n'existaient encore ni cet égoïsme de famille et
de fortune, ni ce sentiment personnel, qui finissent
par tuer dans leur premier élan le dévouement, l'honneur, l'abnégation, l'estime de soi-même. »

De ces aveux du jeune homme, de cette sincérité,
de cette ardeur d'amour, naît soudain, comme une
fleur délicate, la sympathie, consolatrice de l'âme
malheureuse... Ce sont d'abord des refus à soi-même,
des raisons de ne point s'abandonner à ce nouveau
sentiment : la fierté de la femme une première fois
trompée, la noblesse de son attitude faite de réserve
et de dédain, l'opinion même du monde, qu'elle méprise sans doute, mais aux yeux duquel elle ne veut
point passer pour avoir eu un second amour; autant
de motifs pour écarter au premier instant le sentiment
qui la pénètre... La nature pourtant l'emportera, et
la sincérité de ses aveux, le récit qu'elle sera amenée
à entreprendre de sa vie antérieure triompheront des
considérations qui l'avaient retenue : cette vie, elle
la raconte telle qu'elle fut; toute jeune, âme déjà
incomprise au milieu du monde qui l'entourait, elle
dit comment ce monde lui fut hostile en la mariant
sans lui révéler ce qu'était le mariage, comment elle
n'a pas voulu appartenir à l'homme qu'elle n'aimait

pas, et comment elle a brisé ses liens. Elle a cherché le bonheur et s'est donnée, avec amour cette fois ; puis sont venus l'abandon et ses irréparables douleurs !

L'amour a été la conséquence de ces réciproques aveux. Quelle puissance l'empêchera désormais de se développer et de grandir ? Le souvenir d'un premier abandon, la différence d'âge entre elle et Gaston de Nueil ! Ce sont là les raisons qu'elle lui écrit pour le détourner d'elle... Mais sa lettre est un appel, et quand le jeune homme vient la retrouver en hâte au pays où elle a fui, elle ouvre ses bras pour l'y recevoir. Elle se donne, et qui trouverait le courage de l'en blâmer ? Qui pourrait, même ayant excusé le premier amour, lui reprocher le second, sous le prétexte qu'elle invoquait, essayant en quelque sorte de se tromper elle-même ? Il faudrait avoir l'esprit quinteux du critique moral pour ne point absoudre ce que le monde appelle une « seconde chute », comme il faudrait une intelligence fermée aux lois psychologiques pour ne pas voir dans son cas une affirmation éclatante de l'immortelle persistance du besoin d'aimer qui régit les nobles âmes ! La vie, d'ailleurs, dans sa cruelle et rigoureuse logique, se chargera de venger les lois sociales, et le romancier, dont la plus haute gloire est de créer à l'image de la vie, nous peindra les tristesses suivant les joies de ce second amour, l'abandon à nouveau après la possession, enfin l'irrémissible désenchantement que rien ne saurait plus guérir !...

Parmi les écrivains qui ont étudié la question des rapports de l'homme et de la femme dans le mariage, il n'en est pas qui, mieux que Balzac, aient montré l'importance du problème et l'aient plus dramatiquement présenté... Nous aurons à examiner plus loin dans ses détails l'œuvre où il résume ses opinions sur ce point et nous confie, en maximes assez voisines de celles des moralistes, le fruit de ses méditations. Mais une telle œuvre, si considérable qu'elle fût, ne pouvait suffire à épuiser la matière; disons mieux, elle ne pouvait être qu'une exception, car sa forme même était contraire au génie de son auteur, et son caractère d'abstraction en opposition flagrante avec la nature intime de l'artiste : le propre de ces natures est le besoin de créations vivantes, correspondant aux réalités de la vie; il fallait donc que sa conception d'ensemble s'affirmât en des types féminins d'une existence concrète : citer les noms de Mme d'Aiglemont, de Mme de Mortsauf et de Mme Graslin, n'est-ce pas rappeler les plus célèbres et les plus attachants?

De cette conception, une idée maîtresse se dégage, — car si les postulations les plus intimes de son génie le poussaient à de vivantes créations, ses facultés s'affirmaient invinciblement en vues générales sur le monde qu'il inventait à l'image de la société; — elle se résume de la manière suivante : *l'affirmation du contraste et de l'éternel divorce entre la plus nécessaire des institutions sociales, le mariage, et les aspirations opposées des âmes d'élite qui s'y trouvent soumises.* Si l'on s'attache, en effet, au sens des trois grandes œuvres qui contiennent le martyrologe de ses héroïnes : la *Femme de trente ans*, le *Lys dans la vallée* et le *Curé de village*, on aboutit à cette conclusion que la plus protectrice en apparence des conventions, celle qui paraît la base indispensable de l'ordre social, devient en mainte circonstance la cause des plus tragiques misères. Rien d'étonnant que Balzac, à qui n'échappait aucun des grands problèmes de la vie, se soit longuement étendu sur ce sujet et en ait fait l'assise de ses plus touchantes inventions! Rien d'étonnant non plus qu'un psychologue, qui était aussi un puissant moraliste, en soit venu à des conclusions qui peuvent déconcerter les esprits étroits, et qui pourtant, malgré leur caractère de révolte, semblent bien faites pour rallier l'opinion de l'observateur hautement détaché des considérations utilitaires, parce qu'il envisage uniquement la vérité psychologique !

Dans la confession qu'elle fait de sa vie et de ses espérances brisées, alors que retirée en une solitude assez analogue à celle de Mme de Beauséant, Mme d'Aiglemont se reporte avec une tristesse pleine de désillusions vers ses rêves de jeune fille, pour leur opposer les désenchantements de son mariage et la cruauté du destin, elle s'écrie : « Le mariage tel qu'il se pratique aujourd'hui me semble être une prostitution légale... Quels moyens ont les mères d'assurer à leurs filles que l'homme auquel elles les livrent sera un époux selon leur cœur? Vous honnis-

sez de pauvres créatures qui se vendent pour quelques
écus à un homme qui passe : la faim et le besoin
absolvent ces unions éphémères ; tandis que la société
tolère, encourage l'union immédiate, bien autrement
horrible, d'une jeune fille candide et d'un homme
qu'elle n'a pas vu trois mois durant ; elle est vendue
pour toute sa vie!... » — Paroles imprudentes,
diront les esprits étroits ; révolte dangereuse, ajou-
teront les observateurs aveugles de la loi morale.
Paroles admirables au contraire, penseront ceux
qui sont capables dans la vie de se hausser à des
vues d'ensemble et à la contemplation des états
d'âme.

Voyons en effet comment les choses se passent :
une jeune fille est élevée par sa mère, chastement et
pieusement, dans l'ignorance entière de la vie ; ses
réalités, on les lui a soigneusement cachées, non pas
seulement voilées, car il est entendu qu'aucune
image troublante ne doit même effleurer sa pensée,
laquelle, jusqu'au mariage, demeurera comme son
corps, vierge et immaculée. De l'amour elle ne connaît que le nom, ou tout au plus d'innocentes
caresses que son imagination sentimentale lui représente ; de ses devoirs, de ses exigences, elle ne saurait rien soupçonner. Voici pourtant qu'arrive l'heure
du mariage ; pendant quelques mois un jeune homme
officiellement accueilli comme un futur mari vient
chaque jour passer quelques instants près d'elle sous
l'œil sévère des parents qui ne les quittent point ; de
ces aspirations secrètes, de ces désirs d'intimité, de

ces échanges de sentiment nécessaires à la connaissance de l'être qui partagera sa vie, il ne saurait rien
exister, car la première condition pour de pareils
épanchements, c'est la solitude. Quant à ces caresses
qui, sans lui préciser le vœu suprême de la nature,
contribueraient pourtant à l'y préparer, à l'initier
lentement à l'abandon qu'on attend d'elle, comment
en serait-il question? Et pourtant c'est la veille de
l'union! La cérémonie a lieu : cette vierge dont le
front jusqu'ici fut à peine effleuré par le baiser des
fiançailles est livrée à l'homme dont elle ne sait
qu'une chose; c'est qu'il est devenu son maître et
qu'il faudra lui obéir : ainsi le veulent les lois
humaines et divines! Chez le jeune homme, que deux
causes contribuent à affoler : la continence observée
pendant l'époque des fiançailles et cette obsession
d'une volupté jusqu'alors inconnue, la possession
d'une vierge, chez l'homme, disons-nous, le mâle
originaire se réveille avec ses appétits irraisonnés;
c'est un inconscient retour à l'animalité, d'où les
convenances mondaines, l'éducation, les usages de
la société paraissaient l'avoir pour jamais écarté, et
ce retour arrive au moment même où il conviendrait
qu'il demeurât le plus maître de lui.

Telle est la première rencontre de la jeune fille
avec les réalités de la vie, rencontre où elle joue
souvent le rôle de victime et dans laquelle ses plus
chères illusions ont bien des chances d'être brisées.
Étrange chose en vérité que le monde continue ainsi!
Chose non moins étrange que les scandales qui en sont

la conséquence ne se manifestent pas plus nombreux !

N'est-ce point Balzac qui a écrit : « Le bonheur ou le malheur d'un ménage dépend de la première nuit de noces » ? C'était là, sous une forme évidemment exagérée, l'équivalent d'une vérité que l'on peut ainsi préciser : La principale cause des dissentiments et des désaccords d'âme qui se produisent dans la vie conjugale réside dans un premier *désaccord sensuel dû tout entier et presque toujours à l'insuffisance du mari*.

Si nous avons insisté sur cette idée à propos de Mme d'Aiglemont, c'est que Balzac s'y est étendu avec plus de complaisance dans la *Femme de trente ans* que partout ailleurs. Non que Julie d'Aiglemont ait été mariée sans amour ; bien au contraire, — et c'est ce qui la distingue de Mme de Mortsauf et de Mme Graslin, — elle a aimé et désiré le colonel Victor d'Aiglemont, mais comme peut aimer et désirer une jeune fille, avec une tendresse toute sentimentale, habituée à n'envisager qu'une chose dans le mariage : une immatérielle union. Aussi sa douleur n'en est que plus vive, lorsqu'elle tombe du haut de ses visées idéales aux étranges amertumes de la réalité. Rien n'est révélateur au même titre que cette scène avec la vieille marquise de Listomère, qui par charité autant que par curiosité confesse la jeune femme et tente de lui arracher le secret de sa tristesse ; leur dialogue est rempli de ces questions discrètes et de ces suggestives réticences à la faveur desquelles se précisent les secrets les plus intimes de cette malheureuse union : « Ainsi, mon bon petit ange, le mariage n'a été jusqu'à présent pour vous qu'une longue douleur? » La jeune femme n'osa répondre; mais elle fit un geste affirmatif qui trahissait toutes ses souffrances. « Vous êtes donc malheureuse? — Oh! non, ma tante. Victor m'aime à l'idolâtrie et je l'adore, il est si bon! — Oui, vous l'aimez; mais vous le fuyez, n'est-ce pas? — Oui... quelquefois... il me cherche trop souvent. » Et encore : « Mon âme est oppressée par une indéfinissable appréhension qui glace mes sentiments et me jette dans une torpeur continuelle. Je suis sans voix pour me plaindre et sans paroles pour exprimer ma peine. Je souffre, et j'ai honte de souffrir en voyant Victor heureux de ce qui me tue. » — Le point de départ de ces souffrances est donc un désaccord des sens : le colonel Victor d'Aiglemont appartient à cette classe de maris qui non seulement n'ont pas su respecter chez leur femme les premières timidités d'une pudeur légitimement froissée, mais encore n'ont pas su faire s'épanouir en elle cette suave fleur du désir, qui naît lorsque, donnant le bonheur, la femme l'éprouve en même temps.

Sa nullité éclate comme mari d'abord, puis ensuite comme homme!... Sa situation sociale, son grade dans l'armée, sa fausse distinction de mondain, qui peuvent en imposer aux médiocres, sont insuffisants pour cacher à la jeune femme la médiocrité intellectuelle de celui que, jeune fille, elle s'était plu à embellir d'une auréole. Sa valeur comparée à celle

de Victor se manifeste en mille circonstances de la
vie, et elle en souffre comme toute femme distinguée
doit souffrir de sa supériorité sur l'être que la nature
a mis au-dessus d'elle pour la diriger et la conduire :
« Son instinct si délicatement féminin lui disait qu'il
est bien plus beau d'obéir à un homme de talent que
de conduire un sot, et qu'une jeune épouse, obli-
gée de penser et d'agir en homme, n'est ni femme
ni homme, qu'elle abdique toutes les grâces de son
sexe, et n'acquiert aucun des privilèges que nos lois
ont remis aux plus forts. »

C'est à l'heure où s'accentue cette crise que lord
Grenville, cette idéale figure du jeune homme,
qu'elle n'avait vue qu'une fois, reparaît à ses yeux et
l'impressionne si puissamment ! Aussi comprend-on la
naissance du véritable sentiment d'amour ; on conçoit
qu'avec la santé et la vie, sa tendresse se précise et
se fixe sur ce jeune homme qui la soigne comme une
enfant, qui l'adore discrètement et sacrifierait tout
au monde pour la rendre heureuse ; on conçoit que,
ne voulant pas tromper Victor, mais voulant aussi
concilier sa tendresse avec ses devoirs, elle s'écrie :
« Je ne veux être une prostituée ni à mes yeux,
ni à ceux du monde : si je ne suis pas à M. d'Aiglemont, je ne serai jamais à un autre. » — On voudrait
peut-être à ce moment la voir plus tendre, plus
femme, prête à s'abandonner, car un tel dévouement
justifie par sa noblesse ce que le monde appelle une
faute. Lord Grenville la quitte et s'éloigne, sur la
volonté qu'elle en exprime ; puis soudain il revient :

sans doute elle sera à lui, et dans une scène d'une
déchirante beauté, on comprend que ces paroles
puissent expirer sur ses lèvres pâmées : « Connaître
le bonheur et mourir... Eh bien, oui ! »

Hélas ! ce qui lui manque, ce qui porte un coup
décisif à sa beauté morale, c'est la *fidélité du souvenir*. Elle a aimé lord Grenville, et lord Grenville l'a
aimée, comme peu d'hommes le savent faire. Quelle
figure à jamais noble et pitoyable elle fût demeurée,
si elle avait été fidèle à sa première tendresse ! Il n'en
va pas ainsi, et son premier baiser à Vandenesse nous
apparaît comme une profanation !...

La fidélité dans l'amour ! fidélité à l'être aimé, tant
qu'il est là, fidélité à son souvenir, quand il a disparu,
tel est le plus précieux fleuron de la couronne poétique dont un artiste puisse embellir le front d'une
héroïne conçue par lui ! Nous nous faisons difficilement à cette pensée qu'une femme ait appartenu à
deux hommes : la pudeur dont nous nous plaisons à
la parer s'oppose à ce que le voile qui cachait sa
beauté, et dont l'amour l'a fait consentir à se dépouil-
ler, puisse, une seconde fois et pour un autre être,
tomber sans qu'aussitôt une sorte de déchéance
morale l'atteigne du même coup. Sa seule excuse
serait dans les désillusions et les souffrances d'une
première union ! Mais que dira-t-on, lorsque, ayant
connu l'amour le plus pur, le plus désintéressé, le
plus noble, elle oublie le souvenir dont elle aurait dû
vivre ? Ce sera la tache ineffaçable de Mme d'Aiglemont de n'avoir point vécu de son amour, comme

d'en être morte sera la gloire éternelle de Mme de Mortsauf!

Au-dessus, en effet, des créations féminines de Balzac plane la figure angélique et quasi divine d'Henriette de Mortsauf. Elle les domine par la grandeur et la pureté de son amour : sa grandeur, car aucune ne fut touchée d'un sentiment plus haut; sa pureté, car elle demeura fidèle à ses devoirs, alors que tout lui commandait d'y renoncer! De toutes les figures de femmes sacrées par la douleur, l'héroïne du *Lys dans la vallée* nous apparaît la plus touchante et la plus digne de pitié, tant par la persistance et la pureté de sa tendresse que par les douleurs et les irrémédiables tortures de sa destinée d'épouse!...

Ce fut aussi celle que Balzac peignit avec le plus de complaisance, imaginée qu'elle fut, de son aveu même, à l'aide des principaux traits de la femme à laquelle il voua, dans ses premières années de luttes, la plus ardente affection. Avec quel amour il esquisse cette figure! « Sa figure est une de celles dont la ressemblance exige l'introuvable artiste de qui la main sait peindre le reflet des feux intérieurs, et sait rendre cette vapeur lumineuse que nie la science, que la parole ne traduit pas, mais que voit un amant. »

Telle fut la femme qui connut les douleurs de la vie conjugale la plus intolérable et mourut sans avoir goûté les voluptés de l'amour complet! Torture d'autant plus atroce que cet amour, elle en pressentit les douceurs sans consentir à s'y abandonner, ne voulant point ternir la pureté de l'épouse et de la mère, et qu'elle éprouva toutes les amertumes de la jalousie comme de l'abandon, n'ayant pas eu cette consolation suprême de s'être donnée à celui qu'elle aimait. Mariée à un homme dont elle pouvait être la fille, avec qui sa nature intime la mettait en perpétuel désaccord, le sentiment d'amour lui fut révélé par la tendresse à la fois hardie et timide du jeune homme que son cœur lui désignait comme un amant, et que ses devoirs lui firent avec obstination considérer comme un enfant. Perpétuellement ballottée entre ces deux sentiments contraires, elle passa son existence à se refuser au bonheur et à tromper le vœu de la nature. Écoutez-la lorsque, après les premiers aveux de Félix de Vandenesse et le baiser déposé sur ses épaules par l'enfant inconscient et hardi, écoutez-la lorsque, décidée à s'illusionner elle-même, elle s'impose de n'être jamais qu'une mère pour le jeune homme qui lui a dévoilé le mystère sacré ! « Voici, lui dit Félix, la première, la sainte communion de l'amour. Oui, je viens de participer à vos douleurs, de m'unir à votre âme, comme nous nous unissons au Christ en buvant la divine substance. Aimer sans espoir est encore un bonheur... J'accepte ce contrat qui doit se résoudre en souffrances pour moi. Je me donne à vous sans arrière-pensée et serai ce que vous voudrez que je sois. » Elle m'arrêta par un geste et me dit de sa voix profonde : « *Je consens à ce pacte, si vous voulez ne jamais presser les liens qui nous attacheront.* »

Elle est victime des brutales indiscrétions de son mari, car ne pouvant être à celui qu'elle aime, elle s'efforce de n'être point à l'homme que les dures nécessités de l'existence la contraignent à subir : « Cette femme, elle me sèvre de tout bonheur; elle est autant à moi qu'à vous, et prétend être ma femme... Elle m'excède de courses et me lasse pour que je la laisse seule ; je lui déplais, elle me hait et met tout son art à rester jeune fille. Elle me rend fou par les privations qu'elle me cause, car tout se porte alors à ma pauvre tête. Elle me tue à petit feu et se croit une sainte... Ça communie tous les jours. » — Quelle est l'épouse qui en butte à de pareils outrages n'irait point, suivant une expression vigoureuse, « se précipiter dans les eaux tourbillonnantes de l'adultère » ! Et pourtant elle demeure pure, continuant à dominer ses désirs! Son amour pour Félix grandit avec les brutalités de M. de Mortsauf; mais elle le comprime ; quand l'expression de ses sentiments vient à lui échapper, c'est voilée par une sorte de mysticisme trompeur ! Félix revient après l'avoir quittée, et retrouvant l'homme après avoir laissé l'enfant, un trouble enfin la saisit !

C'est là l'instant le plus dangereux, l'heure décisive d'où dépend la vertu. Toute autre qu'elle, répétons-le, succomberait, et bénéficierait en succombant de toutes les indulgences. Ici la langue s'élève, et atteint presque au lyrisme pour rendre l'extase du sentiment : la passion est transfigurée par l'envolée de poésie au travers de laquelle elle nous apparaît :

nous ne sommes plus pour ainsi dire dans le domaine
du roman. A ceux qu'aveugle un réalisme grossier
et qui voient simplement dans cet art une notation
précise et brutale de la vie, la page de Balzac qui
dépeint les sentiments d'Henriette de Mortsauf a pu
sembler conçue en dehors de la vérité; nous n'y
voyons, pour notre part, qu'une idéale transfiguration de l'amour. « Dites, dites, je suis sûre de moi, je
puis vous entendre sans crime. Dieu ne veut pas que
je meure : il vous envoie à moi comme il dispense
son souffle à ses créations, comme il épand la pluie
des nuées sur une terre aride. Dites, dites, m'aimez-
vous saintement? — Saintement. — A jamais? — A
jamais. — Comme une vierge Marie qui doit rester
dans ses voiles et sous sa couronne blanche? —
Comme une vierge Marie visible. — Comme une
sœur? — Comme une sœur trop aimée. — Comme
une mère? — Comme une mère secrètement désirée.
— Chevaleresquement, sans espoir? — Chevaleresquement, mais avec espoir. » Pourtant, comme la
passion ne saurait demeurer à cette hauteur, et qu'à
la créature la plus divine, cette créature s'appelât-elle
Henriette de Mortsauf, une minute de faiblesse ou
d'abandon peut venir, de cette faiblesse et de cet
abandon peut-être nous donne-t-elle l'exemple
lorsque, dans ses confidences à Félix, elle touche à
ces questions brûlantes des rapports entre époux qui
ne s'aiment point et dans un cri d'éloquence passionnée découvre au jeune homme les tortures morales
de sa vie. Sans doute nous eussions préféré qu'elle

n'effleurât même pas le sujet, tant il nous plaît de l'aimer pure et à l'abri de toute atteinte, cette chaste victime de l'amour! Hélas! n'est-ce point une souillure, sans cesse renouvelée, que l'abandon de son corps à celui que n'appellent point ses désirs!

Rien ne lui sera épargné, et, nous le disions plus haut, elle connaîtra les tortures de la jalousie, sans avoir goûté les délices de la possession. Lorsque Félix aura succombé à l'amour de lady Arabelle et sera revenu ensuite auprès d'Henriette, qui a tout appris, la pureté et l'élévation de sa tendresse se feront jour encore : elle pardonnera doucement. Une seule pensée lui sera consolante : celle de savoir qu'à la trahison de Vandenesse les sens seuls ont participé, mais que le cœur appartient toujours à elle. N'est-ce point trop, en vérité, et la nature peut-elle ainsi supporter de telles humiliations? Ce qu'il y a d'angélique et de presque divin en un être résistera-t-il aux coups répétés de la destinée et ne connaîtra-t-il pas la révolte? La nature, nous l'avons dit déjà, doit nécessairement, un jour ou l'autre, reprendre ses droits, et Balzac l'a bien compris. Henriette de Mortsauf était née pour l'amour, et elle ne l'a jamais connu dans sa plénitude : les aspirations secrètes de son cœur l'ont portée toute sa vie à la réalisation du sentiment auquel aspirent les nobles âmes, et sa vie entière s'est passée à refouler ces aspirations; pas une faiblesse, pas une défaillance. Henriette de Mortsauf va mourir, et dans une sorte de délire, proche du moment suprême, alors que la responsabilité de l'être n'est plus entière, elle pousse le cri déchirant de la femme assoiffée de bonheur qui revoit toute sa vie manquée comme dans l'illumination d'un éclair : « J'avais soif de toi, me dit-elle d'une voix plus étouffée, en me prenant les mains dans ses mains brûlantes et m'attirant à elle pour me jeter ces paroles à l'oreille. Mon agonie a été de ne pas te voir! Ne m'as-tu pas dit de vivre? Je veux vivre. Je veux monter à cheval aussi, moi; je veux tout connaître : Paris, les fêtes, les plaisirs... Oui, me dit-elle en me faisant lever et s'appuyant sur moi, *vivre de réalités et non de mensonges. Tout a été mensonge dans ma vie;* je les ai comptées depuis quelques jours, ces impostures! *Est-il possible que je meure, moi qui n'ai pas vécu!* » Paroles déchirantes et qui sont comme le testament d'amour du Lys de la vallée : elles nous semblent, avec celles que nous inscrivions au début même de ce chapitre, résumer, dans une plainte inoubliable, l'éternelle lamentation des âmes qui n'ont point connu le bonheur et meurent de l'avoir ignoré!...

Après la douce et attendrissante figure d'Henriette de Mortsauf, la figure non moins digne de pitié, plus dramatique encore, de Véronique Graslin. Nées toutes deux pour une destinée plus clémente, avec de rares qualités d'âme, elles auraient puisé dans le développement du sentiment auprès d'un cœur de leur choix les joies intimes qu'exigeait leur nature; toutes deux elles présentent ce point commun, au milieu de circonstances différentes, que la vie leur fut hostile, que le mariage fut leur torture! L'une trouva dans son orgueil de femme honnête le courage de résister au sentiment qui s'offrait à elle. L'autre, au contraire, plus inévitablement marquée pour l'amour, s'y abandonna une fois en secret, et le reste de son existence ne fut qu'une longue douleur, une expiation lente de la faute commise! Dans l'étude que nous faisons ici des principaux types de femmes malheureuses créés par Balzac, Mme de Mortsauf et Mme de Graslin ne sauraient être séparées, car on pourrait leur appliquer ces paroles prononcées par le curé Bonnet devant Mme Graslin : « Vous n'êtes pas juge dans votre propre cause; vous relevez de Dieu; vous n'avez le droit ni de vous condamner, ni de vous absoudre. Dieu est un grand reviseur de procès. Il voit l'origine des choses, là où nous n'avons vu que les choses elles-mêmes. »

Dans un chapitre antérieur, nous avons examiné l'âme de la jeune fille chez la future Mme Graslin (1). Nous avons marqué cette enfance pure et solitaire, dans un milieu de travail et d'honnêteté, les tendances de sa nature vers la piété mystique, et l'ardeur avec laquelle elle accomplissait ses devoirs de chrétienne. Balzac nous a montré en elle, à travers le sentiment religieux, déversoir naturel de sa tendresse, une âme ardente et exceptionnelle, fatalement vouée à l'amour. Il nous a montré cette âme s'élevant soudain à la compréhension de choses jus-

____

(1) Voir le chapitre des *Jeunes filles*.

qu'alors inconnues, et d'autant plus brusquement
que son être avait plus longtemps sommeillé! C'est
alors une transformation totale de sa nature, une
sorte de naissance nouvelle, un éveil à la vie. Ce qui
jusqu'alors n'avait eu aucun sens à ses yeux revêt
une signification subite, bien que confuse encore.
Elle tend vers une fin unique : l'amour. Toutes ses
aspirations se subordonnent à celle-là, et son inconscience même est un danger de plus!...

Que lui eût-il fallu, à cette heure solennelle de
crise que connaissent presque toutes les âmes nobles
et qui décide de leur destinée? Crise d'intelligence
chez les hommes supérieurs, crise de sentiment chez
les femmes d'élite!... Que lui eût-il fallu pour rester
dans le mariage ce qu'elle avait été jeune fille, c'est-
à-dire un être pur, réalisant l'idéal d'une existence
féminine complète? L'*amour en accord avec le devoir*,
ce qu'il y a de plus beau, mais aussi de plus rare...
car son rêve n'était autre que celui des jeunes filles
aimantes et précoces : « Elle rêva d'avoir pour
amant un jeune homme semblable à Paul... Habituée sans doute à l'idée d'épouser un homme du
peuple, elle trouvait en elle-même des instincts qui
repoussaient toute grossièreté... Elle embrassa, peut-
être avec l'ardeur naturelle à une imagination élégante et vierge, la belle idée d'ennoblir un de ces
hommes, de l'élever à la hauteur où le mettaient ses
rêves. » Qu'y avait-il en de tels désirs qui ne fût parfaitement noble et parfaitement pur? Qu'y avait-il
qui ne fût conforme à la plus stricte honnêteté? Et

pourtant quoi de plus difficile dans son milieu? Quoi de plus impossible? C'est l'éternelle disproportion du rêve avec la réalité, en même temps que la condamnation à une douleur fatale de toutes les intelligences un peu exceptionnelles! D'une part, la vie, avec le long cortège de ses platitudes et de ses vulgarités, l'ennui de ses perpétuelles routines! De l'autre, le rêve avec l'infinie puissance de ses appétitions, l'inutile mais inévitable tendance vers l'idéal qui, toujours convoité, se soustrait toujours à nos poursuites : idéal intellectuel pour ceux-ci, idéal d'amour pour celles-là! Et la raison, qui nous conseille l'abstention, demeure impuissante contre le sentiment qui nous pousse!...

Véronique, au moment précis de sa vie où s'affirmaient ses besoins d'affection, se trouve unie par la force des choses à l'homme le moins fait pour les comprendre et y répondre : elle épouse Graslin, banquier à Limoges, homme d'affaires entièrement fermé à tout ce qui est sentiment; elle l'épouse, comme la plupart des jeunes filles prennent un mari, parce qu'il convient à leurs parents, parce que les intérêts pécuniaires s'accordent, parce que, surtout, elles ignorent les réalités du mariage! Mais aussi quel réveil, lorsque ces réalités leur sont enfin connues, lorsque le mystère des choses se dévoile à leur intelligence étonnée et brusquement révoltée! Quel bouleversement, moral et physique à la fois! « Le mariage, ce dur métier, disait-elle, pour lequel l'Église, le Code et sa mère lui avaient recommandé la plus grande résignation, la plus parfaite obéissance, sous peine de faillir à toutes les lois humaines et de causer d'irréparables malheurs, la jeta dans un étourdissement qui atteignit parfois à un délire vertigineux. » — Comme elle est pieuse, et que sa foi est aussi vive que sincère, c'est d'abord à la religion qu'elle va demander les premiers secours : elle prie avec ferveur et attend avec impatience le seul bonheur que l'Église promette à la femme mariée sans amour : la maternité. Cette attente peut consoler certaines femmes ; elle peut même suppléer quelquefois aux voluptés de la tendresse conjugale : elle est inactive pour d'autres, car s'il existe des femmes qui sont nées *mères*, qui n'ont jamais été et ne seront jamais que *mères*, il y en a par contre qui sont nées épouses et amantes, dont les aspirations intimes ne se satisferont que par l'exercice d'une faculté unique, la faculté d'amour. Mme Graslin est de ce nombre : tout le prouve dans son développement de jeune fille, et les détails que Balzac a eu soin de préciser, même les détails physiques, contribuent à démontrer que l'amour seul peut combler le vide de son âme ! Aussi dépérit-elle physiquement et moralement. De même, en effet, que l'exercice d'une faculté maîtresse produit chez l'être qui en bénéficie une surabondance anormale de vitalité, de même, à l'inverse, tout arrêt, toute interruption dans le jeu de cette faculté amène comme conséquence une diminution de cette vitalité ! L'équilibre parfait des facultés mentales est généralement accompagné d'un équilibre correspondant des puissances physiques, **car elles se trouvent, les unes à l'égard des autres, dans un rapport de cause à effet.**

Toutefois, comme Mme Graslin est une intelligence d'un ordre rare, elle résiste à l'abattement; son esprit chercheur remonte des effets aux causes, et semblable à un malade qui, se voyant atteint d'une affection mortelle, consulte avec ardeur les ouvrages traitant de son cas, elle se précipite passionnément dans la lecture, espérant y trouver la solution de ce problème d'âme cruel et toujours nouveau : « Elle lut les romans de Walter Scott, les poèmes de lord Byron, les œuvres de Schiller et de Gœthe, enfin la nouvelle et l'ancienne littérature... Tous ces livres lui peignaient l'amour; elle cherchait une application à ces lectures, et n'apercevait la passion nulle part. L'amour restait dans son cœur à l'état de ces germes qui attendent un coup de soleil. » De là aux rêves brillant de la jeune fille, la distance n'est pas grande; et elle y revient, à ces rêves qui se précisent d'autant mieux et plus douloureusement dans son imagination de femme, que le point de comparaison est maintenant à sa portée et lui montre le malheur irrémissible. Le résultat le plus certain de ces expériences spirituelles est un développement toujours croissant de la vie *intérieure,* une conscience de plus en plus vive de la réalité, partant, une souffrance correspondant aux progrès de son intelligence. Elle comprend l'insuffisance de son milieu, le peu de sympathie qu'elle inspire. Ne sont-ce pas là autant de ferments de révolte qui se lèvent, grandissent et préparent une femme comme elle à d'inquiétantes extrémités? Notez qu'elle s'analyse elle-même, ce qui marque définitivement sa supériorité sur la plupart des femmes, lesquelles agissent presque toujours sous l'inconsciente poussée de mouvements instinctifs. Non seulement elle voit ce qui se passe en elle, mais elle remonte aux causes et les précise : « Je sens en moi, écrit-elle, des forces superbes et malfaisantes peut-être, que rien ne peut humilier, que les plus durs commandements de la religion n'abattent point... Pourquoi désiré-je une souffrance qui romprait la paix énervante de ma vie?... »

Sa vie entière est dans ce mot. Il l'explique comme il en justifie tous les événements : désirs d'amour, rancœur du mariage, luttes avec elle-même, distractions cherchées dans le plaisir, dans le travail, dans l'étourdissement mondain; abandon à l'amour, chute, — si l'on peut employer ce mot; — remords final et impossibilité de supporter la vie! Toute énergie humaine tend à se satisfaire, et l'intensité de cette énergie est la mesure unique de la responsabilité morale de celui chez qui elle se trouve. Mme Graslin succombe parce que la tendance à l'amour est, chez elle, démesurée : c'est une âme toute de passion. Balzac a pris soin de l'expliquer en faisant son portrait physique, et elle dévoilera la même ardeur dans le repentir que dans la faute. Mme de Mortsauf, elle, ne succombe pas, et voilà pourquoi certains esprits ont pu lui conserver plus d'admiration qu'à Mme Graslin. En réalité, il n'y a là qu'apparence, simplement la différence du fait brutal et tangible, et s'il est exact, comme nous le croyons, que l'adultère consiste aussi bien dans le don de l'être moral que dans celui de la personne physique, Mme de Mortsauf, n'hésitons pas à le dire, commet un adultère au moins aussi grave que Mme Graslin !...

Dans ce long et terrible récit d'une famille ruinée par son chef, qui s'appelle *la Cousine Bette,* parmi les personnages vicieux ou laids, malhonnêtes ou répugnants, au milieu de cette tragique et mémorable décadence que rien ne saurait arrêter, que tout, au contraire, contribue à pousser vers son aboutissement fatal, une figure apparaît d'une rare noblesse, se manifestant au cours de l'œuvre comme une statue de la Résignation, calme et soumise, quoique rongée par d'effroyables soucis domestiques, belle de douceur et de vertu, ne connaissant que deux mobiles : l'amour conjugal, qui lui fait fermer les yeux sur d'impardonnables fautes, et la tendresse maternelle, qui la soutient aux heures d'abattement, en lui montrant le devoir comme but suprême, comme souveraine consolation !

Pourtant, la baronne Hulot, cette haute incarnation de la femme malheureuse et outragée, a donné prise à bien des attaques. On lui a reproché cette résignation et cette vertu même qui ont paru à certains yeux invraisemblables. On a invoqué en son nom les droits sacrés de l'épouse, sa fierté et son orgueil légitimes atteints par d'incessantes injures. On a trouvé contraire à la vérité psychologique l'attitude de cette femme qui, connaissant les fautes de son mari, se borne à la résignation. Hulot lui confesse ses torts; il le fait comme un infortuné monomane, sachant à merveille la passion qui le tue et comprenant qu'il en est à jamais esclave; elle veut tout ignorer: elle met sa main devant la bouche de son mari pour arrêter ses aveux; elle le traite comme un malade, comme un irresponsable. Cette conduite n'est-elle pas la sagesse suprême, loin qu'elle soit la pire faiblesse? On y doit voir, nous semble-t-il, l'inattaquable vénération de la femme pour l'homme qui, vingt années durant, lui donna le bonheur, la tirant du milieu social où elle était née, comme aussi l'infinie commisération de l'âme féminine à l'égard d'une passion qui a pris le caractère d'une maladie mentale. Balzac l'a comprise ainsi, et, jugeant sa conduite, il l'approuve tacitement dans cette phrase du récit : « Telle fut la pensée de cette femme qui, certes, avait plus obtenu par sa douceur qu'une autre par quelque colère jalouse. »

Telle se montre la baronne Hulot dès le début, telle elle se maintient durant le cours du roman, telle elle persiste jusqu'au dénouement. Lorsque, ses enfants mariés, le baron l'ayant confinée dans un petit appartement qui contient les débris de leur ancienne splendeur, elle fait un triste retour sur elle-même, sur son passé si brillant, c'est toujours comme une pâle et mélancolique figure de résignée qu'elle apparaît, figure de demi-teinte, surtout si nous l'opposons aux portraits cruellement intenses qui l'environnent, mais figure suscitant la pitié, commandant la sympathie profonde. Le sentiment du devoir accompli lui communique une étrange beauté morale et la fait atteindre simplement, dans le développement des circonstances auxquelles elle se trouve mêlée, à la plus haute philosophie que les hommes aient inventée jusqu'ici : la soumission de notre volonté aux événements inéluctables. Rien n'exprime plus nettement, rien ne fait mieux saisir par contraste le fond même de sa nature que la scène dans laquelle sa fille, Hortense Steinbock, abandonnée par son mari pour Valérie Marneffe, s'enfuit affolée du domicile conjugal et se précipite éperdue dans ses bras. Une indicible tristesse se dégage de la situation des deux femmes atteintes dans leur honneur par le même outrage, venant de la même femme, trompées à la faveur des mêmes ruses et des mêmes hypocrisies, à la faveur aussi des mêmes faiblesses, et se confiant mutuellement les douleurs de leur âme blessée; Hortense, avec l'emportement aveugle que la première offense produit toujours sur un cœur passionné; Mme Hulot, au contraire, avec le calme et la soumission appris au cours d'une vie féconde en douleurs! « Imite-moi, mon enfant... Sois douce et sois bonne, et tu auras la conscience paisible; au lit de mort, un homme se dit : « Ma femme ne m'a jamais causé la moindre « peine! » et Dieu, qui entend ces derniers soupirs-là, nous les compte. Si je m'étais livrée à des fureurs comme toi, que serait-il arrivé?... Ton père se serait aigri, peut-être m'aurait-il quittée, et il n'aurait pas été retenu par la crainte de m'affliger; notre ruine, aujourd'hui consommée, l'aurait été dix ans plus tôt; nous aurions offert le spectacle d'un mari et d'une femme vivant chacun de son côté : scandale affreux, désolant, car c'est la mort de la famille... Je l'ai tenu pendant vingt-trois ans, ce rideau derrière lequel je pleurais, sans mère, sans confident, sans autre secours que celui de la religion, et j'ai procuré vingt-trois ans d'honneur à la famille... » Conseils d'une sagesse profonde par lesquels la femme vertueuse se rend justice à elle-même, sans qu'elle puisse un instant être taxée d'orgueil, puisque c'est sous forme de recommandation à sa fille et dans le but de l'arrêter sur la pente dangereuse des représailles!...

Comment une telle femme, comment une telle épouse, une mère si sage et si prudente put-elle un seul moment se trouver sur le chemin d'une faute? Comment put-elle en quelque sorte préparer cette faute et la préméditer? Nous touchons ici à la plus grave objection qui ait été faite au personnage de Mme Hulot, nous touchons à l'objection qui conduisit l'un des plus éminents de nos écrivains modernes (1) à formuler cette proposition d'apparence inouïe, à savoir, que Balzac n'avait pas su créer un seul type de femme parfaitement pure. Ce n'est pas ici le lieu de la relever et de la combattre; nous aurons à le faire plus tard, lorsque nous étudierons l'at-

____

(1) M. Taine.

titude de la critique française à l'égard de Balzac ; contentons-nous de la rappeler à propos de la **situation** la plus délicate et non la moins dramatique de cette œuvre, où la passion fait verser tant de **larmes** et cause de si cruelles blessures. Hulot est à bout de ressources ; non seulement les derniers restes de **sa** fortune ont été engloutis par Valérie, mais encore **il** se trouve compromis dans une affaire voisine de la concussion. Le déshonneur le menace, et il en a instruit sa femme. La malheureuse, dont l'existence s'est passée jusqu'alors à cacher la décadence de son mari, voit d'un coup et dans une sorte d'affolement la honte se joignant à la ruine et accablant sa famille ; en même temps, par une hallucination, elle revit **la** première scène de l'œuvre, celle où Crevel s'est précipité à ses pieds, lui offrant sa fortune en échange de ses faveurs. L'image s'impose à son esprit avec la rigueur d'une obsession ; elle s'associe nécessairement à celle du déshonneur qui menace ceux qu'elle aime. Il lui faut deux cent mille francs ; un seul homme peut avancer cette somme grâce à laquelle la **honte** sera évitée. Vous figurez-vous maintenant ce qui se passe en sa pauvre âme et comment, par une implacable logique, s'insinue dans son esprit la pensée de la faute ? Songez à son affolement, et vous comprendrez l'irresponsabilité qu'on peut invoquer en sa faveur ! Croyez-vous d'ailleurs que, dans l'examen des « possibles » auxquels donnera lieu la démarche qu'elle tente auprès de Crevel, dans cette vision instantanée des sacrifices qu'elle devra faire à sa pudeur, l'idée lui vienne du don complet de sa personne, de la faute et de la chute irrémissible? Pour ma part, je ne le pense pas : elle se figure sans doute que des paroles touchantes, la peinture éloquente d'une situation effroyable où tout un passé d'honneur doit sombrer, tout cela, joint à de légères faveurs, à des semblants d'abandon, attendrira Crevel et le rendra généreux. Elle se prépare à le recevoir, et, dans son ignorance des roueries féminines, de ce que les filles de plaisir savent inventer pour exciter les hommes et exaspérer leurs désirs, elle se donne à elle-même l'illusion de la courtisane : « La certitude de sa criminalité, les préparatifs d'une faute délibérée, causèrent à cette sainte femme une violente fièvre qui lui rendit l'éclat de la jeunesse pour un moment. Ses yeux brillèrent, son teint resplendit. Au lieu de se donner un air séduisant, elle se vit en quelque sorte un air dévergondé qui lui fit horreur. »

Ah! certes, si Crevel ne se montrait pas le parvenu bouffi d'orgueil et le plat imbécile que nous étudierons plus tard, s'il comprenait la séduction bizarre et l'attrait inégalable de cette honnête femme qui, par un sacrifice surhumain, s'essaye maladroitement au rôle de courtisane, sans doute la baronne Hulot, conduite par la rigoureuse logique de sa démarche, serait à lui tout entière. Ainsi, du haut de son piédestal, cette statue de la Vertu pudique et de la Résignation tomberait au déshonneur et perdrait en un instant le bénéfice de toute une vie immaculée! Les circonstances lui épargnent la faute, les circonstances seules, il en faut convenir : la grossièreté de Crevel et l'infamie de ses propositions sauvent la situation.

Lorsque nous nous faisons d'un être une idée grande et haute, lorsque nous nous plaisons à considérer en lui toute une vie de vertu, la moindre atteinte à son honneur nous semble une ineffaçable souillure; le moindre soupçon nous paraît comme une faute réelle; ainsi en va-t-il, ou du moins ainsi en a-t-il été de la baronne Hulot, pour certains esprits qui, s'érigeant en juges de cette terrible situation, se sont montrés d'autant plus implacables qu'ils avaient été jusqu'alors plus fervents admirateurs de sa vertu. Ce point de vue est facile à comprendre, mais il n'en reste pas moins que celui auquel nous avons essayé de nous placer conserve sa valeur et peut surabondamment justifier une des plus troublantes situations psychologiques que jamais romancier ait exposées.

Quel long martyre d'ailleurs et quelle expiation sans précédent que la fin de cette existence si douloureuse déjà et si foncièrement digne de pitié! N'est-ce pas comme une montée au Calvaire, cette longue recherche de l'infortuné monomane à travers les plus inavouables recoins de Paris, ses démarches auprès de l'actrice Josépha, enfin la découverte du pauvre homme, vivant dans une soupente en compagnie d'une petite fille qui lui tient lieu de femme? Elle l'arrache à ces misères et à cette abjection; elle croit enfin l'avoir à elle et le préserver pour l'avenir d'une dernière infamie; une nuit, elle le trouve dans les bras d'une maritorne à son service et lui promettant

le mariage, ainsi que le titre de baronne : « Adeline jeta un cri, laissa tomber son bougeoir et s'enfuit. Trois jours après, la baronne, administrée la
veille, était à l'agonie et se voyait entourée de sa famille en larmes. Un moment avant d'expirer, elle
prit la main de son mari, la pressa et lui dit à l'oreille :
« Mon ami, je n'avais plus que ma vie à te donner;
« dans un moment, tu seras libre et tu pourras faire
« une baronne Hulot. » Et l'on vit, ce qui doit être
rare, des larmes sortir des yeux d'une morte. La férocité du vice avait vaincu la patience de l'ange à
qui, sur le bord de l'éternité, il échappa le seul mot
de reproche qu'elle eût fait entendre de toute sa vie. »

S'il est un point qui différencie la baronne Hulot
des autres types de « femmes malheureuses » examinés en cette étude, à savoir, l'origine et la cause de
son malheur, il en est un autre qui leur est commun
à toutes, c'est que le principe de leurs souffrances est
une réalité objective, tangible, si j'ose ainsi parler :
pour les unes, la baronne Hulot et Mme Wenceslas
Steinbock, l'existence d'une rivale; pour Mme d'Aiglemont, Mme de Beauséant, Mme de Mortsauf et
Mme Graslin, l'existence d'êtres en qui elles ont placé
toute leur complaisance, par lesquels elles vivront,
souffriront et mourront. Pour Mme Claës, il n'en est
pas de même : elle aussi a une rivale, mais une rivale
immatérielle, sur laquelle elle n'a point de prise, la
plus dangereuse, parce qu'elle est invincible.

En Mme Claës, nous voyons une femme double-
ment malheureuse : il y a eu d'abord la jeune fille

croyant à l'impossibilité d'être aimée pour elle, parce
qu'elle était contrefaite, sentant néanmoins combien
elle était digne de tendresse ; il y a eu ensuite la femme
malheureuse, l'épouse à qui son mari a préféré la
science. Entre ces deux périodes de souffrances, elle
a comme une période d'infini bonheur, ce bonheur
de la jeune fille contrefaite trouvant un amant qui
l'adore et qui se donne tout à elle, comme si elle
était la plus belle des femmes. « La femme contrefaite que son mari trouve droite, la femme boi-
teuse que son mari ne veut pas autrement, ou la
femme âgée qui paraît jeune, ne sont-elles pas les
plus heureuses créatures du monde féminin ? La passion humaine ne saurait aller au delà. » Balzac,
paraît-il, enviait à M. de Custine cette création de la
jeune fille laide et amoureuse : ce type, en effet, devait le séduire par ses complexités psychologiques et
le fait qu'il se prêtait aux longues analyses... Il explique le secret d'un tel attachement par la prédominance du sentiment sur le plaisir physique, par le
caractère en quelque sorte illimité de la beauté morale opposée à la limitation inévitable de la beauté
physique. Le charme moral est essentiellement susceptible de renouvellement, tandis que le charme
physique est toujours identique et finit par sembler
monotone. L'explication n'est pourtant pas là tout
entière : elle doit être cherchée autre part ; j'entends
dans les trésors d'amour échangé, dans l'abandon
reconnaissant dont une femme, qui se sait contrefaite
et pourtant se sent aimée, doit gratifier son amant.

Une femme très belle semble faire une grâce en se laissant adorer : elle est entre les mains de l'amant comme une statue de marbre qu'il s'agit d'échauffer. Une femme laide, bien au contraire, n'a pas assez de transports et d'épanchements de cœur pour remercier celui qui lui manifeste de la tendresse. Ce sont alors, pour ainsi dire, les rôles renversés, et l'homme doué de sensibilité peut trouver une étrange volupté d'âme à cette bizarre et rare interversion !

Ce fut évidemment le cas de Mme Claës ; Balzac le laisse soupçonner quand il écrit : « Elle eut cette soumission de la Flamande qui rend le foyer domestique si attrayant et à laquelle sa fierté d'Espagnole donnait une plus haute saveur. Elle était imposante, savait commander le respect par un regard où éclatait le sentiment de sa valeur et de sa noblesse ; mais devant Claës elle tremblait, et, à la longue, elle avait fini par le mettre si haut et si près de Dieu, en lui rapportant tous les actes de sa vie et ses moindres pensées, que son amour n'allait pas sans une teinte de crainte respectueuse qui l'aiguisait encore. » C'est d'une telle hauteur que cet amour et ce bonheur vont tomber, et la douleur qui s'ensuivra, la douleur de la femme oubliée après avoir connu des délices inespérées, sera plus rude encore que celle de la jeune fille négligée, mais qui du moins savait la cause de sa disgrâce et n'osait espérer d'être aimée. Les attentions de Claës diminuent et se font plus rares. Elle n'y prend pas garde tout d'abord, mais elle ne tarde pas à en souffrir : elle essaye de lutter contre la science, sa rivale, et son impuissance est rapidement constatée. Ici, c'est Balzac intellectuel qui parle : il parle en connaissance de cause, comme l'artiste pour qui son art est tout, comme le savant qui ne voit rien sur terre méritant mieux que ses recherches de fixer son attention et d'absorber ses forces. Mme Claës tente tout ce qu'il est possible de tenter : elle pénètre dans le laboratoire de son mari malgré la défense qui lui a été faite ; il semble qu'elle veuille lutter corps à corps avec sa rivale, comme si cette rivale n'était pas immatérielle et insaisissable. Il lui reste une dernière ressource : tenter de le reprendre comme amant, tenter de réveiller en lui l'ardeur des sentiments éteints, des plaisirs qu'il semble avoir oubliés : cette femme si chaste, cette épouse si pure se ferait presque courtisane pour conquérir à l'amour celui qui s'éloigne d'elle. « Le secret de ces apprêts, c'était lui, toujours lui. Joséphine ne pouvait pas dire plus clairement à Balthazar qu'il était toujours le principe de ses joies et de ses douleurs... Les rideaux soigneusement tirés trahissaient un désir de solitude, une intention jalouse de garder les moindres sons de la parole et d'enfermer là les regards de l'époux reconquis. »

Un moment, elle croit ou peut croire l'avoir repris ; elle lui fait presque renier et fouler aux pieds la science qu'elle déteste ; il reviendra à elle, il renoncera à cette rivale de l'amour. Alors, c'est un bonheur sans précédent, une joie qui manque la faire défaillir ; c'est le dernier moment heureux de sa vie, hélas ! de

courte durée, car l'idée absorbante reparaît vite pour
ne plus abandonner sa victime, et Mme Claës succombe au chagrin.

S'il est vrai de dire que la beauté d'une œuvre soit
d'ordinaire en proportion de l'amour avec lequel son
auteur l'a conçue, il ne saurait rien exister de plus
beau que ces créations de femmes, caressées avec la
tendresse de l'artiste, exécutées avec la toute-puissante sympathie imaginative du psychologue. Nous
trouverons, au cours de cette étude, des conceptions
plus vigoureuses peut-être, nous n'en saurions découvrir de plus attendrissantes. C'est qu'elles ont toutes
cette grâce et ce charme innommables qu'à défaut
d'autre mot nous qualifions de faiblesse, et dont les
poètes de tous les temps ont fait l'auréole de la féminéité. Elles nous apparaissent comme des vaincues
de la vie, et la souffrance est le principe de leur en-
noblissement. Faibles, elles le sont d'origine, par leur
complexion délicate, par leur nervosité maladive, par
tout cet ensemble de causes destructrices qui constituent leur infériorité comme types sociaux, mais en
même temps leur éclatante supériorité comme éléments de rêve. Entre les mains du poète qui sut les
aimer et les comprendre, vient s'adjoindre au charme
de leur originale faiblesse celui de leur destinée irrémédiablement douloureuse. Elles sont sacrées par la
souffrance et deviennent ainsi, dans le monde du
rêve, les sœurs également glorieuses de celles qui les
ont précédées. Les plus profondes d'entre les œuvres
d'art reposent sur le sentiment de la douleur, et il

serait aisé, en remontant des créations de l'antique poésie à celles de la poésie moderne, de montrer que les littératures n'ont été en quelque sorte qu'un immense martyrologe de l'humanité. Presque toutes les grandes destinées ont abouti à une fin tragique, et la poésie, dont le rôle ici-bas est de communiquer une vie immortelle à la beauté, n'est jamais si haute qu'en revêtant ces destinées de sa splendide parure !

CHAPITRE V

LES COURTISANES.

Sur la liberté de l'art. L'art purifié par l'artiste.

Puissance et fatalité de l'instinct d'amour. — *Esther*. L'âme demeurée vierge en dépit des souillures physiques. Réapparition des premiers instincts. Toute la psychologie d'Esther repose sur des observations physiologiques. — Rapprochement entre Balzac et Goya. — Auréole poétique d'Esther. Elle est plutôt une « femme malheureuse » qu'une courtisane.

L'inconscience acquise, trait caractéristique de la *Fille. Josépha Jenny Cadine.*

La courtisane consciente : *Valérie Marneffe*. — Obsédante réalité de ce type. — Pour le psychologue, rien que des états d'âme nécessaires et tranchés. Balzac à la fois moraliste et psychologue ; ne se contente pas de peindre un personnage ; précise sa réaction sur son milieu. Valérie Marneffe, la courtisane bourgeoise. Caractère redoutable de ce type. Différence avec la « fille » : tout en elle est dissimulé. Diversité de ses incarnations ; ressources inépuisables de son esprit. — Sa mort, impuissante à faire naître la pitié.

La servante maîtresse : *Flore Brazier*. Sa fonction sociale. Ses lâchetés de fille ; une seule chose lui manque pour se développer : un milieu favorable.

Irresponsabilité originelle de la courtisane : les protections sociales, seules causes de vertu.

La courtisane femme du monde : *Mme de Rochefide*. Rapprochement avec Valérie Marneffe.

« Tout est doute et ténèbres dans une situation que la science a dédaigné d'examiner, en trouvant le sujet trop immoral et trop compromettant, comme si le médecin et l'écrivain, le prêtre et le politique, n'étaient pas au-dessus du soupçon. » C'est ainsi que Balzac justifie, si l'expression peut convenir, c'est ainsi du moins qu'il explique la continuation de ses études sociales par le choix d'un sujet capable de choquer les oreilles pudiques et timorées, mais que son universelle curiosité ne pouvait omettre, sous peine de négliger un des rouages les plus importants de la société moderne. C'est ainsi au surplus qu'il proclame un des premiers, frayant la voie à ceux qui devaient le suivre, la sainte liberté de l'art et la suprême indépendance de l'artiste pour qui tous les sujets sont chastes, transfigurés par la beauté de la poésie. Tout aussi bien que, dans une autre de ses études, il posait en principe qu'aucune classe de la société, si peu digne parût-elle de fixer l'attention, ne devait rester indifférente au romancier, ici même il proclame qu'aucun sujet n'est impur ni compromettant, réservant à l'écrivain, confiant à son talent le soin de le présenter sous un jour tel qu'il en voile pour ainsi dire les côtés trop scabreux! Et plus loin il ajoute : « Les filles sont des êtres essentiellement mobiles qui passent sans raison de la défiance la plus hébétée à une confiance absolue. Elles sont sous ce rapport au-dessous de l'animal. Extrêmes en tout, dans leurs joies, dans leurs désespoirs, dans leur religion, dans leur irréligion, presque toutes deviendraient folles si la mortalité qui leur est particulière ne les décimait, et si d'heureux hasards n'élevaient quelques-unes d'entre elles au-dessus de la fange où elles vivent. » Vous sentez dans cette phrase comme une sympathie, comme une pitié profonde, la pitié du philosophe et du poète qui perce à jour les lois mystérieuses de la vie, qui embrasse d'un regard vraiment *catholique* l'ensemble des choses humaines ; celui-là enfin dont l'intelligence, s'élevant au-dessus des conventions et des partis pris, prononce que souvent il faut absoudre lorsque le monde condamne, de même qu'il y a lieu maintes fois de condamner là où le monde absout !

C'est l'éternelle histoire de la « Courtisane amoureuse », de la fille relevée et poétisée par l'amour, que Balzac a racontée dans ce roman complexe et touffu, touchant parfois à l'invraisemblable, vrai pourtant, qui s'appelle : *Splendeurs et misères des courtisanes*. Imaginez un être beau, à qui les hasards de la naissance ont départi tout ce qui peut constituer la grâce et la séduction féminines, mais que ces mêmes hasards ont jeté tout enfant dans les hideurs de la prostitution. Elle n'a expérimenté de la vie que les caresses séniles des vieillards débauchés. Son âme pourtant est vierge, car elle n'a connu que la grimace de l'amour, ce qui s'achète et se vend, les complaisances dociles et les soumissions résignées. Que dans cette âme un rayon de pur amour se glisse et transparaisse, qu'elle rencontre l'être jeune pour lequel elle semblait créée, ce sera alors comme une renaissance, une répudiation soudaine de sa vie première. Voilà l'idée qui a présidé à la conception de l'œuvre et à la création du type d'Esther. **Nous** verrons qu'en maintes circonstances, et comme d'ailleurs la chose s'est répétée au cours de ses innombrables productions, Balzac a forcé la vérité psychologique. Presque toutes les œuvres d'analyse, partant ainsi d'une idée préconçue, amènent leurs auteurs, dans le développement, à des conclusions exagérées. Il n'en demeure pas moins que, par **la** puissance de l'exposition et par la hauteur de l'idée, cette création est une des plus importantes de Balzac. Victorieux et vaincu tour à tour, le puissant instinct d'amour s'y manifeste et la domine, avec son caractère d'indéfectible fatalité qui en fait la force aveugle du monde. Cette mystérieuse attraction de la femme, cette puissance qu'on ne saurait vaincre, et qui prime chez certains êtres tous les mobiles humains, Balzac en avait compris la grandeur, et sa plus haute ambition devait être de nous en laisser une peinture fidèle dans le domaine du roman. *Splendeurs et misères des courtisanes,* voilà peut-être, avec la *Cousine Bette,* l'œuvre dans laquelle il l'a le plus puissamment dégagée!...

Quelques traits empruntés au portrait physique d'Esther donnent l'idée de cette perfection accomplie qui en faisait un type de beauté unique et captivante : « Esther eût remporté le prix au sérail, elle possédait les trente beautés harmonieusement fondues. Loin de porter atteinte au fini des formes, à **la** fraîcheur de l'enveloppe, son étrange vie lui avait communiqué le je ne sais quoi de la femme : ce n'est plus le tissu lisse et serré des fruits verts, et ce n'est pas encore le ton chaud de la maturité ; il y a de la fleur encore. Quelques jours de plus passés dans la dissolution, elle serait arrivée à l'embonpoint. Cette richesse de santé, cette perfection de l'animal chez une créature à qui la volupté tenait lieu de la pensée, doit être un fait éminent aux yeux des physiologistes... L'origine d'Esther se trahissait dans cette coupe orientale de ses yeux à paupières turques et dont la couleur était d'un gris d'ardoise qui contractait aux lumières la teinte bleue des ailes noires du corbeau. L'excessive tendresse de son regard pouvait seule en adoucir l'éclat... » Tels sont les principaux traits du portrait d'Esther ; quelques-uns des traits qui en font une des plus rares incarnations de beauté et vouent presque irrémédiablement celles qui en sont dotées à cette destinée étrange d'exercer une fascination souveraine sur ceux qui les approchent. Différente pourtant de ses semblables en ceci qu'elle connaîtra les tortures qu'elle-même aura causées et qu'elle mourra d'un amour aussi ardent que celui qu'elle aura su inspirer !

Les dégradations et les souillures de sa vie passée, ses malheurs et les rudes épreuves de sa vie, enfin la révélation du véritable amour : voilà ce qu'elle dit à Vautrin, qui se manifeste à elle sous l'incarnation du prêtre espagnol Carlos Herrera : « Il y a trois ans, je vivais dans le désordre où je suis née ; j'étais la dernière des créatures, et la plus infâme ; maintenant je suis seulement la plus malheureuse de toutes...

7.

Un Lucien, voyez-vous, est aussi rare qu'une femme sans péché. Quand on le rencontre, on ne peut plus aimer que lui ; voilà, mais à un pareil être il faut sa pareille. Je voulais donc être digne d'être aimée par mon Lucien. » C'est là le seul mobile qui dirige sa conduite, et lorsque Carlos, après avoir torturé son âme en lui peignant les difficultés de sortir des misères morales où elle a été plongée jusqu'alors, fait luire à ses yeux, comme suprême espoir, la possibilité d'une régénération, elle embrasse ses genoux avec l'onction et la ferveur d'une sainte extasiée. Désormais elle vivra sous la domination de Vautrin, qui exercera sur elle le pouvoir de fascination qui lui est propre et marque son influence sur tous ceux qui l'entourent ; elle ne sera plus entre ses mains qu'un jouet fragile, qu'il aura tout intérêt à ne point briser ; un moyen dont il usera avec la liberté du créateur vis-à-vis de sa créature ; elle n'existe plus que par lui et par son amour pour Lucien, et comme elle sait Vautrin maître de disposer de cet amour, c'est avec la plus entière résignation qu'elle se soumet à ses ordres. Il lui ordonne de quitter Lucien ; elle obéit. Il lui enjoint de se retirer dans un couvent ; elle se résigne, humiliée devant celui qui la torture et ne voyant qu'un but à sa vie : la régénération morale qui la rendra digne de Lucien.

Au couvent, elle traverse une double phase correspondant au caractère double de sa nature ; l'âme est vierge si le corps est impur ; elle est vierge en ce sens qu'elle n'a pas connu l'amour, jusqu'au moment

où la charmante figure de Lucien de Rubempré lui
est apparue; c'est alors que tout ce qu'il y avait en
elle de délicat et d'exquis, tout ce que la société
avait contribué à déformer et à salir, a soudainement
reparu et s'est affirmé en trésors de tendresse. Ç'a été,
nous l'avons vu, une renaissance et la création d'un
nouvel être, la réapparition d'une sensibilité ignorante d'elle-même et de son pouvoir. A cette âme
vierge d'amour et possédée d'un seul désir : se
rendre digne de son amant, l'espoir d'atteindre au
but qu'elle envisage comme le souverain bonheur
doit communiquer des forces inconnues, la maintenir
en un état de constante exaltation propre à favoriser
le progrès moral que Carlos attend d'elle... Mais
voici que les premiers instincts reparaissent; voici
que ce passé, dont nous sommes impuissants à nous
départir, renaît et s'impose avec ses troublantes
obsessions. Tout son être aspire à la pureté et à
l'amour; toute sa vie antérieure lui rappelle l'impu-
reté et la honte; elle le lui rappelle avec une si
inquiétante ardeur qu'elle prime les aspirations sacrées du désir et menace de ruiner le corps, qui n'est
pas habitué à ces règles et à ces strictes observances.
Situation cruelle, bien faite pour arrêter l'attention
du psychologue et de l'analyste; situation relevant
avant tout de la physiologie, cette science qui venait
d'être créée, et à laquelle le maître romancier aimait
à emprunter ses plus récentes découvertes, pour peu
qu'elles fussent de nature à éclairer les mystères de
l'âme !

Cette vie au couvent est la partie la plus intéressante de l'histoire d'Esther; car, à compter du moment où elle sera redevenue, dans les mains de Vautrin, le moyen de faire parvenir Lucien, Esther nous apparaîtra, au milieu de cette peinture des dessous de l'existence parisienne, une figure de second plan, toute pâle, tout effacée : « Que faut-il faire? s'écria-t-elle fanatisée. — M'obéir aveuglément, dit Carlos. Et de quoi pourriez-vous vous plaindre? Il ne tiendra qu'à vous de vous faire un beau sort. Une fois nos affaires faites, notre amoureux est assez riche pour vous rendre heureuse... — Heureuse! dit-elle en levant les yeux au ciel. — Vous avez eu quatre ans de paradis, reprit-il; ne peut-on vivre avec de pareils souvenirs? — Je vous obéirai, répondit-elle, en essuyant une larme dans le coin de ses yeux. Ne vous inquiétez pas du reste. Vous l'avez dit, mon amour est une maladie mortelle. »

Quelle scène que celle où Esther, résignée, vêtue en ouvrière, et installée dans une misérable chambre garnie, attend l'arrivée de Nucingen! Le contraste préparé par Vautrin entre la jeunesse de la charmante fille et le milieu sordide dans lequel il la présente au vieux banquier, évoque en notre mémoire de troublants souvenirs, et la mystérieuse poésie de certaines planches des *Caprices* de Goya, où l'illustre fantaisiste nous montre de jeunes vierges livrées à de vieux débauchés! Néanmoins, dans la création de Balzac, différents nous apparaissent par certains points les personnages représentés! A Nucingen, la suppliant de l'accepter comme protecteur, Esther répond en laissant couler de grosses larmes : « Mais il le faut bien, monsieur. » Nous voyons dans cette résignation à sa destinée quelque chose de touchant et d'enfantin que ne nous suggèrent pas les eaux-fortes de l'artiste espagnol! Elle agira désormais, poussée par une force irrésistible, dont elle sent seulement l'impulsion, vers l'avenir qui lui est inconnu, un seul point restant clair pour elle, c'est que le moindre refus d'obéissance aux ordres de Vautrin deviendrait fatal à Lucien. Tout est mené par ce sinistre homme de génie!...

Aimer Lucien d'un amour sans exemple, être tout pour lui et ne voir que lui ; s'être relevée à ses propres yeux par la puissance de cette tendresse ; d'autre part, et pour conserver Lucien, pour lui assurer une vie brillante, glisser à nouveau sur la pente fatale qui l'a conduite une première fois à la honte ; supporter comme protecteur le baron de Nucingen, en sachant qu'un jour il faudra se livrer à lui, que le moment approche où l'on ne pourra plus différer ; tenter, en un mot, une conciliation entre un amour qui la possède tout entière et les caresses serviles qui doivent aboutir au don de sa personne : tel est le rôle de la malheureuse Esther! Telle est l'impasse où elle se trouve engagée, et dont elle ne pourra sortir que par la mort volontaire, dénouement inévitable de sa destinée. Et pourtant une auréole brille au front de la pauvre fille, qu'elle doit à la sincérité de sa tendresse, à sa fin tragique ; auréole que ne sauraient

lui enlever ni les hontes de son existence d'autrefois,
ni le marchandage qui se fait autour de sa personne,
ni ses caresses payées, ni ses bruyants retours vers
son origine de fille ; auréole de pitié, quelque chose
de cette grâce innommable que la nature a départie à
plus d'une femme perdue et que le poète se charge
d'immortaliser, en le consacrant par son génie !...

En composant le personnage d'Esther, Balzac n'a
pas fait une étude de « courtisane » au sens véritable
du mot, et certains esprits pourraient penser, n'était
le titre même de l'œuvre dans laquelle il l'a placée,
qu'il eût mieux convenu de l'étudier dans le chapitre des « femmes malheureuses ». En effet, si
nous écartons pour un moment ses origines et ses
débuts, qui devaient en faire, comme la plupart
de ses semblables, une victime de la société, un
être sacrifié ; si nous écartons les circonstances qui
enveloppèrent sa destinée comme un réseau fatal,
pour l'envisager exclusivement dans ses rapports
avec Lucien de Rubempré ; si, d'autre part, nous
nous arrêtons à cet amour, à l'élévation morale
qu'il communique au personnage, si nous suivons,
avec l'intérêt qu'elle comporte, la transformation d'individualité, conséquence de son apparition dans l'âme d'Esther, si nous envisageons en
dernier lieu cette résolution finale qui, de propos
délibéré, lui fait préférer l'anéantissement de son
être au don de sa personne, la mort à la honte de se
livrer sans amour, il faudra bien reconnaître qu'il ne
subsiste plus en elle aucun des traits communs à la

) ourtisane. De la « fille » elle ne présente ni l'âpreté
l'instinct qui depuis la constitution de l'homme en
société a régi et régira éternellement cette dernière;
ni la vulgarité acquise en ces accouplements d'un
jour, qui, par une étrange ironie du sort, et comme
conséquence extrême des civilisations avancées, fait
redescendre l'être humain au rang de l'animalité d'où
l'exercice progressif de la raison l'avait fait sortir;
ni enfin cette ignorance des notions élémentaires de
la morale, qui la pousse à accomplir sa fonction
sociale comme une besogne de ruine et d'anéantissement. Courtisane dans la première période de son
existence, Esther, ne nous lassons pas de le répéter,
est redevenue femme et amante; telle elle est demeurée, grâce à l'intervention d'un sentiment sincère et
spontané; telle elle est morte, grâce à la persistance
de ce sentiment, ayant su dominer la crainte de la
mort qui accable l'être et lui enlève cette suprême
énergie qui fait du suicide un acte de courage, loin
qu'il soit un acte de lâcheté !

« L'inconscience acquise », cette marque caractéristique de la « fille », elle ne devait pas échapper à
Balzac, et le grand écrivain qui, tout en peignant les
mœurs transitoires de la société où il vivait, devait
peindre « éternel » en vertu de la toute-puissante
vision de son esprit généralisateur, ne pouvait la
méconnaître, cette inconscience. Il l'a peinte dans
les personnages de la *Comédie humaine* qu'on pourrait appeler les « courtisanes de métier », les Josépha, les Jenny Cadine, les Schontz, les Malaga,

figures de second plan, mais qui n'en gardent pas
moins leur importance et dont le rôle social ne saurait être omis. Elles apparaissent, au cours de ses
études, instruments nécessaires de l'état de choses
qu'il décrivait, accomplissant leur besogne de dissolution morale avec la rigueur indéfectible de la
fatalité.

Ce n'était point à elles pourtant que devait aller sa
sympathie de « créateur ». Le théoricien de la
volonté, le jumeau spirituel de Louis Lambert, allait
réserver toutes ses forces productrices pour un type
bien autrement vivant et agissant, correspondant
merveilleusement à son intime conception du monde,
destiné à faire vibrer, en ses fibres les plus secrètes,
le psychologue artiste aux yeux duquel il ne saurait
exister dans le domaine de l'art ni bien ni mal, mais
simplement des états d'âme nécessaires et tranchés.
Certes il l'a peinte avec amour, la courtisane experte
en corruptions savantes, pleinement maîtresse de ses
« effets » et consciente du résultat qu'elle atteindra;
le démon de la perversité et des roueries féminines
masquées sous les dehors attirants de la vertu modeste; il lui a communiqué ce relief intense, marque
distinctive des créations qui persistent à travers les
âges en immortalisant le nom de leur père spirituel.
Valérie Marneffe est au plus haut degré « consciente »
de ses actes, et c'est bien ainsi qu'il l'a voulue; c'est
ainsi qu'elle dut se présenter à son imagination, en ces
heures d'élaboration mystérieuse et de travail latent
qui échappent à l'analyse du plus habile psycholo-

gue, mais durant lesquelles se soudent et prennent
corps les traits divers de ces enfants du rêve qui sont
les personnages des poètes et des romanciers. Telle
il l'a conçue, non pas en vertu d'un contraste prémédité entre sa nouvelle création et les types de courtisanes qu'il avait jusqu'alors inventés, — les créations
vivantes comme Valérie Marneffe ne surgissent pas
à la faveur d'une idée abstraite, — telle il l'a conçue,
parce que telle elle s'imposait à son intelligence
dans son obsédante réalité !...

Nous disions plus haut que pour le véritable artiste
il ne pouvait exister, dans le domaine esthétique, que
des états d'âme nécessaires et tranchés. Ainsi en
va-t-il, lorsque le romancier est exclusivement psychologue ; mais lorsqu'il est doublé d'un moraliste, —
et c'était le cas pour Balzac, — à côté de ces états
d'âme qu'il constate et décrit pour le plaisir de peindre, il y a leur réaction sur le milieu dans lequel
ils se produisent, leur influence bienfaisante ou nui-
sible, leurs conséquences et leurs effets. A la différence du pur psychologue, qui se contente d'indiquer
ces influences par la série des faits décrits, Balzac
les souligne, il y insiste, et la peine qu'il prend d'y
insister jette une lumière plus vive encore sur les
intentions du romancier, sur les divergences qui
séparent les catégories de l'espèce sociale dite courtisane : le propre de celle-là est de ne jamais se
révéler telle, ou du moins de ne le faire qu'à l'heure
de son triomphe définitif, lorsqu'elle tient en son
pouvoir la victime choisie. En même temps que

Balzac présente le type, il en indique le danger social : « Une vraie courtisane porte, dans la franchise de sa situation, un avertissement aussi lumineux que la lanterne rouge de la prostitution ou les quinquets du trente-et-quarante. Un homme sent alors qu'il s'en va là de sa ruine. Mais la doucereuse humilité, mais les semblants de vertu, mais les façons hypocrites d'une femme mariée qui ne laisse voir que les besoins vulgaires d'un ménage et qui se refuse en apparence aux folies, entraîne à des ruines sans éclat, et qui sont d'autant plus singulières qu'on les excuse en ne se les expliquant point. » Il indique le danger, bien convaincu d'ailleurs qu'il n'existe point de remède possible, et s'appuyant, comme tous les esprits philosophiques, sur l'immutabilité des choses humaines, car il ajoute cette phrase pleine de mélancolie : « Valérie est une triste réalité, moulée sur le vif dans ses plus légers détails. Malheureusement ce portrait ne corrigera personne de la manie d'aimer des anges aux doux sourires, à l'air rêveur, à figure candide, dont le cœur est un coffre-fort. »

Un ange au doux sourire, c'est bien ainsi que la délicieuse Valérie se montre au baron Hulot d'Ervy, avec la souveraine puissance de dissimulation qui, chez cette redoutable petite bourgeoise, voile une profondeur de perversité n'ayant d'égale que l'ambition de sortir du rang médiocre où le sort l'a jetée, et la constitue rivale des plus illustres courtisanes! Fille naturelle du maréchal de Montcornet, mariée à un misérable employé qui lui répugne autant par sa laideur que par ses mœurs inavouables, Valérie est née avec cette délicatesse de complexion et cette finesse aristocratique qui font pour elle, des élégances de la vie mondaine, un besoin intime, une nécessité. Joignez à cela la paresse la plus extrême, l'horreur de toute peine physique, bref tout ce qui en fait un exemplaire achevé de la femme créole, avec cette différence pourtant qu'une intelligence admirablement déliée, une habileté suprême à jouer des rôles divers, favorisera ses incarnations. Vivant d'une existence médiocre, elle n'a qu'un but, en sortir; et comme elle est arrivée à ce funeste moment où la nécessité de vivre fait chercher une friponnerie heureuse, on se figure par quels moyens. La première fois qu'elle aperçoit Hulot, leurs regards se croisent simplement, et cet instant lui suffit pour deviner en lui « l'homme à femmes » dans sa plus haute acception; elle apprend qui il est, et désormais elle n'a de cesse qu'une entrevue ait eu lieu. C'est d'ailleurs en timide postulante qu'elle se présente, alléguant le hasard qui les a fait se rencontrer, ajoutant que le sort de son mari est aux mains du baron. Hulot, qui voit en elle la jolie maîtresse ardemment convoitée, qui a hâte de l'avoir à lui, va plus vite en besogne qu'il ne convient, si bien que Valérie se trouve contrainte de l'arrêter dans son élan; elle joue la pudeur et le désintéressement, sentant que le plus sûr moyen de l'attacher à elle est de se montrer différente des « filles » qu'il a fréquentées jusqu'alors. Dans toute cette première partie de son rôle, elle de-

meure la petite bourgeoise rangée et craintive, la
femme mariée fidèle à ses devoirs, qui peut-être bien
à la longue se résignerait à faillir, mais à coup sûr
n'en viendrait à cette extrémité qu'en faveur d'un
attachement hautement démontré. Ce sont, pour lui
faire accepter des riens, de gentilles manières, de
pudiques refus, toute la stratégie habile d'une courtisane consommée : « Bon pour les places, les grati-
fications, tout ce que vous pourrez nous obtenir du
gouvernement ; mais ne commencez pas par désho-
norer la femme que vous dites aimer. Autrement je
ne vous croirai pas... Et j'aime à vous croire, ajou-
tait-elle, avec une œillade à la sainte Thérèse gui-
gnant le ciel. » Puis quelques instants après, jouant
la comédie de l'amour avec une supériorité sans précédent, elle se montre jalouse de Mme Hulot, déclare
sérieusement au baron qu'elle ne conçoit pas qu'on
fasse une faute pour un homme qui ne serait pas
tout à vous. Chez lui ce n'est plus de l'amour, mais
de l'affolement, d'autant mieux qu'il n'a pas obtenu
la plus petite faveur, et que Valérie saura le maintenir en haleine jusqu'au moment où elle aura reçu,
sans avoir rien demandé, tout ce qu'elle désirait... Ce
qu'elle a voulu, elle l'a eu : avancement pour Marneffe, gratification à l'employé, cadeaux importants
qu'elle a paru n'accepter qu'à contre-cœur, qu'elle a
pris néanmoins. Elle s'est révélée dans l'éclat de sa
beauté au bal donné par le baron, et lorsque Hulot,
oubliant tout pour elle, la reconduit à sa voiture, c'est avec des protestations d'innocence non

encore flétrie que Mme Marneffe le paye de ses bontés ; elle lui persuade qu'elle en est à sa première faute ; elle a des pudeurs, des effarouchements de vierge ignorante ; il ne s'en manque guère que le vieillard dupé s'imagine avoir joui des premiers abandons d'une femme qui, tout en étant mariée, serait demeurée jeune fille !...

Hulot, pourtant, ne saurait lui suffire : ce premier triomphe met en goût l'ambitieuse Valérie. La fortune du baron est singulièrement compromise, et, quelle que soit sa passion pour la jeune femme, la ruine financière qui le menace devient un avertissement pour elle d'avoir à prendre un second protecteur. C'est alors que surgit à point le vaniteux Crevel, ce type admirable du bourgeois enrichi, du commerçant *parvenu,* l'homme qui, parmi ses bonnes fortunes, n'a point encore compté de femmes honnêtes, pour qui la suprême satisfaction serait d'en avoir une ! Il eût fait des folies pour Mme Hulot, si la pauvre femme y avait consenti ; il en fera pour Valérie. Désormais, elle mène de front ce double amour ; tenant en main les deux vieillards, les conduisant avec cette dextérité souveraine qui ne faillira pas une minute, elle saura dispenser à chacun le genre et la dose de plaisir approprié. Chez Crevel, elle caresse les ambitieuses visées du parvenu ; quant à Hulot, elle lui persuade qu'il est toujours désirable et que les cheveux blancs vont bien à sa figure. « Valérie possédait des spécialités de tendresse qui la rendaient indispensable à Crevel aussi bien qu'au baron. En présence du monde, elle offrait la réunion enchante-resse de la candeur pudique et rêveuse, de la décence irréprochable et de l'esprit rehaussé par la gentillesse, par la grâce, par les manières de la créole; mais dans le tête-à-tête, elle dépassait les courtisanes; elle y était drôle, amusante, fertile en inventions nouvelles. » A certaines heures, néanmoins, l'ennui la prend, une sorte de rancœur des serviles complaisances et de l'étrange besogne qui consiste à ranimer les désirs éteints des deux vieillards : elle se confesse à Lisbeth, lui fait part de ses dégoûts. « Lisbeth, mon amour, ce matin, deux heures de Crevel à faire, c'est bien assommant!... Oh! comme je voudrais pouvoir t'y envoyer à ma place! » Une fantaisie s'est emparée d'elle, non pas un amour, car l'amour ne saurait germer dans une pareille âme; une fantaisie pour l'artiste Wenceslas Steinbock, et ce caprice de jolie femme non satisfaite la torture comme une vraie passion : « Aimer Wenceslas à en maigrir et ne pouvoir réussir à le voir!... Hulot lui propose de venir dîner ici, mon artiste refuse. Il ne se sait pas idolâtré, ce monstre d'homme! Qu'est-ce que sa femme? De la jolie chair. Oui, elle est belle, mais moi je me sens : je suis *pire!* »

Pire, voilà le véritable mot : elle se juge elle-même, et personne ne saurait mieux dire pour caractériser cette prodigieuse incarnation des roueries féminines. Elle est *pire*, et elle apparaîtra bien telle dans cette scène inoubliable où il lui faudra, mettant en jeu toutes les ressources de son esprit, de sa dissi-

...fmulation savante, duper chacun des acteurs du drame
sur le compte de celui qu'il soupçonne. Crevel et
Hulot sont réunis chez elle, autour d'une table de
jeu, se surveillant mutuellement, et surveillés par
l'ignoble Marneffe qui profite de leurs distractions
pour les voler: par un étrange contraste psychologique, l'employé qui favorise les relations de sa femme
avec le baron, le mari discret qui sait se retirer à
temps, ne supporte qu'avec peine les amours de Valérie et de Crevel; il est pris à son égard de rages
sourdes que le commerçant parvenu comprend à
merveille et qui le font filer doux au moment où elles
menacent d'éclater. A la lueur des bougies, ces trois
hommes se surveillent, songeant chacun à sa passion
maîtresse; Marneffe gardant, lui seul, le sang-froid
nécessaire pour profiter de leurs moments d'oubli!
Derrière eux se meut, dans sa grâce et sa beauté féline, la délicieuse Valérie, qui dispense à l'un une
caresse, à l'autre un sourire, au troisième une parole
câline, et, par sa présence, rend possible leur réunion; ils n'existent que pour elle et par elle; c'est
d'elle que part en quelque sorte le fluide qui leur
communique la force d'agir et les mène à l'assouvissance de leurs passions, les conduisant comme avec
la sûreté d'un instinct! Lutte tragique et silencieuse
qui se passe en ces trois cervelles d'homme, bien
faite pour tenter le puissant écrivain qu'était Balzac,
comme des sentiments analogues avaient tenté le
peintre étrange et complexe qui s'appelait Goya. Les
pages du romancier sont les dignes rivales des plan-

ches de l'aquafortiste : elles exposent le problème
inquiétant de la persistance des désirs et de la toute-
puissance de l'instinct sexuel qui domine et perpétue
le monde !

Avec le retour de son premier amant, le Brésilien
Montès, et sa brusque réapparition dans le milieu
que nous venons d'indiquer, les difficultés s'accen-
tuent; mais Valérie n'est-elle pas femme à sortir des
situations les plus embarrassées? Après le mouvement de surprise et de crainte qui pourrait la trahir,
et qu'elle a vite réprimé, elle va nous offrir une
occasion nouvelle d'admirer son sang-froid, sa rare
entente des choses de l'amour. Avec Montès, elle sait
qu'elle n'a plus affaire à un vieillard qu'on dupe,
qu'une caresse suffit à faire taire; elle n'ignore pas la
violence de sa nature, et qu'il se joue de la vie humaine à ces heures de colère aveugle que connaissent les créoles; elle saura, pour un moment, lui tout
sacrifier. Ce qu'il lui faut, c'est reprendre Montès,
mais en même temps conserver Hulot, qui doit faire
la situation de Marneffe, conserver aussi Crevel, qui,
par des placements habiles à son nom, lui constitue
une fortune importante... Pour Hulot, elle sait qu'il
est lié à elle à tout jamais par la violence de la passion ;
elle n'a donc plus de mesure à garder; elle se révèle
à lui telle qu'elle est en réalité, c'est-à-dire sans âme
et sans pitié. Si aveugle qu'il soit, des soupçons lui
sont venus sur le Brésilien, et le pauvre baron adresse
à Valérie de timides reproches : « Aimez-moi avec
mes défauts, lui répond-elle, ou laissez-moi. Si vous

me rendez ma liberté, ni vous ni M. Crevel ne reviendrez ici; je prendrai mon cousin pour ne pas perdre les mauvaises habitudes que vous me supposez. Adieu, monsieur le baron Hulot! » C'est elle qui fait la loi, et hautement désormais!

Voyez-vous comme elle s'est démasquée, comme elle apparaît maintenant sous son vrai jour, et avec quel relief, quelle implacable énergie, la petite bourgeoise pudique, l'épouse honnête et malheureuse... qui, dans le mariage, n'avait pas trouvé la satisfaction de cœur qu'elle attendait... Ainsi soupirait-elle autrefois sur la poitrine du crédule baron. Avec Crevel, elle tient aussi la dragée haute : c'est par la vanité qu'elle l'a pris, c'est par la vanité qu'elle le conserve; elle joue la grande dame, la femme désintéressée; elle jongle avec l'argent qu'il lui offre, et, après avoir tiré de lui ce qu'elle voulait, termine par cette tirade de comédienne : « Toujours des marchés! Les bourgeois n'apprendront jamais à donner! Vous voulez vous faire des relais d'amour dans la vie, avec des inscriptions de rente!... Ah! boutiquier, marchand de pommade, tu étiquettes tout!... Vous avez, pour faire vos fredaines, trois cent mille francs en dehors de votre fortune, un magot enfin, et vous ne pensez qu'à l'augmenter... — Pour toi, ma Valérie, car je t'en offre la moitié », dit-il en tombant à genoux. Elle consent à le relever, à compter son argent, à lui permettre d'écraser Hulot de son triomphe; cependant, elle court à Montès, et avec lui seul elle se fait câline et chatte, comme elle sait l'être, voulant avant tout le reprendre. Le passage ne peut être omis, car il la peint tout entière, et résume en son éloquente simplicité le génie de cette prodigieuse créature : « Maintenant, écoute-moi bien. M. Marneffe n'a pas cinq ans à vivre, il est gangrené jusque dans la moelle des os ; sur douze mois de l'année, il en passe sept à boire des drogues, des tisanes ; il vit dans la flanelle : enfin, il est, dit le médecin, sous le coup de la faux à tout moment ; la maladie la plus innocente pour un homme sain sera mortelle pour lui ; le sang est corrompu, la vie est attaquée dans son principe. Depuis cinq ans, je n'ai pas voulu qu'il m'embrassât une seule fois, car cet homme, c'est la peste ! Un jour, et ce jour n'est pas éloigné, je serai veuve ; eh bien, moi, déjà demandée par un homme qui possède soixante mille francs de rente, moi qui suis maîtresse de cet homme comme de ce morceau de sucre, je te déclare que tu serais pauvre comme Hulot, lépreux comme Marneffe, c'est toi que je veux pour mari, toi seul que j'aime, de qui je veuille porter le nom. Serai-je ta femme, Henri ? — Je le jure. — Ce n'est pas assez : jure-le par les cendres et le salut éternel de ta mère ; jure-le par la Vierge Marie et par tes espérances de catholique ! »

Le portrait vous paraît-il complet, et pensez-vous qu'on y pourrait rien ajouter ?... Nous avons vu les deux principales faces de sa nature, et tout ce qui arrivera par la suite ne saurait être qu'un développement, une accentuation de ce que nous connaissons déjà ! Hulot et Crevel sont retombés en son pouvoir de telle manière qu'ils n'en sortiront plus; le Brésilien est devenu son esclave; du baron, elle a tiré jusqu'à son dernier sou; il ne lui reste plus que son influence et les effets de sa protection; pour les hâter, rencontrant une résistance, elle concerte avec Marneffe un flagrant délit d'adultère, et le malheureux Hulot, pris entre la honte d'un procès et l'obligation de procurer à Marneffe un avancement scandaleux, se résout au dernier parti. Les coups de Mme Marneffe vont au delà, et par delà les premières victimes : à la fille de la baronne Hulot, à la jeune Hortense Steinbock, elle prend son mari; des malheurs successifs accablent la famille déjà ruinée par son chef, et lorsque Crevel, attendri par la douleur de Mme Hulot, parle à Valérie de lui prêter deux cent mille francs, elle trouve, pour le faire renoncer à son projet, des accents inoubliables, qui résument en une scène la double face de sa nature et présentent tour à tour les deux masques de la puissante comédienne : « Sainte Valérie, ma bonne patronne, pourquoi ne visitez-vous pas plus souvent le chevet de celle qui vous est confiée? Oh! venez ce soir, comme vous êtes venue ce matin, m'inspirer de bonnes pensées, et je quitterai le mauvais sentier; je renoncerai comme Madeleine aux joies trompeuses, à l'éclat menteur du monde, même à celui que j'aime tant! » Puis, poussant un infernal éclat de rire : « Gros cornichon! s'écria-t-elle, voilà la manière dont les femmes pieuses s'y prennent pour vous tirer une carotte de deux cent mille francs! Garde donc ton argent; si tu en as de trop, ce trop m'appartient! Si tu donnes deux sous à cette femme respectable qui fait de la piété parce qu'elle a cinquante-sept ans, nous ne nous reverrons jamais, et tu la prendras pour maîtresse ; tu me reviendras le lendemain tout meurtri de ses caresses anguleuses et soûl de ses larmes, de ses petits bonnets guinguets, de ses pleurnicheries qui doivent faire de ses faveurs des averses! »

Quel trait pourrait-on ajouter qui, mieux que ce dernier, mieux que la scène entière, par son étrange contraste et l'âpreté de sa conclusion, résumât la nature de Valérie Marneffe? La mort seule l'arrête dans sa besogne d'anéantissement ; et lorsque vient l'heure de l'expiation, lorsqu'elle endure les souffrances de l'agonie la plus atroce, la mort par empoisonnement, la décomposition progressive de cette chair adorable, autrefois objet d'amour, objet de dégoût maintenant, à peine si la pitié nous prend, tant elle nous est apparue comme un instrument de torture et de malheur! Cette fin misérable nous semble une revanche de la société qu'elle a pressurée sans trêve ni pitié, un châtiment d'en haut qui rétablit, par sa suprême équité, l'*équilibre du bien et du mal!*

C'est un personnage bien curieux dans sa spécialité que cette « Flore Brazier » des scènes de la *Vie de province,* dite « la Rabouilleuse », sorte de servante maîtresse, mais d'un ordre plus raffiné que ne le sont d'habitude ces créatures, vouée par les circonstances qui entourèrent sa jeunesse à dominer une existence de vieux garçon : servante et roturière par son origine, son manque complet d'éducation et cette vulgarité native que les transformations de sa fortune ont eu peine à modifier; maîtresse et courtisane, mais courtisane inconsciente, par la beauté physique que la nature lui a départie et cette irrésistible séduction qui marque certaines créatures féminines pour le métier d'amour, avant l'âge de la puberté, alors que s'ébauchent à peine en leur personne les grâces enfantines, prélude des ravissantes beautés qui affoleront les hommes, et pour la possession desquelles ils se précipiteront à la ruine !

Prise à douze ans, cloîtrée par un vieillard qu'enflamme son exquise séduction, Flore Brazier, élevée par ses soins et destinée à ses plaisirs, trompe l'attente de son protecteur et demeure vierge en dépit de ses efforts; instruite par les tentatives réitérées d'une passion qui ne peut s'assouvir, soumise dès ses premières années aux caresses impuissantes mais révélatrices du vieillard, elle perd tout d'abord cette fleur d'innocence qui est l'attrait de l'enfant, pour apprendre, avec sa finesse matoise de paysanne, le pouvoir de sa beauté et la séduction de ses charmes. A la mort du vieillard, elle tombe, comme un objet de succession, entre les mains de son fils, garçon d'intelligence obtuse, mais en qui l'instinct du sexe, hérité de son père, se manifeste avec une timide gaucherie : Jean-Jacques a grandi auprès de Flore, l'amour s'est développé en lui, en même temps que se sont accrues les grâces de la jeune fille. Écoutez la

8.

conversation qui s'engage entre le jeune garçon et Flore après la mort du père; rien de plus frappant que cette déclaration d'amour, cet appel du désir; Jean-Jacques voudrait savoir l'exacte vérité sur les relations de son père avec Flore : « Toute la vérité sur mon père », demanda-t-il d'une voix étranglée. Elle répond avec une impudeur et une sincérité qui touchent au cynisme : « Votre père, dit-elle en plongeant son regard dans les yeux de son maître, était un brave homme. Il aimait à rire... quoi!... un brin... Mais, pauvre cher homme... c'était pas la bonne volonté qui lui manquait. Enfin, rapport à je ne sais quoi contre vous, il avait des intentions... oh! de tristes intentions. Souvent, il me faisait rire... Quoi! voilà... Après?... » Et le pauvre idiot offre à Flore de rester avec lui et de devenir la maîtresse. En peu de temps, il s'acoquine avec cette fille, ne pouvant plus s'en passer, ayant d'elle un besoin irritant de chaque jour, souffrant dès qu'elle n'est plus auprès de lui; bref, attaché à sa destinée par des liens si puissants qu'en les brisant on briserait sa vie, et que pas un acte de sa volonté, si infime soit-il, ne se produit sans avoir passé par le contrôle de celle qui s'est emparée de son esprit.

Vous pensez qu'avec le succès l'audace lui vient, et qu'ayant sondé la profondeur d'imbécillité de son maître, elle lui imposera les conditions qui lui plairont, sûre par avance qu'aucun pouvoir ne le détachera d'elle! Elle s'est amourachée d'un beau garçon, moitié soudard, moitié gentilhomme campagnard, qui répond à l'idée qu'elle se fait de la beauté masculine ; il le lui faut ; elle l'aura, et, qui mieux est, elle l'aura chez son maître ; elle prétendra le lui imposer, le faire manger à sa table, partager ses caresses entre le maître qu'elle se donne et celui qu'elle a subi pour atteindre à la fortune. Elle est dégrossie maintenant : ce n'est plus la paysanne habile, mais un peu lourde, du début ; c'est la « fille experte » qui, sachant exactement la mesure de son pouvoir, en use et en abuse à sa fantaisie ; pour imposer Maxence, elle emploie les arguments les plus divers et finit par le plus décisif, montrant à Jean-Jacques la possibilité d'un abandon : « Il y en a par la ville plus d'un qui m'a fait la cour, da ! On m'offrait des chaines d'or par-ci, des montres par-là... « Ma petite Flore, si tu « veux quitter cet imbécile de père Rouget ! » Car voilà ce qu'on me disait dessus. — Moi, le quitter ? Ah ! bien plus souvent ! un innocent comme ça, qué qui deviendrait ? ai-je toujours répondu. Non ! non ! où la chèvre est attachée il faut qu'elle broute. — Oui, Flore, je n'ai que toi au monde, et je suis trop heureux. Si ça te fait plaisir, mon enfant, nous aurons ici Maxence Gilet ; il mangera avec nous. »

Cette femme si forte en apparence, si sûre d'elle-même, elle a toutes les faiblesses de la chair, tous les tressaillements, toutes les lâchetés de la fille en présence du danger. Lorsque, dominée à son tour par Philippe Bridau, sentant qu'elle a trouvé son maître, que le maître s'impose à sa volonté comme une force du destin, elle voit imminente la mort de Maxence, lorsqu'elle comprend que tout va lui échapper, son amant et sa fortune, ou plutôt la fortune de Jean-Jacques, si elle n'agit pas comme un instrument entre les mains de Philippe, elle tremble comme une personne prise de fièvre, claque des dents et se soumet. « Servez-lui du bonheur premier numéro, dit Philippe... Commencez votre service dès ce soir, car si demain le bonhomme n'est pas gai comme un pinson, je ne vous dis qu'une chose, écoutez-la bien. Il n'y a qu'une seule manière de tuer un homme sans que la justice ait le plus petit mot à dire, c'est de se battre en duel avec lui ; mais j'en connais trois pour me débarrasser d'une femme. Voilà, ma biche. Allez, dit-il. Tenez, voilà mon oncle. » En effet, le père Rouget vint dans la rue prendre Flore par la main, comme un avare eût fait pour son trésor : il rentra chez lui, l'emmena dans sa chambre et s'y enferma. » Peinture d'une haute et puissante signification, pleine de sous-entendus mystérieux, vagues et profonds comme l'instinct qui mène l'homme et dirige le plus grand nombre de ses actes, lui impose sa destinée en maître souverain qu'il est, et fait des créatures en apparence plus agissantes qui l'entourent les instruments aveugles de sa ruine !

Dans l'œuvre de Balzac, Flore Brazier n'est pas la seule de son espèce : ce qui lui crée une figure à part, c'est le milieu dans lequel elle se développe, le milieu de province, nécessairement restreint, où il est impossible que sa nature de « fille » prenne toute l'extension qu'elle comporte ! Modifiez le milieu,

transportez-la à Paris, soumettez-la au régime des
actrices de petit théâtre, elle deviendra vite la rivale
des Jenny Cadine et des Josépha ; peut-être même
sera-t-elle pire que celles-ci. Toutes, en effet, ou
presque toutes ont commencé comme elle, et c'est
dans l'abandon des années de jeunesse qu'il faut
chercher le secret de leur existence ! A l'origine de
toute destinée de « fille », il y a immanquablement une
faute qui ne saurait lui être imputée, et dont la société
seule est responsable. La vertu de la femme n'existe
et ne subsiste que grâce aux protections sociales
dues à l'éducation et au milieu ; à l'*éducation* d'abord,
car il est clair que l'ignorance dans laquelle on tient
les jeunes filles des classes aisées ne contribue pas
peu à les empêcher de faillir ; au *milieu* enfin, car
telle liberté prise avec une jeune fille qui n'est point
du monde, et partant sans conséquence, deviendrait
aussitôt un outrage des plus graves à l'égard de celles
que l'ordre social protège ! Faisons abstraction pour
un moment de ces deux facteurs, l'éducation et le milieu ; la vérité cruelle se dressera devant nous ! Il est
peu de pages qui le fassent mieux comprendre dans
l'œuvre entière de Balzac que celles où le romancier nous montre, à la fin de la *Cousine Bette,* la baronne Hulot tentant d'inculquer des principes de
morale dans l'âme naïve et rudimentaire de la petite
Atala Judici. Livrée par ses parents au père Vyder,
qui n'est autre que Hulot, l'enfant est aussi étrangère
à toute notion morale que l'animal dominé par l'instinct ; pour elle, le monde se divise en deux classes

de gens : ceux qui la battent et ceux qui lui donnent des friandises. Des premiers, elle s'écarte avec crainte; avec les autres, elle est pleine de confiance: le père Vyder est de ce nombre, et voilà pourquoi elle l'aime : « Depuis deux mois, je ne sais plus ce que c'est que d'avoir faim! Je ne mange plus de pommes de terre. Il m'apporte des bonbons, des pralines. Oh! que c'est bon, le chocolat praliné!... *Je fais tout ce qu'il veut pour un sac de chocolat...* — Eh bien, pourquoi, mon enfant, ne ferais-tu pas ton mari du père Vyder?... — Mais, c'est fait, madame! dit la jeune fille en regardant la baronne d'un air plein de fierté, sans rougir, le front pur, les yeux calmes. Il m'a dit que j'étais sa petite femme... Mais c'est bien embêtant d'être la femme d'un homme!... Allez, sans les pralines! — Mon Dieu, se dit à voix basse la baronne, quel est le monstre qui a pu abuser d'une si complète et si sainte innocence? *Moi, je savais ce que je faisais,* se dit-elle en pensant à la scène avec Crevel; elle, elle ignore tout! »

Quelle lumière ne jette-t-elle pas sur les réalités sociales, cette dernière phrase venant après le dialogue de Mme Hulot et d'Atala Judici! À qui peut voir au delà des faits, et comparer en remontant aux causes, il apparaît clairement que le mal dont la société se plaint est dû tout entier à l'organisation sociale elle-même. — La petite Atala Judici, c'est une future Josépha, ou, si vous aimez mieux, Josépha a commencé par être une Atala Judici, une Olympe Bijou, cette autre enfant de quatorze ans que Josépha pro-

opose à Hulot : « Je connais Bijou, c'est moi-même à
quatorze ans. J'ai sauté de joie quand cet abominable
Crevel m'a fait ces atroces propositions-là. Eh bien,
viens ; tu seras emballé là pour trois ans ; c'est sage,
c'est honnête, et ça aura d'ailleurs des illusions pour
trois ou quatre ans, pas plus. » Alors, en effet, et peu
à peu, la « fille » se développera chez l'enfant trompée : Olympe Bijou deviendra Josépha et saura se
venger cruellement, sans en avoir conscience souvent, des infamies supportées !...

On pourrait éprouver, au premier abord, quelque
surprise à voir figurer parmi les « courtisanes »
la séduisante Mme de Rochefide. C'est que nous
entendons donner à cette expression un sens plus
étendu que celui qu'il comporte d'habitude. Dans
son sens étroit, une « courtisane », c'est toute
femme qui fait métier de son corps, qui le livre sans
amour, pour en tirer profit : telle, la malheureuse
Esther, que les circonstances impitoyables ont con-
damnée à une prostitution prématurée, et que son
ardent amour lui-même est impuissant à relever ; telle
encore, et au premier chef, l'adorable et perverse Valérie Marneffe, la plus séduisante et la plus dangereuse
de toutes ; enfin, les Jenny Cadine, les Josépha,
qui représentent le type classique, se parent de leur
débauche et exercent leur métier à la face de tous
avec une insultante provocation ! Mais si, dans l'énu-
mération des types pouvant rentrer dans cette catégorie sociale dite la « courtisane », on s'en tenait aux
trois classes de femmes que nous venons d'indiquer,

l'expression conserverait son sens étroit, et c'est dans son sens large, avons-nous dit, qu'il convient de l'envisager.

Par *courtisane*, nous entendons encore, — et qui viendra nous contredire? — ces femmes qui, ayant une âme pour aimer, une beauté faite pour rendre un amant heureux, se servent de cette beauté pour déchirer par morceaux et à plaisir le cœur de l'homme qui les adore, d'autant plus redoutables qu'elles se couvrent du masque trompeur de la distinction et de l'élégance mondaine. Lisez le portrait que Camille Maupin fait de Béatrice de Rochefide. « Béatrice est une de ces blondes auprès desquelles la blonde Ève paraîtrait une négresse. Elle est mince et droite comme un cierge et blanche comme une hostie... Son front est magnifique, mais un peu trop audacieux. Ses prunelles sont vert de mer pâle et nagent dans le blanc sous des sourcils faibles, sous des paupières paresseuses... La nature lui a donné cet air de princesse qui ne s'acquiert point, qui lui sied et révèle soudain la femme noble... » En réalité, cette Béatrice n'est qu'une coquette cherchant à jouer avec l'amour de Calyste de Guénic, ne visant qu'à une chose : se faire désirer, le conduire à la minute du bonheur, puis se retirer traîtreusement; ce qu'elle éprouve pour lui, c'est une sorte de fantaisie bizarre. Lisez la lettre qu'elle lui envoie, en réponse à celle, si passionnée et si sincère, dans laquelle il lui dévoilait sa tendresse. Elle use de tous les artifices à l'aide desquels elle peut justifier un refus : elle se couvre d'un manteau d'honnêteté ; elle joue la femme chaste qui respecte le devoir et la parole donnée ; elle invoque, pour se refuser, la peine qu'elle causerait à la mère de Calyste.

La véritable nature de « fille » apparaît dans la scène avec Camille Maupin, alors que la malheureuse femme, lassée du sacrifice sublime qu'elle a fait en renonçant à Calyste, se sent mordue au cœur par une indomptable jalousie ; elle pousse le raffinement jusqu'à lui mettre sous les yeux la lettre de Calyste. Après la promenade dans les rochers et la tentative homicide de Calyste, c'est encore la coquetterie qui domine : « Ses coquetteries furent alors d'autant plus tenaces qu'elle se sentit plus faible. Elle joua la malade pendant une semaine avec une charmante hypocrisie. » Balzac l'a définie d'un mot : elle est de race *féline*.

Mais c'est après le mariage de Calyste, lorsqu'elle a résolu de le reprendre tout entier, c'est alors qu'elle devient redoutable et se dresse dans toute sa puissance : « Elle avait imaginé, comme toutes les femmes abandonnées, de se donner l'air vierge. » Elle joue le sentiment avec des larmes dans la voix. Calyste s'y laisse prendre comme au premier jour. Lorsque enfin elle est sûre de lui, si faible, si féminin, elle lui fait fouler aux pieds les sentiments les plus chers, les devoirs les plus sacrés. « Trois heures se passèrent, pendant lesquelles Mme de Rochefide maintint Calyste dans l'observation de la foi conjugale en lui posant l'horrible ultimatum d'une renonciation radicale à subir... « Votre femme vous est encore chère », dit-elle en le regardant d'un air froid à lui geler la moelle des os; allez, « allez diner avec elle. »

De Valérie Marneffe ou de Béatrice de Rochefide, quelle est la plus redoutable? Il serait difficile de décider. Elles sont « conscientes » de leurs actes au même degré : c'est ce qui frappe le plus en elles et permet de les rapprocher!...

CHAPITRE VI

LES PERSONNAGES EXCESSIFS.

Le roman de *caractères* et le roman de *mœurs*. — Balzac a excellé
dans les deux. — Diversité des êtres et des destinées. — Il ne
vit dans le monde que des *forces* en mouvement.
Goriot : caractère absorbant de son amour. — En quoi il a donné
prise aux attaques. — Goriot, création shakespearienne. — Rapprochement avec le *roi Lear*.
Persistance de l'instinct sexuel. L'amour chez le vieillard : *Hulot*.
— Caractère tragique et douloureux de sa passion. — Il la
constate et la déplore lui-même. — Jusqu'où il descend. —
Hulot est un véritable *symbole*.
Les passions *égoïstes* et les passions *altruistes*. — L'avarice, passion
égoïste. — L'absorption monomaniaque : *Grandet*.
Vautrin : Sa signification et sa portée symbolique. — Tout est
étrange et hors cadre en lui. — Ses vues d'ensemble sur la vie.
— Son don de pénétration psychologique. Précision et hardiesse
de ses jugements. — Il est artiste et poète. — Transposition ou
dédoublement de sa personnalité. — Ses amours et ses haines.
— La plus haute figure de Balzac.
Nouvelle application de la théorie des *forces : Philippe Bridau.*
L'idée fixe ou monomanie : *Balthazar Claës.* — La maladie mentale inguérissable.
Les personnages excessifs chez Dickens et Balzac. — Dans leurs
créations on retrouve les qualités de leur race. — Chaque tendance doit être poussée à l'excès pour être comprise. — Les
passions originelles et les passions tardives : les premières, bienfaisantes ; les secondes, meurtrières.
Identité foncière de l'âme humaine.

Dans une pénétrante étude de psychologie, un de

nos plus subtils essayistes modernes (1) distingue
parmi les romanciers ceux qui ont fait porter leurs
observations sur les *caractères*, et ceux qui, plus
particulièrement, se sont montrés des peintres de
mœurs. Il établit une différence capitale entre ces
deux genres d'écrivains, soutenant, avec preuves à
l'appui, qu'ils relèvent de facultés d'observation
radicalement contraires, et que leur talent implique
une vision de la vie tout opposée. « Le caractère,
dit-il, résume les traits par lesquels un homme se
distingue des autres; les mœurs résument les traits
par lesquels il ressemble à toute une classe. Représenter des caractères, c'est donc peindre des personnages en saillie; représenter des mœurs, c'est
peindre des personnages de facultés moyennes. »
L'idée était féconde en aperçus nouveaux; aussi y
revint-il avec insistance en plusieurs de ses autres
études : elle lui permit de nettement différencier un
Stendhal par exemple, peintre unique de caractères
et de caractères excessifs, d'un Flaubert, dont la marque propre, si l'on s'attache à ce point de vue, fut de
représenter exclusivement des personnages de facultés moyennes. « Peut-être, dit-il en concluant, l'art
suprême consiste-t-il à égaler la richesse de la nature,
laquelle produit en même temps des groupes entiers
d'hommes semblables et des génies exceptionnels. »
Énoncer une pareille idée, c'est prononcer le nom
même de Balzac. L'artiste dont le génie créateur sut

(1) M. Paul Bourget.

concevoir et développer en leurs détails les traits de mœurs infiniment variés des personnages qui pullulent dans des œuvres comme les *Employés* et les *Petits Bourgeois*, l'artiste qui fut capable en même temps de modeler la puissante figure d'un Grandet et d'un Vautrin, d'un Philippe Bridau et d'un Hulot, un tel artiste mérite sans conteste d'être appelé le « Rival de la Nature », parce que la vision qu'il eut de la vie égale en puissance et en complexité la réalité des choses et des êtres qui posaient devant ses yeux. Il eut cette faculté supérieure de ne point voir seulement les groupes d'individus médiocres qui s'agitent dans leur milieu social, sans influence sur ce milieu, mais encore d'imaginer, de dresser debout, en leur éclatant relief, quelques-uns de ces êtres excessifs qui, par l'exagération de passions maîtresses et exclusives, dominent le monde environnant et pèsent de tout leur poids sur les destinées qui les entourent !

La nature, en créant la diversité des êtres, créa du même coup la diversité des destinées. Elle voulut, du haut en bas de l'échelle, que l'existence des plus faibles demeurât subordonnée à l'énergie des plus forts ; elle institua une sorte de hiérarchie dont le principe suprême est un pouvoir distinct de persévérer dans l'existence, proportionné à la force de chaque individu autant qu'à l'énergie des individus voisins ! Balzac avait puissamment compris cette loi de réaction qui domine la vie physique aussi bien que la vie morale, et comme il jouissait mieux qu'aucun autre de cette admirable faculté d'imaginer les énergies supérieures, il devait nous laisser du monde, à ce point de vue, une image aussi puissante qu'exacte. Il possédait en effet ce don de suivre, par l'imagination sympathique, le travail intérieur qu'o-père dans une âme humaine l'existence absorbante d'une passion maîtresse, soit que cette passion, par un agrandissement de la personnalité qu'elle domine, la hausse à des destinées supérieures, soit que, au contraire, par un rétrécissement progressif de cette personnalité, elle la déprime et la précipite à l'anéan-tissement! Vautrin d'une part, Hulot de l'autre : ces deux noms prononcés suffisent pour illuminer l'idée que nous exprimons. Il vit autour de lui, comme il est vrai que cela seul existe, un ensemble de *forces* réagissant les unes sur les autres, et la grande loi d'*unité de plan* (1), qui l'avait si fortement séduit dans le domaine de la vie physique, le conduisit, par une vaste et soudaine généralisation, à concevoir le monde moral à l'image du monde physique!... Si mainte-nant nous revenons à l'idée par laquelle nous com-mencions ce chapitre, nous pouvons dire qu'après avoir été, ou plus exactement en même temps qu'il était le peintre de mœurs le plus complexe et le plus exact de son époque, il se révélait le peintre de carac-tères le plus énergique : d'où son universalité, comme sa place unique dans l'histoire littéraire du siècle!...

Il est des existences que la destinée poursuit avec

(1) Voir notre étude sur la Préface de la *Comédie humaine*

un opiniâtre acharnement; tel le père « Goriot », et Balzac le montre ainsi, dès les premières pages de l'œuvre, aux prises avec les pensionnaires de la maison Vauquer : — « Y avait-il donné lieu par quelques-uns de ces ridicules ou de ces bizarreries que l'on pardonne moins qu'on ne pardonne des vices? Ces questions tiennent de près à bien des injustices sociales. Peut-être est-il dans la nature humaine de tout faire supporter à qui souffre tout par humilité vraie, par faiblesse ou par indifférence? » — Observation saisissante et qui touche les insondables profondeurs de la lâcheté humaine, en même temps qu'elle découvre la véritable nature de Goriot, l'indifférence; il supporte tout par indifférence pour ce qui n'est pas son unique passion, sa passion maîtresse et dominatrice : l'amour de ses filles. En toutes circonstances de la vie il est comme assoupi; dès qu'on lui parle de ses filles, ou qu'il comprend qu'on va lui en parler, c'est un réveil subit, une sorte de galvanisation de son être. Écoutez-le, entretenant Rastignac de ses filles; il lui raconte, avec quelle passion! la joie qu'il éprouve en les voyant simplement dans leur voiture aux Champs-Élysées : — « Je les attends au passage; le cœur me bat quand les voitures arrivent; je les admire dans leur toilette; elles me jettent en passant un petit rire qui me dore la nature, comme s'il y tombait un rayon de quelque beau soleil... J'aime les chevaux qui les traînent, et je voudrais être le petit chien qu'elles ont sur leurs genoux... » — Et quand Rastignac lui demande comment il se fait qu'ayant deux filles si richement mariées, leur père vive si misérablement : — « A quoi cela me servirait-il d'être mieux?... Tout est là, ajouta-t-il en se frappant le cœur. Ma vie à moi est dans mes deux filles ! » — Tout passe après cet amour, ou plutôt rien n'existe de ce qui n'est pas cet amour : les lois de la société, les convenances, la morale reçue, tout cet ensemble de conventions qui mène le monde, nécessaires à son bon ordre, il ne les connaît plus, du moment qu'il s'agit du bonheur de ses filles !

Ici nous touchons à la partie contestable, à certains yeux, du caractère de Goriot. Imaginez un père autre que lui, aimant sans doute passionnément ses enfants, mais pour qui la paternité ne soit pas un sentiment exclusif, pour qui elle ne tienne pas lieu de ciel, de religion, de tout; un père enfin pour qui elle ne soit pas l'*absolu* comme elle l'est pour Goriot. Ses enfants ont été mal mariées, Delphine surtout; il déplorera leurs malheurs; il détestera les maris; peut-être tentera-t-il de les débarrasser légalement du lien conjugal; en un mot, il considérera la morale, la loi, la société, avant le bonheur de son enfant. Mais pour Goriot il n'en sera pas ainsi. La société, c'est sa fille; la religion et le ciel, ce sont les yeux de son enfant. Il l'aime, ne peut-on le dire? à la fois comme un père et comme un amant. Un jeune homme se présente, beau, élégant, distingué, capable de faire le bonheur de Delphine. Que fera Goriot? Peut-être dans la réalité pareille chose ne se supporterait-elle pas? Toujours est-il que Goriot n'a de cesse qu'il n'en ait fait l'amant de Delphine; il joue pour ainsi dire le rôle d'entremetteur... Eh bien! qu'en résulte-t-il au point de vue poétique? Cette hardiesse n'est-elle pas une grandeur de plus dans le développement du caractère? Elle est une grandeur parce qu'elle est une vérité; il était impossible qu'il se conduisît autrement, ce « Christ de la paternité ». La logique de l'œuvre impliquait ce dénouement. La question vaut qu'on y insiste, car le développement psychologique de Goriot à cet égard est une des plus saisissantes parties de l'œuvre : — « Mon Dieu! un homme qui rendrait ma petite Delphine aussi heureuse qu'une femme l'est quand elle est bien aimée, mais je lui cirerais ses bottes, je lui ferais ses commissions ! » — « Oh! que je vous aimerais, mon cher monsieur, si vous lui plaisiez! continua-t-il à Rastignac; vous êtes bon, vous ne la bousculeriez pas! » — Et plus tard, quand les entrevues de Delphine avec Rastignac ont été organisées par Goriot, quand il leur a ménagé un petit nid pour abriter leurs amours : — « Elle est si malheureuse de ne rien connaitre aux plaisirs de ce monde que je l'absous de tout... Vous la rendrez bien heureuse, promettez-le-moi! Vous irez ce soir, n'est-ce pas? »

Encore une fois, de semblables paroles dans la bouche d'un père, une pareille situation, un tel rôle seraient insoutenables, si ce père n'était pas Goriot. Il a fallu toute l'audace du génie de Balzac pour concevoir un pareil type, et l'ayant conçu, le pousser ainsi jusqu'à ses extrêmes conséquences. Je ne crois pas que le moindre scrupule ou la moindre hésitation ait pu existé un seul instant dans la pensée du créateur. Tout le développement du drame — car c'est bien un drame qui se développe, et le plus poignant — a dû s'imposer à son esprit avec un caractère d'inéluctable nécessité.

Elles sont d'ailleurs durement *expiées*, les *faiblesses* de Goriot. Toute la fin de sa vie nous montre, et avec quelle tristesse poignante! les longues heures du martyre. Il est expirant et il rêve de ses filles : — « Pas une de ses filles ne viendrait, s'écria Rastignac. Je vais écrire à toutes les deux! — Pas une, répondit le vieillard en se dressant sur son séant. Elles ont des affaires, elles dorment, elles ne viendront pas, je le savais. Il faut mourir pour savoir ce que c'est que des enfants... Ah! mon ami, ne vous mariez pas, n'ayez pas d'enfants. Vous leur donnez la vie, ils vous donnent la mort. » — Seules paroles de reproches qui sortent de la bouche du malheureux abandonné. Ses derniers mots sont pour pardonner : il expire en soupirant : « Mes anges », croyant toucher les cheveux de ses filles, alors qu'il touche ceux des deux étudiants qui le soignent et le veillent.

Nous aurons sans doute plus d'une fois dans le cours de ce livre à prononcer le nom de Shakespeare en parlant de Balzac. Ici laissons la parole à un écrivain (1) de haute et rare personnalité qui va les

____

(1) Barbey d'Aurevilly.

rapprocher : « — Le roi Lear, dit-il, donne le père Goriot. Il me tardait d'y arriver, car l'analogie est frappante. Le père Goriot, c'est exactement le roi Lear! C'est la même idée que le roi Lear, la même situation, le même sentiment, le même malheur. Les personnages seuls du drame et du roman diffèrent. Ils diffèrent de société, de coutumes et de mœurs. Le drame et le roman diffèrent aussi par les détails. Dans le père Goriot, pas de pauvre Tom, pas de fou du roi, pas de Cordélie! Mais il n'y aurait que cette colossale figure de Vautrin qui s'y élève, que Balzac lutterait par elle avec Shakespeare et ne serait pas renversé. Quant à l'idée même, quant à la racine même du sujet, si Shakespeare l'a prise aux mains secondaires qui l'avaient, avant lui, exploitée, Balzac l'a prise à Shakespeare, ce qui était un peu moins facile, s'il l'a prise pourtant, s'il ne s'est pas plutôt rencontré avec Shakespeare, dans ce sujet humain, fécond et éternel, comme la famille et l'humanité. »

De toutes les passions maîtresses qui s'implantent au cœur de l'homme et y poussent leurs rameaux, absorbant sa personnalité, nulle ne revêt un caractère si fatal, si dominateur que l'amour, ou pour parler plus exactement, l'instinct sexuel. Il n'en est pas qui par ses origines tienne plus obstinément à la nature intime de l'être; il n'en existe pas non plus qui, par ses conséquences, produise des ravages aussi redoutables en sa constitution physique et morale; nous ne saurions en trouver une enfin sur laquelle l'énergie patiente et la volonté tenace aient moins de prise, puisqu'elle est la manifestation de l'instinct le plus puissant que la nature ait déposé en nous pour atteindre à son but suprême, la perpétuité du monde!

Qui d'entre nous, parmi ceux qui se piquent d'être observateurs et possèdent réellement cette faculté féconde en jouissances toujours nouvelles de reconstituer, d'imaginer des états d'âme à la seule vue du personnage physique sur lequel se concentre leur attention, qui d'entre nous ne conserve présent à la mémoire un type bien souvent rencontré, dont les incarnations diverses offrent presque toujours de nombreux traits communs? C'est un homme proche de la soixantaine, qui quelquefois l'a dépassée : arrivé à cette époque de la vie où, suivant une image saisissante, nous « redescendons la colline », il se résigne à la condition, fortunée ou médiocre, que le sort lui a départie; il a son siège fait et ne songe plus à le quitter. Ses forces ont déjà sensiblement baissé, et son intelligence ne conserve plus cette vision lucide des choses qui jusqu'alors l'a dirigée : l'être physique et moral est touché en lui par les premières atteintes de cette décadence à laquelle nous ne pouvons nous soustraire et que seules certaines constitutions extraordinaires et hors cadre n'ont pas connue. Qu'une femme jeune passe auprès de lui, fille du peuple ou femme du monde, ouvrière ou bourgeoise, peu importe; que cette femme soit seule et que la nuit tombante, lui permettant de l'accoster sans être vu, favorise un rapprochement! Suivez-les : vous remarquerez chez cet homme au seuil de la vieillesse comme un afflux de vie : sa démarche que vous trouviez lente et lourde, s'affermira soudain ; sa taille légèrement inclinée se redressera, mue comme par un ressort, et ce sera pour un moment quelque chose d'assez semblable à une jeunesse nouvelle. Vous avez devant vous, à n'en point douter, un exemplaire de ce type auquel nous faisions allusion, un de ces « hommes à femmes » ainsi que les appelait énergiquement une dame en présence de Sainte-Beuve, qui notait l'expression et sans doute, dans son for intérieur, se l'appliquait à lui-même. J'imagine en effet que tel il dut être dans les dix dernières années de sa vie, et, puisque des indiscrétions coupables ne nous ont rien laissé ignorer sur son compte, je me figure qu'il présenta de ce type une saisissante incarnation (1).

La persistance de l'amour chez les vieillards apprête le plus souvent à rire, car elle s'associe dans notre pensée au ridicule dont la monnaie courante des pièces de théâtre s'est plu à l'entourer. « Vieillard amoureux » est pour la plupart synonyme de vieillard dupé. Le rire, qui chez nous anéantit tout ce qu'il touche, flagelle avec la même âpreté la tendresse sincère, touchante à certaines heures, de l'amant d'Agnès et les polissonneries séniles des vieux débauchés. Conception bien légère à coup sûr, à laquelle ne peuvent se tenir les esprits habitués à pénétrer au delà des trompeuses apparences ! En

____

(1) Voir le très curieux livre de M. Pons sur Sainte-Beuve.

effet, si, laissant de côté pour un instant les incidents plus ou moins ridicules pouvant survenir au personnage qui nous sert de type, nous tâchons de percer à jour cette âme, de deviner ce qui s'y passe; si, nous élevant encore, et abandonnant l'homme, nous remontons jusqu'à la *passion* pour l'envisager avec son véritable caractère de fatalité, en tant que manifestation tardive de l'instinct d'amour, ou comme disent énergiquement les psychologues, de l'*appétit du sexe*, nous ne serons plus tentés de sourire, et ce sera plutôt une conception douloureuse et presque tragique qui se substituera à la première. Nous ne songerons plus au personnage individuel que nous avons rencontré, mais au type qu'il incarne, mieux, à la loi qui le domine, à la « force » qu'il représente, et, partis d'une image égrillarde, nous nous élèverons à une vue d'ensemble, à une conception générale de la vie, basée sur l'irrémédiable destin et sur les lois immuables qui nous régissent.

C'était bien ainsi que Balzac envisageait cette persistance des désirs à l'âge où la nature semble commander le repos et l'abstention; c'était bien à cette conclusion qu'il aboutissait, et dans la plupart des œuvres où il nous présente des vieillards amoureux, je ne sais quelle impression triste et tragique survit à l'exposition des événements au milieu desquels il les décrit. Triste et tragique dans son inconscience animale, la passion du vieillard pour la « Rabouilleuse » Flore Brazier; triste encore et attendrissante à certaines heures, en dépit des pièges où

va donner sa crédulité, la tendresse de Nucingen
pour Esther; seul peut-être le sentiment qu'éprouve
Crevel pour Valérie Marneffe est impuissant à retenir
notre sympathie, parce qu'il repose sur le plus ridicule des mobiles humains : la vanité du parvenu.
Mais combien lamentable et douloureux en revanche
nous apparait l'amour de son infortuné rival, le baron
Hulot d'Ervy, tragique dans ses causes et dans ses
résultats, aux yeux du psychologue dont le rôle est
d'analyser la naissance et le développement d'une
passion, comme aux regards du moraliste qui constate
et déplore ses conséquences sur le milieu social dans
lequel elle se produit !...

Balzac a soin, voulant conserver au personnage
son intensité douloureuse, d'écarter tout ce qui pourrait être un ridicule, dans le portrait qu'il fait de
lui au début : — « Chez le baron, rien ne sentait le
vieillard : sa vue était encore si bonne qu'il lisait
sans lunettes. Sa belle figure oblongue, encadrée de
favoris trop noirs, hélas! offrait une carnation animée
par les marbrures qui signalent les tempéraments
sanguins... Un grand air d'aristocratie et beaucoup
d'affabilité servaient d'enveloppe au libertin avec qui
Crevel avait fait tant de parties fines... C'était bien là
un de ces hommes dont les yeux s'animent à la vue
d'une jolie femme et qui sourient à toutes les belles,
même à celles qu'ils ne reverront plus. » — Le portrait physique fait pressentir l'âme du personnage. Il
a vécu dans la haute société de l'Empire : une
distinction native se joint chez lui au grand air acquis

au contact des classes supérieures. Son intelligence
et son activité lui ont valu une haute position, une
influence réelle, une fortune solide. Jouissant de la
considération générale, aimé des siens, adoré d'une
femme qui a pour lui ce culte, cette vénération que
rien ne saurait atteindre, il semble que sa destinée
soit à l'abri de toute menace; cependant au fond de
lui-même germe lentement une passion malheureuse
qui se développera à mesure, et poussant ses rameaux
jusqu'aux plus intimes replis de l'être, désagrégera
progressivement cet édifice d'honneur et de fortune :
l'amour des femmes petit à petit s'est glissé en lui;
ç'a été d'abord la série des aventures d'un jour, aussitôt oubliées, qui demeurent ignorées du monde et
n'ont point de conséquence dans la conduite de la
vie; puis la « courtisane » a pris place dans son
existence, sous sa forme la plus dispendieuse : la
femme de théâtre Cette fois il y va de sa fortune et
de la tranquillité de son intérieur! La baronne, qui
conserve pour lui l'attachement le plus obstiné, ferme
les yeux sur ses fautes, et fait semblant de les ignorer, bien qu'elle souffre au dedans d'elle-même un
martyre ininterrompu; le désastre financier s'aggrave :
Hulot se voit dans l'impossibilité de constituer une
dot à sa fille. Ne croyez, pas du reste, qu'il ne com-
prenne pas le danger de la situation, qu'il ne sente
pas combien est glissante la pente sur laquelle il est
engagé : il est parfaitement conscient de sa passion,
mais il est également conscient de son impuissance à
l'enrayer, et dans une de ces heures de lucidité par-

faite où les monomanes embrassent d'un rapide coup d'œil leur passé et prophétisent en quelque sorte leur avenir, il s'écrie, envahi par une exaltation enthousiaste : — « Oui, je n'ai pas un sou dans ce moment à donner à Hortense, et je suis bien malheureux ; mais, puisque tu m'ouvres ainsi ton cœur, j'y puis verser des chagrins qui m'étouffaient. Si ton oncle Fischer est dans l'embarras, c'est moi qui l'y ai mis ; il m'a souscrit pour vingt-cinq mille francs de lettres de change ! Et tout cela pour une femme qui me trompe, qui *se moque de moi*, quand je ne suis pas là, qui *m'appelle un vieux chat teint !*... Oh ! c'est affreux qu'un vice coûte plus cher à satisfaire qu'une famille à nourrir ! Et c'est irrésistible... Je te promettrais à l'instant de ne jamais retourner chez cette abominable Israélite, et si elle m'écrit deux lignes, j'irai, comme on allait au feu sous l'Empereur. »

Que répondre à de pareilles protestations ? A peine le personnage est-il présenté par le romancier, et vous sentez déjà l'étau de fer de la passion qui étreint la volonté ; vous devinez l'avenir, comme le malheureux Hulot lui-même, et vous comprenez qu'aucun pouvoir ne saurait l'arrêter ! Incapable désormais de suffire aux prodigalités de la cantatrice, il se voit un beau jour jeté à la porte, comme un serviteur dont on ne veut plus, assuré par avance que jamais il ne pourra remettre le pied chez Josépha. C'est alors qu'il rencontre Valérie Marneffe, vivant contraste avec sa précédente maîtresse : l'amour se présente à lui sous sa forme la plus dangereuse, couvrant son

impudeur sous le masque attirant de la vertu et lui
promettant les délices de sensations inéprouvées! Il
s'éprend pour Valérie d'une passion qui touche à
l'affolement, que l'habile rouée entretient avec art,
prolongeant en courtisane experte l'attente exaspérée
du plaisir, grâce aux mille réticences exquises d'une
pudeur simulée. Et qu'importe après tout que cette
pudeur soit jouée! L'amoureux en quête d'émotions
à la manière du baron Hulot, goûte ces émotions en
tout état de cause; pourvu qu'il les sente vraies, il en
tire d'étranges voluptés, d'un prix inestimable à ses
yeux. Valérie Marneffe sans doute joue la comédie;
mais elle le fait avec un tel art que de plus habiles
s'y laisseraient prendre, et lorsque le vieillard, fou
d'amour, entraine dans sa voiture la jeune femme
qu'il adore, lorsque celle-ci proteste que c'est sa
première faute, lorsqu'elle arrive à lui faire croire
que, mariée, elle est demeurée vierge, il n'en reste
pas moins que l'amant est de bonne foi, et qu'il tire
tout le bénéfice de sa crédulité!...

L'illusion cependant ne pourra se prolonger : un
moment viendra où la vérité se fera jour, et le réveil
sera terrible. Pour Valérie, Hulot aura tout fait; il
aura engagé jusqu'à ses dernières ressources; il se
sera livré à des opérations financières malhonnêtes;
que lui importe? Il croit être aimé. Valérie ne lui
a-t-elle pas dit que les cheveux blancs seyaient bien
à sa tête? N'a-t-elle pas protesté maintes fois que ce
qu'elle aimait en lui, c'était précisément sa vieillesse?
Il est convaincu qu'elle est tout à lui, et cette ten-

dresse le dédommage de bien des sacrifices. Voici
pourtant qu'apparaît Crevel : ce ne sont d'abord que
des soupçons; peu à peu les soupçons se changent
en certitudes; puis le Brésilien Montès; cette fois.
c'en est trop, et le pauvre Hulot demande des éclair-
cissements. Mais Valérie, sûre de le tenir, se révèle
pour la première fois dans la franchise de sa nature.
en lui signifiant son congé. Qu'il ferme les yeux sur
ses défauts, ou bien qu'il disparaisse. Elle sait qu'il
ne disparaîtra pas : la phrase de Balzac résume la
situation dans son éloquente simplicité : — « Elle
se leva, mais le conseiller d'État la saisit par le bras
et la fit asseoir. Le vieillard ne pouvait plus rempla-
cer Valérie; elle était devenue un besoin plus impérieux pour lui que les nécessités de la vie, et il aima
mieux rester dans l'incertitude que d'acquérir la
plus légère preuve de l'infidélité de Valérie. » —
L'*habitude*, en effet, voilà la grande ennemie dans
le domaine des passions nuisibles, comme elle est la
souveraine auxiliatrice dans celui des passions bienfaisantes! C'est elle qui nous lie à nos travaux en
soutenant les défaillances; c'est elle qui enfante
cette longue patience dans laquelle on a pu trouver
le secret du génie. Hélas! c'est elle également qui
nous enveloppe avec ses mille liens dans un réseau
fatal, favorise ce qu'il peut y avoir en nous de lâche
ou de vil et maintient notre énergie vaincue dans la
voie une fois prise. Lisez l'admirable scène où Crevel
et Hulot, après l'arrivée du Brésilien Montès, se con-
vainquent l'un l'autre qu'ils sont les dupes d'une

malheureuse passion, que Valérie Marneffe se moque d'eux, qu'ils ont affaire à la plus redoutable des courtisanes, et que le seul parti raisonnable est, comme dit Crevel, de « *dételer* ». Ce n'est pas sans mélancolie qu'ils font de tels aveux, et leur tristesse est grande d'avoir à renoncer aux joies de la vie : — « Oui, c'est vrai, dit Hulot, je l'avoue ; nous vieillissons. Mais, mon ami, comment renoncer à voir ces belles créatures se déshabillant, roulant leurs cheveux, nous regardant avec un fin sourire à travers leurs doigts, quand elles mettent leurs papillotes, faisant toutes leurs mines, débitant leurs mensonges, et se disant peu aimées, quand elles nous voient harassées par les affaires, et nous distrayant malgré tout ! — Sans rancune, n'est-ce pas ? car nous ne pensons plus ni l'un ni l'autre à Mme Marneffe. — Oh ! c'est fini », répondit Hulot, en exprimant une sorte d'horreur. — Et le lendemain les deux vieillards se retrouvent dans l'antichambre de celle qui se manifestait à Hulot dans sa première incarnation comme un ange au doux sourire : — « Hulot et Crevel descendirent ensemble, sans se dire un mot, jusque dans la rue ; mais sur le trottoir ils se regardèrent et se mirent à rire tristement. — Nous sommes deux vieux fous, dit Crevel. »

On comprend, après cela, toute la suite du drame, les misères de cette famille ruinée, les faiblesses du malheureux amant, et lorsque Hulot, auquel l'honneur seul restait, voit tout d'un coup, dans une suprême catastrophe, sombrer sa réputation d'honnête homme, on conçoit le dénouement comme l'aboutissement logique et rigoureux, la conclusion implacable, mais vraie, de toute son existence. Il quitte la société au milieu de laquelle il ne saurait plus paraître sans honte, fuyant sa famille même qui lui a offert un refuge ; il gagne sa vie par de basses besognes et vient échouer chez Josépha, l'actrice qui a contribué à sa ruine. Josépha, contemplant cette décadence, est prise de cette pitié bonne enfant qui caractérise les « filles », et leur inspire de bons mots. Elle se rappelle ce qu'elle lui doit ; elle veut le caser, et le caser à son idée : à ses yeux, Hulot ne peut vivre sans femme, et ce serait pitié que de ne pas lui en fournir : — « Écoute-moi bien, au bas de la Courtille, rue Saint-Maur-du-Temple, je connais une pauvre famille qui possède un trésor : une petite fille plus jolie que je ne l'étais à seize ans ! Ah ! ton œil flambe déjà ! Ça travaille seize heures par jour, à broder des étoffes précieuses pour les marchands de soieries, et ça gagne seize sous par jour, un sou par heure, une misère. » Hulot, d'abord, repousse la proposition, en esquissant un geste, ce geste des alcooliques à qui l'on offre un verre d'eau-de-vie et qui écartent avec horreur ce qu'ils savent être le poison. Mais voici qu'il voit l'enfant, la petite Olympe Bijou, et comme un inconscient, comme un maniaque en qui survit uniquement l'instinct dominateur et absorbant, il avance sa main tremblante et la pose ardemment sur ce nouvel objet d'amour. — « Et, lui dit Josépha, c'est garanti neuf, c'est honnête, et pas de pain. Voilà Paris! J'ai été ça. — C'est dit », répliqua le vieillard en se levant et se frottant les mains!

Hulot emmène l'enfant et la garde ainsi qu'un trésor; mais en peu de temps elle lui échappe; il tombe au dernier degré de la misère. Sa femme qui le cherche dans tout Paris le découvre enfin dans une misérable soupente, écrivain public, sous le nom de « Vyder », gardant auprès de lui une petite fille de quinze ans qui lui sert de femme, tout en trouvant cela bien ennuyeux. Désormais l'inconscience est entière : à peine s'il reconnaît la baronne. Nous nous le représentons comme un de ces automates, accomplissant uniquement les mouvements nécessaires aux fonctions indispensables de la vie, et ne conservant une lueur de sensibilité que pour ce qui concerne le penchant effroyable dont il est la victime! Aux questions de sa femme, qui lui propose de revenir avec elle, il répond péniblement : celle-ci le traite avec douceur, comme on traiterait un enfant ou un pauvre idiot; il ne trouve que ces mots : — « *Je le veux bien*, mais pourrai-je emmener la petite? » Il revient avec la baronne, qui peut croire un moment l'avoir soustrait à ses misères morales, espérer qu'il oubliera son passé et vivra décemment. L'erreur est grande, car l'instinct persiste et persistera jusqu'à l'heure de sa mort. Une nuit que Mme Hulot se lève, inquiète de ne plus voir son mari dans le lit qu'il occupait, elle le trouve entourant de ses bras une affreuse maritorne et prononçant ces alléchantes paroles, pour vaincre sa résistance : — « Ma femme n'a pas

« longtemps à vivre, et si tu veux, tu pourras être
« baronne! »

En est-ce assez, et jamais peintre de caractères est-il
allé plus loin dans l'analyse d'une passion absorbante,
conduisant sa victime, par une progression d'une
logique implacable, vers la ruine physique et l'anéan-
tissement moral? Hulot n'est plus un homme, mais
une passion vivante! Il prend à nos yeux les proportions d'un symbole! C'est à de semblables créations,
cinq ou six peut-être d'un tel relief, que Balzac doit
le plus pur de sa gloire, car elles laissent dans l'imagination une trace ineffaçable et s'imposent avec la
rigueur d'une hantise!...

Balzac a consacré la part la plus considérable de
son œuvre à la peinture des passions que les psychologues qualifient d'« *altruistes* », telles que l'amour
ou sens génésique, l'affection paternelle. Par nécessité de tempérament autant que par largeur de vues
esthétiques, il devait réserver une place importante
à l'étude des passions «*égoïstes*», comme l'ambition,
l'amour de l'argent.

L'avarice présente ce double caractère d'avoir
comme base et comme objet quelque chose d'artificiel ou, pour parler plus exactement, d'*acquis*, à
savoir le signe monétaire — car l'avarice en soi est
l'amour de l'or, envisagé comme objet propre de
passion, comme fin d'une tendance, indépendamment de toute idée des usages de cet or, des satisfactions qu'il peut servir à procurer — et ensuite, sur
cette base, de prendre un développement, une pro-

fondeur, une persistance d'absorption de l'être, qui
ne le cèdent en rien à la puissance des plus fortes
passions dites « *naturelles* », tellement que, dans
l'âme de l'individu où elle prédomine, l'avarice
étouffe et fait disparaître toutes ces autres passions.
Grandet est la vérification saisissante de cette vérité
psychologique.

Balzac a conçu par vues de génie familières la
transformation du combat entre les hommes ; aujour-
d'hui ce combat se livre sur le terrain des intérêts
économiques : il fallait que le grand romancier indi-
quât quelques-unes de ces luttes. Seulement, à
l'époque où il vivait, cette lutte n'avait pas encore
atteint à la perfection de stratégie et de tactique à
laquelle elle est arrivée de nos jours. Actuellement,
le héros de cette lutte serait un « Rothschild »,
livrant ses batailles à la Bourse, faisant manœuvrer
ses millions avec la rigueur scientifique qui caractérisait un « de Moltke » dans le maniement des
forces militaires ; nul doute que si Balzac avait assisté
aujourd'hui aux transformations de la société moderne,
il en eût été le peintre inégalable. Grandet est aussi
éloigné de Rothschild que d'Harpagon, cette autre
incarnation de l'avarice à une époque où le rôle de
l'argent était encore tout différent. Personnage excessif, Balzac ne pouvait le placer parmi son monde de
financiers, puisque ce monde était en formation. Il
le place en plein milieu provincial, où il opère avec
les anciens procédés. Grandet tient d'Harpagon par
le procédé et de Rothschild par une partie de la

jouissance. Le personnage de Grandet, en effet, a donné à Balzac cet avantage de pouvoir peindre sur le vif la passion de l'avarice. Rothschild ne saurait être, au sens précis du terme, un « avare », parce que le maniement de l'or ne peut lui inspirer des sentiments grandioses, mais plutôt du mépris. Grandet, au contraire, tout comme Harpagon, peut jouir au contact des louis; mais cette jouissance se double chez lui du sentiment d'écrasante supériorité sur les autres hommes, qui sera la jouissance propre d'un Rothschild.

Nous avons dit que, de toutes les passions égoïstes, la plus absorbante était l'avarice. A cela il y a une double cause : d'abord son *objet* précis, son caractère de *limitation;* tandis que l'ambition, par exemple, a un objet complexe et multiforme qui disperse l'esprit de l'ambitieux dans des directions très différentes, l'avarice a un objet précis et concret qui rend possible l'absorption « *monomaniaque* »; la monomanie, ne l'oublions pas, est le critérium de toute passion intense. La seconde cause nous paraît être son antiquité atavique : l'avarice n'est que la forme sociale de la tendance originelle, non pas seulement de l'homme, mais même de l'animal, à conquérir la proie nécessaire à sa nourriture. Des étapes successives et nettement différenciées distinguent à cet égard l'homme primitif des exemplaires modernes et achevés que nous pouvons envisager aujourd'hui; n'importe, sous leurs formes modernes et leurs manifestations en apparence contradictoires, la passion demeure identique, et sa racine est toujours la même.

Les métaphores à l'aide desquelles Balzac a peint les sentiments de Grandet sont une preuve irrécusable de l'intensité de sa passion : elle éclate en traits inoubliables qui demeurent gravés dans la mémoire, pour ne plus jamais en sortir. Seul peut-être à ce point de vue, Vautrin est aussi fécond que lui; mais comme Vautrin a un génie beaucoup plus complexe et des tendances infiniment diversifiées, les traits qui illuminent son personnage ne présentent pas ce caractère d'extraordinaire unité qui frappe chez Grandet. Lorsque Charles Grandet pleure son père : — « Il faut laisser passer la première averse, dit l'avare... Mais ce jeune homme n'est bon à rien : il s'occupe plus des morts que de l'argent! » — « Tiens, voilà de la bougie. Où diable a-t-on péché de la bougie? Les garces démoliraient le plancher de ma maison pour cuire des œufs à ce garçon-là. » — Eugénie a donné à Charles le fruit de ses économies, et Grandet, qui ignore la chose, veut voir le petit pécule de sa fille : — « Nom d'un petit bonhomme, il n'y a pas un grain d'or ici. Montre-moi ton or, fifille. Que dis-tu, fifille? Lève donc le nez. Allons, va le chercher, le mignon. Tu devrais me baiser pour te dire ainsi des secrets et des mystères de vie et de mort pour les écus. Vraiment les écus vivent et grouillent comme les hommes. Ça va, ça vient, ça sue, ça produit. » — Et quand Eugénie, forte de son amour, refuse de lui livrer le secret : —

« Comment ici, dans ma propre maison, chez moi,

quelqu'un aura pris ton or, le seul or qu'il y ait! Et je ne saurais pas qui? L'or est une chose chère. Les plus honnêtes filles peuvent faire des fautes, donner je ne sais quoi; cela se voit chez les grands seigneurs et même chez les bourgeois! Mais donner de l'or, car vous l'avez donné à quelqu'un, heu! » — Une seule scène est comparable, par sa significative intensité, celle où Grandet découvre le nécessaire en or que Charles a remis à Eugénie avant son départ : — « Qu'est-ce que cela? dit-il, en emportant le trésor et allant se placer à la fenêtre? Du bon or, de l'or! s'écria-t-il. Beaucoup d'or. Ça pèse deux livres. Ah! ah! Charles t'a donné cela contre tes belles pièces, hein! Pourquoi ne l'avoir pas dit? C'est une bonne affaire, fifille. Tu es ma fille, je te reconnais ». — Il meurt comme il a vécu, et son dernier geste est un geste de convoitise. — « Lorsque le prêtre lui approcha des lèvres le crucifix en vermeil, pour lui faire baiser l'image du Christ, il fit un épouvantable geste pour le saisir, et ce dernier effort lui coûta la vie!... »

C'est d'un tel ensemble de traits que résulte l'admirable unité de composition qui a présidé à la création de Balzac. Il n'est pas un acte du personnage de Grandet, pas une parole sortie de sa bouche qui soit en désaccord avec l'idée abstraite dont il nous semble l'incarnation vivante! Nous constaterons autre part encore cette merveilleuse corrélation entre le signe et la chose signifiée; mais nulle part ailleurs que dans le type de Grandet elle n'apparaîtra plus manifeste et plus saisissante!...

Nous arrivons maintenant à sa plus grandiose création, à celle qui le classe hors pair entre tous les modernes, et en fait un rival inégalé de ce Shakespeare dont nous inscrivions le nom, et duquel il convient de le rapprocher, si l'on veut le comprendre. Balzac, en concevant le personnage de « Vautrin », a brisé en quelque sorte le cadre du « roman » qui semblait trop étroit à sa vaste imagination, pour prendre son élan, d'un vigoureux coup d'aile, vers les régions supérieures du rêve! Qu'importe, en effet, que, par la nécessité de l'affabulation, l'activité de Vautrin se déploie dans un milieu comme celui de la maison Vauquer? Qu'importe qu'il soit le conseil de Rastignac et le soutien de Rubempré? Ce qu'il faut voir avant tout, c'est la force qu'il représente, c'est l'énergie suprême qu'il incarne, c'est la toute-puissante fatalité dont il nous apparaît le vivant symbole. Quiconque, ayant lu le « Père Goriot », puis « Splendeurs et misères des courtisanes », continue après cette lecture à s'imaginer un être fait de chair et d'os à notre image, n'a point compris Vautrin, ou du moins n'en a eu qu'une représentation inexacte et incomplète! Quiconque, au contraire, a su s'abstraire des conditions inhérentes à la réalité des choses, au point de pouvoir se le figurer, comme une force en mouvement, celui-là s'est d'autant mieux rapproché de la vérité poétique qu'il a fui plus délibérément les trompeuses apparences! Vautrin appartient à cette catégorie de personnages — le nombre en serait vite compté — dans lesquels les créateurs d'excep tionnel génie ont tenté d'incarner les puissances aveugles qui mènent le monde !

En lui tout est étrange et hors cadre : son influence magnétique, l'attraction qu'il exerce et la crainte qu'il inspire. Sa supériorité intellectuelle n'a d'égale que la pénétration de ses vues et d'ailleurs découle entièrement de cette pénétration. Il a sur toutes choses, semblable en cela au prodigieux esprit qui l'a conçu, des idées d'ensemble, résultat de ces facultés intuitives qui, lorsqu'elles s'allient à la puissance d'observation, créent les génies complets. Les problèmes capitaux de la vie lui sont apparus dans leur complexité, et le monde s'est présenté à son cerveau dépouillé de toutes les conventions, de toutes ces apparences qui le travestissent aux yeux du vulgaire. Il en a percé à jour les réalités, comme il en a compris l'*amoralité*. De là toute une philosophie, profondément immorale si l'on tient compte de l'opinion, mais combien puissante ! Désastreuse, si elle était susceptible de se généraliser, mais combien salutaire dans la lutte individuelle pour l'existence ! Sa conduite est d'accord avec ses vues, comme sa philosophie conséquente avec son esprit ; pour lui le monde est un ensemble de forces en combat perpétuel les unes contre les autres. Il applique dans la vie pratique les principes qui régissent le développement physique des êtres, et lorsqu'il les expose, il a de ces trouvailles heureuses, de ces accouplements de mots qui sont, dans le domaine littéraire, ce que peut être, dans celui de la statuaire, le puissant coup de pouce du sculpteur : — « Savez-vous comment on fait son chemin? dit-il à Rastignac. Par l'éclat du génie ou par la sagesse de la corruption. Il faut entrer dans cette masse d'hommes comme un boulet de canon, ou s'y glisser comme une peste... Que croyez-vous que soit l'honnête homme? A Paris, l'honnête homme est celui qui se tait ou refuse de partager. Je ne vous parle pas de ces pauvres ilotes qui partout font la besogne sans jamais être récompensés de leurs travaux et que je nomme la confrérie des savates du bon Dieu. Certes, là est la vertu dans toute la fleur de sa bêtise, mais là est la misère. Je vois d'ici la grimace de ces braves gens, si Dieu nous faisait la mauvaise plaisanterie de s'absenter du jugement dernier. » — Et plus loin : — « Il n'y a pas de principes, il n'y a que des événements; il n'y a pas de lois, il n'y a que des circonstances. L'homme supérieur épouse les événements et les circonstances pour les conduire. » — Que sont-elles autre chose, ces paroles, que le principe directeur de la vie chez la plupart des grands hommes d'action qui ont pesé sur les destinées de leurs semblables?

De même qu'il pénètre les choses, Vautrin pénètre aussi les âmes; il en démonte les rouages avec cette suprême dextérité qui le caractérise. Qu'il s'agisse de Rastignac ou de Rubempré, de Mme de Nucingen ou d'Esther, c'est toujours dans la pleine certitude de ses effets qu'il agira. Tous les mobiles, cachés à d'autres yeux, qui dirigent la conduite des comparses du drame, il les connaît et sait en jouer de manière à demeurer toujours supérieur aux événements et à les dominer. Enfin il s'analyse lui-même, et en montrant sa force il découvre en même temps sa faiblesse. Ici nous touchons à la face la plus originale de sa nature : chez Vautrin, disions-nous, tout est étrange et exceptionnel ; en dernière analyse, c'est un *artiste* et un *poète* : un irrésistible besoin de création le guide ; seulement, comme ses efforts sont exclusivement consacrés à la vie active, il créera dans le domaine *réel*, non plus dans le domaine imaginaire ; il dédoublera sa personnalité en celle d'un autre, dont la destinée lui deviendra plus chère que la sienne propre : — « Je vous aime, moi, dit-il à Rastignac. J'ai la passion de me dévouer pour un autre... Voyez-vous, mon petit, je vis dans une sphère plus élevée que celle des autres hommes. Je considère les actions comme des moyens et ne vois que le but. Qu'est-ce qu'un homme pour moi ? Ça, fit-il en faisant claquer l'ongle de son pouce sous une de ses dents. Un homme est tout ou rien... Il est moins que rien quand il s'appelle Poiret ; on peut l'écraser comme une punaise ; il est plat, et il pue. Mais un homme est un Dieu quand il vous ressemble. Ce n'est plus une machine couverte en peau, c'est un théâtre où s'émeuvent les plus beaux sentiments, et je ne vis que par les sentiments... Un sentiment, n'est-ce pas le monde dans une pensée ? Voyez le père Goriot : ses deux filles sont pour lui tout l'univers ; elles sont le fil avec lequel il se dirige dans la création. Eh bien, pour moi, qui ai bien creusé la vie, il n'existe qu'un seul sentiment réel, une amitié d'homme à homme. » L'homme auquel il s'attache, Rastignac ou Rubempré, celui dont il dirige les actes, sera comme le personnage de poésie ou de roman, qui doit la vie à son père spirituel !

Dans « Splendeur et misères des courtisanes », Balzac nous montre la seconde et dernière incarnation de Vautrin : il reparaît en prêtre espagnol. C'est toujours le même caractère de fatalité et de domination souveraine qui en fait un être extraordinaire, une création en apparence artificielle, parce qu'elle nous semble conçue en dehors des conditions normales de la vie et s'élève à la hauteur d'un symbole. Dans le développement du drame, Vautrin domine et dirige toute la suite des événements avec l'assurance d'un maître tout-puissant tenant les ficelles de pantins qui s'agitent, et il n'est pas un acte des personnages en jeu qui se produise sans l'intervention de sa volonté. Mais à tout mobile humain il faut chercher une cause. Vautrin est ici le protecteur de Lucien de Rubempré auquel il s'est attaché par une affection analogue à celle qu'il avait conçue pour Rastignac. Balzac explique cette transposition de sa personnalité en celle de Lucien par l'immense étendue de son activité, en vertu de ce besoin dominateur qui fait qu'une force en mouvement ne saurait s'arrêter et doit nécessairement trouver son emploi. De même que pour le poète, et dans le domaine de la production esthétique, les images conçues par le cerveau doivent se transformer en personnages

vivants et agissants, de même chez l'homme d'action
doué de l'esprit de combinaison, les plans médités
doivent tendre à la réalisation : tel est Vautrin. —
« Contraint à vivre en dehors du monde où la loi lui
interdisait à jamais de rentrer, épuisé par la vie, et
par de furieuses, par de terribles résistances ; mais
doué d'une force d'âme qui le rongeait, ce personnage ignoble et grand, obscur et célèbre, dévoré
surtout d'une fièvre de vie, revivait dans le corps
élégant de Lucien, dont l'âme était devenue la
sienne. Il se faisait représenter dans la vie sociale
par ce poète auquel il donnait sa consistance et sa
volonté de fer. Pour lui, Lucien était plus qu'un fils,
plus qu'une femme aimée, plus que la vie ; il était sa
vengeance... »

Cette phrase explique toute la conduite de Vautrin.
Balzac analyse son âme en indiquant la cause de
toutes ces démarches étranges, inexplicables pour
qui ne remonte pas plus haut que les faits : impossibilité de se montrer en plein jour et d'y déployer sa
dévorante activité ; désespoir sourd et terrible d'être
à jamais exclu de la société qui l'entoure à laquelle
il se sent supérieur par le génie ; impérieux besoin
de création dans le domaine des faits, comme d'autres éprouvent ce besoin dans le domaine des idées.
Si vous joignez à ces considérations premières cette
faculté de grossissement propre à tous les idéalistes
et à tous les « intuitifs » comme Balzac, cette nécessité de donner aux événements qu'ils peignent un
relief, une accentuation supérieure à celle de la

réalité, de même qu'ils communiquent aux personnages créés par leur imagination un caractère
plus tranché que celui des modèles de la vie réelle,
vous aurez la raison d'être de la conduite de Vautrin ;
elle ne vous apparaîtra plus celle d'un homme ordinaire, doué des moyens appropriés aux circonstances
banales de la vie, mais bien plutôt celle du personnage excessif personnifiant toutes les rancunes, toutes
les vengeances, toutes les haines du génie comprimé,
s'efforçant de prendre place à la lumière d'où on l'a
ignominieusement chassé.

Son ambition pour Lucien de Rubempré est sans
bornes. Il n'y voit d'autres limites que ce que le
monde réprouve comme la dernière des turpitudes,
et encore se charge-t-il de faire en sorte qu'à tout
jamais le monde l'ignore. D'un coup d'œil il a compris le parti merveilleux qu'il pouvait tirer d'Esther
et de son amour pour Lucien ; il a embrassé tous les
possibles et s'est chargé de faire naître les circonstances : « Écoute, dit-il froidement à Lucien, j'en ai
fait une femme chaste, pure, bien élevée, une femme
comme il faut ; elle est dans le chemin de l'instruction. Elle peut, elle doit devenir, sous l'empire de
ton amour, une Ninon, une Marion Delorme, une
du Barry... Tu l'avoueras pour ta maîtresse ou tu
resteras derrière le rideau de ta création, ce qui sera
plus sage ! L'un ou l'autre parti t'apportera profit et
orgueil, plaisir et progrès ; mais si tu es aussi grand
politique que grand poète, Esther ne sera qu'une
fille pour toi ; elle nous tirera peut-être d'affaire,

elle vaut son pesant d'or. » Et plus loin, quand il
leur explique la conduite qu'ils doivent tenir tous
deux et l'impossibilité de vivre comme ils désirent,
ils se résignent, ne comprenant pas le but de Vautrin,
mais sentant qu'aucune force ne saurait lui résister :
— « Toi, dit-il à Esther, toi que j'ai tirée de la boue,
et que j'ai savonnée âme et corps, tu n'as pas la prétention de te mettre en travers sur le chemin de
Lucien? » Il leur décrit la situation avec la franchise
cynique et l'étendue de vues qui caractérisent son
esprit; aucune considération ne l'arrête, ni l'amour,
ni la pitié; il ne voit qu'une chose : le but à atteindre
par les moyens les plus favorables. Écoutez-le lorsqu'il montre à Esther l'impossibilité pour elle de se
relever et d'être autre qu'elle n'est : « Mon enfant,
j'ai tenté de vous donner au ciel; mais la fille repen-
tie sera toujours une mystification pour l'Église; s'il
s'en trouvait une, elle redeviendrait courtisane.
Vous y avez gagné de vous faire oublier et de ressem-
bler à une femme comme il faut... Vous ne me devez
rien, fit-il en voyant une délicieuse expression de
reconnaissance sur la figure d'Esther, j'ai fait tout
pour lui — et il montra Lucien. — Vous êtes fille,
vous resterez fille; car, malgré les séduisantes théories des éleveurs de bêtes, on ne peut devenir ici-bas
que ce qu'on est. L'homme aux bosses a raison :
vous avez la bosse. »

Vautrin apprend l'amour désordonné et les désirs
inassouvis de Nucingen pour Esther; c'est comme
un trait de lumière : il livrera la jeune fille au vieil-

lard. Il n'a pas une seconde d'hésitation, car le propre de ces natures est d'aller droit au but à atteindre
de ne point connaître le doute. Ils envisagent les
situations avec une certitude de coup d'œil qui les
empêche de faillir : — « Vendre Esther! s'écrie
Lucien, dont le premier mouvement était toujours
excellent. — Tu oublies donc notre position! » s'écrie
Carlos Herrera. Lucien baissa la tête. « Plus d'argent, reprit l'Espagnol, et soixante mille francs de
dettes à payer... Esther est un gibier après lequel je
vais faire courir ce loup cervier, de manière à le
dégraisser d'un million. Ça me regarde! — Esther
ne voudra jamais. — Ça me regarde. — Elle en
mourra. — Ça regarde les pompes funèbres. » —
Lucien trop faible s'est résigné, et désormais toute la
conduite du drame appartient à Vautrin : la fascination qu'il exerce sur Esther est tellement absolue
qu'elle n'a pas le courage de prononcer une parole
de protestation, lorsque Carlos lui dicte sa conduite
et qu'elle verse seulement quelques larmes de désespoir en soupirant : — « Je vous obéirai. Vous l'avez
dit : mon amour est une maladie mortelle. »

Dans la suite ininterrompue des infortunes amoureuses de Nucingen, dans le récit tragique et comique
à la fois des espérances et des désespoirs du financier, au milieu des machinations sourdes menées
avec la science rigoureuse de Vautrin, dans tous ces
complots dirigés contre sa fortune et derrière tous
ces agissements, on sent l'assurance indéfectible du
génie de Vautrin, et bien qu'il paraisse à peine deux

ou trois fois, on comprend qu'il est le souverain
maitre, le directeur suprême de cette stratégie
savante, qui a pour but d'extorquer des sommes
considérables à Nucingen en retardant le plus longtemps possible le bonheur qu'il espère comme la
plus haute récompense : le don de la personne
d'Esther. La courtisane joue mieux encore son rôle
que Vautrin ne paraît le désirer : forte de son amour,
elle évince Nucingen, qui lui déclare une dernière
fois qu'il ne peut pas être toujours : le « Père Éternel ». Vautrin comprend que le moment est venu de
donner au moins des « arrhes » à cet amour si per-
sistant qui pourrait finir par se lasser. Il reparaît
subitement, et sa sinistre figure glace Esther : —
« Savez-vous où vous envoyez Lucien ? reprit Carlos,
quand il se trouva seul avec Esther. — Où ? demanda-
t-elle d'une voix faible, en se hasardant à regarder
son bourreau. — Là, d'où je viens, mon bijou —
Esther vit tout rouge en regardant l'homme — *aux*
galères, ajouta-t-il à voix basse... — Eh bien ! com-
posez vos chansons, dit-il en terminant ; soyez gaie,
soyez folle, soyez irrésistible et... insatiable ! Vous
m'avez entendu ? Ne m'obligez plus à parler... Baisez
pa. Adieu ! »

Après la mort d'Esther, Vautrin est impliqué avec
Lucien dans l'instruction criminelle qui les accuse
d'assassinat. Il reparaît alors avec toute la force et
toute la lucidité de son intelligence. Son sang-froid
en présence du juge d'instruction, pour détourner de
lui l'accusation, pour échapper aux dangers que

11

court l'ancien forçat, n'a d'égal que la crainte de voir Lucien faiblir et perdre tout par ses aveux; ses prévisions ne le trompent point : Lucien livre Vautrin et se condamne lui-même; comprenant alors la grandeur de sa faute et les conséquences de ses aveux, il se fait justice et se pend dans sa prison.

Vautrin supportera-t-il ce coup? Voilà ce qui intéresse Balzac. Cet homme extraordinaire qui semble n'avoir qu'un motif de vivre, son amour pour Lucien, Vautrin résistera-t-il à cette épreuve? Il apprend la mort de Lucien, et Balzac nous décrit ainsi sa douleur : — « Jamais tigre trouvant ses petits enlevés n'a frappé les jungles de l'Inde d'un cri si épouvantable que le fut celui de Jacques Collin qui se dressa sur ses pieds comme le tigre sur ses pattes, qui lança sur le docteur un regard brûlant, comme l'éclair de la foudre, quand elle tombe; puis il s'affaissa sur son lit de camp, en disant : « O mon fils! »

Il appartient pourtant à sa vengeance encore plus qu'à Lucien, car Lucien n'était qu'un moyen de servir cette vengeance, et le génie du mal qu'il symbolise en sa grandeur lui insuffle une vie nouvelle. Il traitera de puissance à puissance avec cette justice qui lui a enlevé Lucien; il se transformera à nouveau et imposera ses conditions à la justice qui a besoin de lui. Lorsque le procureur général s'adresse à lui pour rentrer en possession des lettres de Mme de Sérizy, Vautrin se redresse et fait ses conditions. Il les fait de telle manière, avec une vue des choses si précise et si géniale, que M. de Granville baisse

pavillon devant lui et songe à se l'attacher : — « J'ai
le dossier de Mme de Sérizy, dit-il, et celui de la
duchesse de Maufrigneuse, et quelles lettres !...
Tenez, monsieur le comte, les filles publiques en
écrivant font du style et de beaux sentiments : eh
bien ! les grandes dames qui font du style et de
grands sentiments toute la journée écrivent comme
les filles agissent. » — Sa dernière parole est une
parole de triomphe qui affirme une fois de plus sa
supériorité, son pouvoir fascinateur sur tout ce qui
l'entoure : — « Et, se dit-il, ils me croient, ils obéis-
sent à mes révélations, et ils me laisseront à ma place.
Je régnerai toujours sur ce monde qui depuis vingt-
cinq ans m'obéit. » Étrange et grandiose figure, qui
se dressa dans la pensée de son créateur et doit demeurer dans la nôtre avec le caractère d'un symbole
bien plutôt que d'un personnage vivant !...

Balzac écrit en tête de la Rabouilleuse : — « Assez
de beaux caractères, assez de grands et nobles
dévouements brilleront dans les scènes de la vie
militaire, pour qu'il m'ait été permis d'indiquer ici
combien de dépravations causent les nécessités de la
guerre chez certains esprits qui, dans la vie privée,
osent agir comme sur les champs de bataille. » Il
semble qu'il veuille par ces quelques mots d'intro-
duction s'excuser en quelque manière de l'horreur
qu'inspire cette figure de Philippe Bridau ! Qu'est-ce,
en effet, que ce Philippe Bridau, sinon un Vautrin
sorti de l'armée, le type immortel du soudard porté
à sa plus haute puissance, moins génial et moins

grandiose que son criminel rival, mais plus humain peut-être, plus débordant de vie et de vérité! Il semble, disions-nous, qu'il ait voulu s'excuser, comprenant la portée d'une semblable création et qu'elle dépassait les limites de la pure individualité, **pour** entrer dans le domaine de la généralisation. Par delà le personnage lui-même, il faut voir et comprendre sa signification, indiquée déjà dans la phrase de **la** dédicace que nous citions plus haut; il faut pénétrer l'esprit de Balzac et cette philosophie qui domine l'ensemble du monde créé par lui, non plus à **la** manière de l'enseignement sec et quinteux du **mora-** liste, mais suivant le mode large et puissant **du** créateur d'âmes, dans l'imagination duquel **toute** vérité psychologique se traduit en personnages vivants. Ce fut là le secret de son génie, comme ce fut le secret du génie de Shakespeare.

L'idée qui a présidé à l'œuvre, que l'on ne saurait omettre puisqu'elle s'en dégage avec une implacable rigueur, est toute dans le contraste entre l'homme d'action et l'« Intellectuel », cause de cette haine instinctive qui exista de tout temps et tient aux plus élémentaires différences de nature; en tout temps l'esprit a méprisé la force, comme la force a méprisé l'esprit. Balzac, est-il besoin de le dire? se place du côté de l'esprit, et si l'attitude prise par lui ne se dégageait pas nettement de l'ensemble de l'œuvre que nous étudions, on l'en pourrait déduire de certaines réflexions personnelles qui sont mélangées à l'action. Il parle de ces hommes « doués du courage physique, mais *lâches* et *ignobles* au moral ». Ne sentez-vous pas là le mépris de l'intellectuel pour l'homme d'action, et n'avions-nous pas raison de dire que la figure de Philippe Bridau allait briser le cadre étroit de l'individualité, pour entrer dans le domaine des généralisations ?

Suivons Philippe Bridau dans le cours de sa vie : nous y trouverons la magnifique démonstration de ce caractère de fatalité qui dirige et régit la conduite de tous les hommes, mais qui, nulle part, ne s'impose d'une manière plus évidente que dans la destinée de ceux qui se différencient des autres par la grandeur de leur génie ou la profondeur de leurs vices. Ses débuts sont ceux de tous les soldats de l'empire. Enrôlé dans l'armée impériale et voué par sa nature même à la vie militaire, il voit sa carrière brisée par l'effondrement du régime auquel il était attaché. Enfant d'une mère qui n'a de regards et d'amour que pour lui, il tombe à sa charge, refusant de servir un autre gouvernement que celui sous lequel il a gagné ses grades. Incapable de concevoir autre chose que la gloire militaire, et méprisant tout ce qui n'est pas la force, il n'a que du dédain pour son frère Joseph Bridau, artiste sincère et enthousiaste, et lorsque leur mère manifeste des inquiétudes pour l'avenir de ce dernier : — « Pauvre garçon, dit-il, il ne faut pas le tracasser; laissez-le s'amuser. » Il mène l'existence de garnison, passe sa vie au café, au cercle, s'enivre, et tombe peu à peu de la décadence physique à la décadence morale. Dévoré de l'ambition de faire

fortune, aucun scrupule ne l'arrête; il avait été jusqu'alors le type du soudard *viveur,* il devient celui
du soudard *voleur :* ne pouvant plus prendre l'argent
de sa mère qui est sans ressource, il dérobe celui
de son frère, puis celui de sa tante; celle-ci meurt
de désespoir, et quand sa mère reproche à Bridau sa
conduite, le cynisme du misérable apparaît dans
toute son horreur : — « Me chasser! reprit-il. Ah!
vous jouez ici le mélodrame du fils banni. Tiens,
tiens, voilà comment vous prenez les choses! Eh
bien, vous êtes tous de jolis cocos! Qu'ai-je donc fait
de mal? J'ai pratiqué sur les matelas de la vieille un
petit nettoyage. L'argent ne se met pas dans la laine,
que diable! »

Dans la seconde partie de l'œuvre, le type de
Bridau s'accentue. Jusqu'alors nous n'avions vu que
le soudard livré à ses instincts, quelque chose comme
la brute déchaînée en plein milieu social et satisfai-
sant ses appétits sans conscience et sans crainte; il
semble que pas un atome d'intelligence n'ait brillé
dans ce cerveau de soldat; détrompons-nous : cette
rude enveloppe cachait un esprit plus délié qu'on
n'aurait pu croire, et les événements le prouveront.
Il s'agit pour lui maintenant de détourner une succession qui doit appartenir à sa mère; de s'appro-
prier la fortune d'un vieux parent presque idiot,
uniquement rattaché à la vie par l'amour qu'il
éprouve pour une servante maîtresse, Flore Brazier,
amour qu'il a dû partager, de crainte de la perdre,
avec un jeune intrigant, Maxence Gillet. Bridau

flaire un coup de maître, comprend qu'il faut se débarrasser à tout prix de Maxence pour s'imposer à Flore et, la tenant de cette manière, elle qui est toute-puissante sur l'esprit du vieillard, s'emparer de sa fortune. Ses facultés s'éveillent et se surexcitent : Philippe va lui découvrir son plan et le lui faire accepter : — « Maxence ne sera pas votre mandataire, dit-il, ou bien il m'aura tué. Si je le tue, vous me prendrez chez vous à sa place. *Je vous ferai marcher alors cette jolie fille au doigt et à l'œil.* Oui, Flore vous aimera, tonnerre de Dieu! ou, si vous n'êtes pas content d'elle, je la cravacherai. » — Et comme le pauvre idiot se révolte, ne voulant pas qu'on la traite ainsi, Philippe lui répond, dévoilant ses maximes de philosophie masculine : — « C'est pourtant la seule manière de gouverner les femmes et les chevaux. Les femmes sont des enfants méchants : *c'est des bêtes inférieures à l'homme,* et il faut s'en faire craindre, car la pire condition pour nous est d'être gouvernés par ces brutes-là. » — Enfin il triomphe des indécisions du vieillard en lui montrant que son bonheur est dans la réussite de sa tentative : — « Dans quelques jours d'ici, vous et la Rabouilleuse, vous vivrez ensemble *comme des cœurs à la fleur d'orange,* une fois son deuil passé, car elle se tortillera comme un ver, elle jappera, elle fondra en larmes... Mais laissez couler l'eau. »

Il tue Maxence en duel, fait épouser à son oncle Flore Brazier, la servante maîtresse qui devient la femme légitime, car, ainsi qu'il l'explique à cette

dernière, leurs intérêts sont maintenant communs :
— « Entre nous, il ne faut pas d'ambiguïté. Je puis
épouser ma tante après un an de veuvage, tandis que
je ne pouvais pas épouser une fille déshonorée. » —
Ses vœux sont exaucés ; l'oncle meurt, laissant sa
fortune à Flore, et lui, se mariant avec elle, riche de
ses millions, arrive à se faire réintégrer dans les
cadres de l'armée ; il atteint à la plus haute fortune,
et l'œuvre de Balzac, logique dans sa conclusion,
comme elle l'avait été dans ses développements, se
termine, ainsi qu'elle avait commencé, par la plus
haute expression de cynisme dont un être puisse
donner l'exemple. La mère de Bridau est dans la
misère ; il refuse de lui porter secours. Elle va mourir, et, à l'heure suprême, prête à pardonner à l'enfant dont la conduite a été pour elle une cause de
tortures ininterrompues, elle l'appelle à son chevet :
— « Et que diable veux-tu que j'aille faire là ? dit-il à
l'ami chargé du message. Le seul service que puisse
me rendre la bonne femme est de crever le plus tôt
possible, car elle ferait une triste figure à mon
mariage avec Mlle de Soulanges... Tiens, déjeune
avec moi, et parlons d'autre chose. Je suis un parvenu, mon cher, je le sais. Je ne veux pas laisser
voir mes langes... *Mon fils*, lui, *sera plus heureux
que moi*, il sera grand seigneur. *Le drôle souhaitera
ma mort ; je m'y attends bien, ou il ne sera pas mon
fils.* » — Le génie seul invente de ces traits-là ; seul
il est capable de les mettre en lumière et de communiquer à ses créations cette poésie du terrible qui a

fait de Balzac, comme on l'a dit justement, le plus
grand créateur d'âmes de ce temps.

« Trop souvent le vice et le génie produisent des
effets semblables auxquels se trompe le vulgaire. Le
génie n'est-il pas un constant excès qui dévore le
temps, l'argent, le corps, et qui mène à l'hôpital plus
rapidement encore que les passions mauvaises? Les
hommes paraissent même avoir plus de respect pour
les vices que pour le génie, car ils se refusent à lui
faire crédit. » — Cette phrase qui s'exhale à la
manière d'une plainte au milieu du récit des infortunes de la famille Claës, ne vous parait-elle point
comme une transition naturelle et nécessaire, des
sombres et dramatiques figures que nous avons étudiées jusqu'ici au non moins douloureux et pourtant
bien attendrissant Balthazar Claës? Ne semble-t-il
pas, dès le premier abord, bien digne d'être rangé
parmi les personnages excessifs, ce martyr de la
science, ce chercheur d'absolu, que l'extraordinaire
tension de facultés supérieures précipite à la ruine
et à la mort? C'est par là, grâce à l'entière absorption
de son être, qu'il est comme type le digne rival des
Goriot, des Grandet, des Vautrin; poussés à ce point,
le vice et le génie sont frères et procèdent de causes
identiques : la *monomanie,* faisant le vide autour
d'elle, et ne laissant plus rien subsister dans la
conscience de ce qui pourrait être un obstacle à son
développement ; ajoutons qu'ils produisent des effets
semblables et modèlent l'être intérieur avec un
despotisme analogue.

Ces mouvements internes se reflètent avec une fidélité presque photographique dans le personnage extérieur. Tous les gestes de Balthazar Claës révèlent l'illuminé, vivant au-dessus du monde qui l'environne, et constamment soumis aux exigences de sa nature exceptionnelle. Tous ces traits physionomiques contribuent à donner l'impression de quelque chose d'extraordinaire et de disproportionné : — « Par moments, quand il regardait dans l'espace, comme pour y trouver la réalisation de ses espérances, on eût dit qu'il jetait par les narines la flamme qui dévorait son âme. » — C'est bien en effet une flamme intérieure qui consume ce chercheur; mais comme elle est de noble origine, elle communique à tout l'individu une sorte de beauté poétique étrange, bien faite pour séduire un œil artiste : — « A un prêtre il eût paru plein de la parole de Dieu; un artiste l'eût salué comme un grand maître; un enthousiaste l'eût pris pour un voyant de l'Église swedenborgienne. » — Et Balzac ajoute, pour marquer qu'il y a désormais corrélation parfaite entre le personnage physique et les exigences de sa nature intime : — « Jamais Balthazar Claës n'avait été plus poétique qu'il ne l'était en ce moment. »

Une fois hanté par l'idée fixe, par l'obsession de ses recherches et la conscience de sa destinée supérieure, nous trouvons dans Balthazar les conséquences logiques de l'absorption du cerveau, telles que les grands chercheurs d'idées, artistes, poètes ou savants, en ont donné l'exemple : isolement complet du

monde ; oubli de ce qui les entoure ; concentration de la pensée dans un travail exclusif. Cet homme
qui jusqu'alors avait vécu d'une existence normale,
qui avait connu les joies de l'amour et de la famille,
peu à peu devient insensible à tout ce qui ne cadre
plus avec sa nouvelle passion. C'est dans ce lent et
fatal envahissement de l'être par la monomanie, gran-
dissant avec la régularité d'une marée montante,
c'est dans la peinture de cette obsession du cerveau
par la recherche de l'absolu scientifique, de même
que le baron Hulot d'Ervy était poursuivi par la
hantise de l'appétit génésique, c'est dans de tels
tableaux qu'excelle Balzac et qu'il se révèle *inégalable*. Nul avant lui *n'a décrit avec un relief aussi
intense les progressifs affaiblissements* de la volonté,
les inconscientes déperditions de force nerveuse, les
compromis et les concessions qui peu à peu condui-
ront l'être épuisé à la folie et à la mort.

Tout comme Hulot, Claës a aimé sa femme fidèlement et passionnément pendant de longues années ;
tout comme lui, il a goûté les douces voluptés de
l'existence intime ; mais dès l'instant où la passion
maîtresse s'est fait jour dans son âme, il est aussi
impuissant qu'Hulot ; encore Joséphine Claës est-elle
plus experte et mieux armée que la douce Adeline
pour résister. Un moment elle croit l'avoir repris,
l'avoir arraché à la science, et de fait Balthazar, un
instant vaincu par les séductions féminines, maudit
la science qui l'a détourné de son amour. L'effet de
ses promesses, hélas ! ne sera pas de longue durée ; la

vie n'est plus qu'une torture pour lui ; chaque jour il s'affaisse davantage, et sa femme finit par le délier de son serment.

A partir de ce moment, tout est perdu : Balthazar ne pourra plus se reprendre, et il entraînera les siens à la ruine finale. Insensible à tout, aux douleurs de sa femme qui meurt de chagrin, aux douleurs de ses enfants dont le silence même est un blâme, aux observations de ceux qui l'entourent, il va de l'avant dans ses recherches, vivant si peu sur terre qu'à l'heure où sa femme expire il songe à la solution du problème qui le hante. Avant de mourir, elle le fait appeler, et celui qui avait été amant passionné, époux fidèle, père tendre et dévoué, celui-là arrive à peine pour assister à ses derniers moments : — « En voyant entrer son mari, Joséphine rougit, et quelques larmes roulèrent sur ses joues : — Tu allais sans doute décomposer l'azote, lui dit-elle avec une douceur d'ange qui fit frissonner les assistants. — C'est fait, s'écria-t-il d'un air joyeux. L'azote contient de l'oxygène et une substance de la nature des impondérables qui vraisemblablement est le principe... — Il s'éleva des murmures d'horreur qui l'interrompirent et lui rendirent sa présence d'esprit. »

La monomanie est donc *entière*, et la maladie mentale inguérissable. Un être seul veille sur lui et le protège : sa fille, portrait fidèle de la femme qu'il a perdue ; elle dirige la maison, se constitue la gardienne et la protectrice de celui qui est redevenu enfant. Grâce à des prodiges d'ordre, d'économie domestique, elle arrive à enrayer la ruine. Ici se place la scène capitale de l'œuvre, qui demeure inoubliable et se grave en traits de feu dans la mémoire, évoquant les pages maîtresses de la Comédie humaine : la *scène de l'or*, digne pendant de celle où Grandet, dans le silence de la nuit, rend visite à son trésor, de celle où Goriot fait fondre ses couverts d'argent dans la mansarde misérable, pour satisfaire les caprices de ses filles trop aimées ; de celle où Hulot, recueilli par son ancienne maîtresse Josépha, étend sa main sénile et tremblante vers la petite Olympe Bijou ; de toutes ces scènes enfin dont la signification puissante résume les personnages extraordinaires qui sont la plus incontestable gloire de Balzac : Marguerite Claës veut cacher les ducats que sa mère lui a remis avant de mourir, pour être la suprême ressource de la maison : elle projette de les placer sous une colonne de marbre dont le socle est creux et où personne n'imaginerait d'aller les chercher ; mais au moment où elle va les cacher, la tête de Balthazar apparaît dans l'ombre, effrayante par son expression d'avidité : cet argent, ce sont ses expériences ; cet argent, c'est le gage du succès, car il croit toujours le tenir, et toujours le succès se dérobe. Les ducats s'échappent des mains glacées de la jeune fille : — « Ce fracas de l'or sur le parquet fut horrible et son éparpillement prophétique. Marguerite, il me faut cet or, dit-il impérieusement. » Et comme la jeune fille résiste : — « Sois maudite, ajouta-t-il ; tu n'es ni fille ni femme ; tu n'as pas de cœur ; tu ne seras ni une mère, ni une épouse!... Laisse-moi prendre, dis, ma chère petite, mon enfant chérie. Je t'adorerai, fit-il en avançant la main sur l'or avec un mouvement d'atroce énergie. — Je suis sans défense contre la force, mais Dieu et le grand Claës nous voient, dit Marguerite en montrant le portrait. — Bien, essaye de vivre couverte du sang de ton père, cria Balthazar en lui jetant un regard d'horreur. »

A de semblables traits que pourrait-on ajouter? C'est de situations aussi tragiques que sont faites les scènes capitales des grandes œuvres auxquelles nous nous sommes attaché dans le cours de cette étude. Les épisodes qui les précèdent et qui les suivent, tout en les expliquant, n'ajoutent rien à l'impression définitive qu'elles laissent dans l'esprit. Définitives, elles le sont en ce sens qu'elles représentent le point extrême, la limite de tension des personnages imaginés par le romancier; et de fait, comment en concevoir d'autres qui, mieux que celles-là, parachèveraient les prodigieuses figures auxquelles son génie créateur a su communiquer la vie?

On pourrait écrire une étude d'un rare et pénétrant intérêt, en comparant, au double point de vue de leur valeur et de leur signification psychologique, les personnages excessifs créés par les romanciers de races diverses; on y trouverait en effet réunis les traits capitaux de la variété humaine à laquelle ils appartiennent, et l'on atteindrait ainsi du coup à l'âme même de cette race. Chez Dickens, par exemple, le caractère typique qu'il s'est complu à décrire est

celui du grand *orgueilleux*. C'est surtout dans
« Dombey », ce despote du haut commerce, doué
d'instincts résolument et obstinément autocratiques,
que le romancier anglais a concentré les tendances
orgueilleuses qui constituent aux gens de sa race une
personnalité si tranchée, une vie intérieure si intense.
En vain chercherions-nous dans l'œuvre de Balzac un
type d'orgueilleux analogue ou simplement appro-
chant, et si un tel personnage ne s'y rencontre point,
c'est que lui-même n'a pas découvert dans le milieu
social qu'il étudiait le correspondant d'une semblable
créature. Ce qu'il a peint, c'est l'avare, c'est le
débauché, c'est l'exploiteur d'hommes. S'il eût voulu
représenter un caractère voisin de celui de Dickens,
ce n'est pas l'orgueil qu'il eût trouvé devant lui,
mais bien plutôt la *vanité*, sorte de réduction appropriée à nos instincts et conforme à notre tempérament, d'une passion trop excessive et trop intense
pour être le propre de notre race.

Mais, dira-t-on, n'est-ce pas le caractère même de
toutes les passions excessives d'apparaître *acciden-
telles*? Sans doute, en tant que réalité concrète. Ce
qui les distingue pourtant et fait leur valeur d'art,
c'est de résumer en elles toute la foule des âmes
ordinaires qui se rattachent en séries diverses à tel
ou tel personnage excessif; car, si la passion est en
apparence un phénomène anormal et monstrueux,
elle n'est en dernière analyse que le développement
des tendances qui s'ébauchent et se contrarient dans
toute âme. Énoncer cette idée, c'est expliquer en

même temps la raison pour laquelle nous avons dû traiter avec une attention particulière ce chapitre des « Personnages excessifs ». Il représente, dans l'œuvre de Balzac, un point culminant : il a une portée philosophique exceptionnelle. En effet, toute passion, pour être comprise, doit se ramener à sa forme la plus exagérée et la plus morbide ; tout caractère doit être rapproché de son *type,* du personnage excessif qui le met en relief, de sorte qu'en étudiant les personnages excessifs de Balzac, on saisit l'idée même que le romancier se faisait de la valeur relative des sentiments, on touche à sa *Théorie des passions.*

Cette science des caractères, qui fut l'idéal obsédant de Balzac, précise, à travers son œuvre, une conception du développement passionnel singulièrement différente de la conception de l'ancienne littérature. Elle y voit une tendance dépassant les autres et envahissant tout l'être, si bien qu'une âme humaine y apparaît, ainsi que nous apparaîtra l'âme même de Balzac, quand nous la chercherons dans son style, comme un *chaos de tendances ébauchées,* le plus souvent en lutte, et de force à peu près égale. Mais parfois une d'entre elles grandit, et transforme ce chaos en un système organisé, par la suprématie qu'elle conquiert. L'âme alors devient *tranchée* et *typique;* l'individu prend une valeur abstraite et se rapproche de la notion que nous en fournit le théâtre. A l'état de simple tendance, le désir est refréné par mille obstacles ; quand il s'élève jusqu'à la passion maîtresse et absorbante, rien ne peut plus l'arrêter ; cette somme des énergies humaines qui se dispersaient en vingt canaux divers, la passion l'aspire en un courant unique : elle se confond avec la personnalité, ou bien elle l'opprime.

Parmi les personnages excessifs étudiés au cours de ce chapitre, les uns, comme Goriot, Claës, et surtout Hulot, sont envahis par la monomanie, non point dès le début de leur vie et en vertu d'une fatalité originelle, mais au milieu de leur existence, et par un soudain développement ; les autres, au contraire, comme Vautrin, Bridau, Grandet surtout, incarnent, de naissance, le vice dont ils sont devenus en quelque sorte le symbole littéraire. Grandet n'est qu'une passion ayant pris corps et se développant. Celles qui s'installent tardivement dans la personnalité, qui ne se confondent pas avec l'individu, ont d'ordinaire un résultat meurtrier pour lui. Goriot, Claës et Hulot sont, socialement et physiquement parlant, les victimes de la manie qui les obsède, tandis que Bridau, Vautrin et Grandet, dont l'âme est une et se constitue tout entière d'une monomanie originelle, ne se heurtent pas au milieu environnant, mais s'y trouvent au contraire tout adaptés ; leur passion offre ce caractère d'être *égoïste,* et la passion égoïste est une raison de persévérer dans l'être.

Mais meurtrières ou bienfaisantes, les passions demeurent nos reines, parce que nous sommes des jouets aux mains des forces intérieures ; tantôt brutales et effrayantes, tantôt virtuelles et cachées, leur domination est toujours présente et perpétuelle. **Pour** le psychologue, elles sont des « forces » ; pour l'artiste, une mine d'œuvres littéraires. L'Art est la transfiguration élargie, mais forcément fidèle, puisque les matériaux sont des phénomènes de vie, des sensations **et** des images sans cesse accumulées dans le réservoir qu'emplissent sans cesse nos expériences de sensibilité. Et pour revenir en finissant à l'idée qui **fut le** point de départ de cette étude, nous sommes amenés à conclure que cette distinction du *roman de mœurs* et du *roman de caractères* est plutôt le résultat d'**un** ingénieux effort d'analyse littéraire que l'expression d'une vérité psychologique. Ce qui domine et résume tout, c'est l'*identité foncière* de l'âme humaine, laquelle nous présente les individus de sensibilité banale, sujets d'étude du romancier de mœurs, masse indifférenciée au milieu de laquelle se concrète **et** prend vie une passion puissante, un personnage excessif, sujet d'étude du peintre de caractères. Balzac fut à la fois l'un et l'autre : d'où la portée **de** son génie et de son œuvre !

CHAPITRE VII

LES ARTISTES.

Amour de Balzac pour l'artiste. — Il s'est attaché surtout à l'artiste incomplet.

Lucien de Rubempré. — Côtés féminins de sa nature. — Sa délicatesse de complexion. — Ses initiations sentimentales : Mme de Bargeton. — Ses désillusions à Paris, comme homme et comme artiste.

Daniel d'Arthez, contraste vivant avec Rubempré. — Il représente l'énergie virile et la volonté.

Tentative de Balzac pour réhabiliter l'artiste ; il généralise le type de d'Arthez. — Conception fausse d'une société d'artistes idéale. — Ce que sont en réalité les artistes entre eux.

Haine de Balzac pour le journalisme : les souffrances qu'il endure. Il se venge dans les *Illusions perdues*. Il réunit dans le personnage de *Lousteau* tout ce qu'il a vu de lâche et de vil.

Satire cruelle du journalisme. — Portée de ses jugements : le journalisme destructeur de la personnalité. Lucien de Rubempré succombe.

Raoul Nathan assez semblable à d'Arthez, mais inférieur.

Isolement nécessaire au véritable artiste. — Exemple de Balzac.

Wenceslas Steinbock : Le Rêve et la Production.

Joseph Bridau : Rapprochement avec Balzac.

La femme artiste : Camille Maupin. Virilisation du type féminin.

Portrait du poète : *Louis Lambert.* — Différences avec le milieu. — Souffrances inévitables. — Révoltes : Chateaubriand, Shelley, A. de Vigny, Baudelaire, Edg. Poé. — Louis Lambert est presque une autobiographie. — La vie au collège. — Horreur de la promiscuité. — Compensations du poète : Tendresse et sensibilité. — Impuissance dans le domaine de la vie active. Conditions indispensables à un mouvement d'art réformateur.

De quel amour Balzac ne devait-il pas le chérir, ce type de l'artiste complet, tel qu'il le rêvait, tel qu'il l'était lui-même! Il en a donné à maintes reprises dans ses œuvres de brèves et rapides esquisses ; jamais il n'en a tenté une représentation totale avec l'importance et le développement que comporte un personnage de premier plan. En revanche — est-ce par esprit de contraste? — il a fait mieux qu'esquisser l'artiste incomplet, celui qu'une tare quelconque de sa nature, faiblesse de volonté, défaut d'énergie intellectuelle, empêche d'atteindre à son entière réussite. Lucien de Rubempré en est le plus saisissant exemple, le plus curieux à étudier, parce que Balzac le place dans un milieu qui lui fournit l'occasion de produire au jour ses plus chères théories, d'exprimer ses idées et ses croyances sur mille points qui nous intéressent.

Par la délicatesse de sa complexion, par sa finesse et sa distinction aristocratique, Lucien de Rubempré a pu rentrer en partie dans la catégorie des jeunes gens chers à Balzac, que nous avons précédemment étudiés ; mais il y a en lui quelque chose de plus qui nous le fait placer parmi les artistes et nous contraint à l'y maintenir : — « Son visage avait la distinction des lignes de la beauté antique : c'était un front et un nez grecs, la blancheur veloutée des femmes, des yeux noirs, tant ils étaient bleus, des yeux pleins d'amour. » — Il faut noter avant tout chez lui ce caractère de féminéité qui perce à travers toutes les indications physiologiques que donne Balzac. Cette complexion féminine, vous en trouverez le contre-coup dans les faiblesses et les infériorités morales qui se manifesteront au cours de sa vie : — « A voir ses pieds, un homme aurait été d'autant plus tenté de le prendre pour une jeune fille déguisée que, semblable à la plupart des hommes fins, pour ne pas dire astucieux, il avait les hanches conformées comme celles d'une femme. » — Toute l'explication de sa conduite, de ses faiblesses intellectuelles et morales est contenue dans ces quelques lignes qui se trouvent à la fin du portrait, et complètent la physionomie de cet artiste, l'opposé de ce que pouvait être Balzac lui-même, l'opposé du type qu'il aimait et qu'il a peint avec amour dans d'Arthez et Joseph Bridau. Joignez à cette délicatesse de complexion la vive et pénétrante intelligence que Balzac prête à Lucien, vous comprendrez alors comment plus tard ce jeune esprit, sans défense apparente, qui semble devoir être la victime de la société au milieu de laquelle il se trouve jeté, justifie par sa conduite le portrait qu'en fait le romancier, surtout si l'on ajoute cette observation finale : — « L'un des malheurs auxquels sont soumises les grandes intelligences, c'est de comprendre forcément toutes choses, les vices ausi bien que les vertus. »

Sa première initiation à la vie se fait en province, grâce à l'amour d'une femme de province, Mme de

Bargeton, qui trouve dans l'adoration de Lucien
les consolations d'une existence en constante opposition avec ses rêves. Vivant dans un pays qu'elle
déteste, entourée de la rancune jalouse, des mesquineries et des bassesses d'un milieu exécré, Mme de
Bargeton, supérieure à ce milieu plus encore par ses
aspirations que par ses mérites réels, distingue Lucien
dès l'abord et lui donne les premiers acomptes de
l'amour sans s'abandonner. Quant au poète, enivré
de bonheur, aspirant à la possession de la femme
avec cette ardeur du désir qui caractérise la première
jeunesse, il lui semble que la présence seule de
Mme de Bargeton soit le ciel ouvert devant lui. Il ne
voit ni la différence d'âge qui les sépare, ni les ridicules de la femme de province, ni l'impossibilité
d'une telle liaison dans une ville où tout se sait et se
répète. Bien entendu, il n'obtiendra rien! — « Les
cheveux ne cachaient pas entièrement le cou; la robe
négligemment croisée laissait voir une poitrine de
neige où l'œil devinait une gorge intacte et bien placée. De ses doigts effilés et soignés, mais un peu
secs, Mme de Bargeton fit au jeune poète un geste
amical pour lui indiquer la place qui était près
d'elle... La conversation de Mme de Bargeton
enivra le poète de l'*Houmeau*. Les trois heures
passées près d'elle furent pour Lucien un de
ces rêves que l'on voudrait rendre éternels. »
— Et plus loin, quand il l'a vue à plusieurs reprises et que sa tendresse s'est accrue : — « Lucien
prit une main qu'on lui laissa prendre et la baisa

avec la furie du poëte, du jeune homme, de l'amant.
Louise alla jusqu'à permettre au fils de l'apothicaire
d'atteindre à son front et d'y imprimer ses lèvres pal-
pitantes. — Enfant, enfant, si l'on vous voyait, je
serais bien ridicule. »

Les choses n'iront jamais plus loin, car Mme de
Bargeton ignorera toujours l'amour véritable, celui-là
précisément qui ne craint pas le ridicule. Quelles
joies et quelles voluptés exquises elle eût connues,
quelles tendresses d'une âme prête à s'épancher, si,
se laissant aller à l'amour de Lucien, elle avait su
jouir d'un tel sentiment! Elle l'eût gardé pour elle,
elle en eût fait l'objet de ses plus chères préférences
et l'eût cultivé comme une fleur rare. Mais sa conduite
sera le contraire de ce qu'une saine entente des
jouissances de l'amour avait dû la décider à choisir
comme la seule voie à suivre! Lucien pourtant, malgré son apparente timidité, exigera plus qu'elle ne
veut lui accorder : elle refuse de se donner et persiste dans une froideur voulue. Il oublie tout et quitte
les siens pour la suivre à Paris. C'est alors que commencent les épreuves qui nous apparaissent comme
le résumé des souffrances attendant le jeune homme
qui affronte cette lutte tragique pour la vie. Les premières déceptions l'atteignent dans son amour. Il a
tout quitté pour suivre Mme de Bargeton, et elle se
refuse toujours. — « Louise, je suis effrayé de te voir
si sage. Songe que je suis un enfant, que je me suis
abandonné tout entier à ta chère volonté. » — Non
seulement elle se refuse, mais encore elle l'éloigne,

elle l'écarte de sa personne, comprenant le ridicule
qui s'attacherait à leurs relations. Le ridicule, toujours le ridicule! Ce sentiment si vif et si cuisant
poursuit Lucien dans tout ce qu'il voit : les élégances
et les raffinements de la vie parisienne lui sont révé-
lés tout à coup; il sent son infériorité et son provin-
cialisme; il en souffre d'autant plus cruellement que
son intelligence est plus fine, son tact plus délicat.

Ses désillusions sont générales, et Balzac, en les
peignant, va nous montrer les différentes couches sociales, depuis le monde le plus élégant jusqu'aux
coulisses des petits théâtres : ce sera une occasion
d'étudier et de peindre les milieux qu'il traversera.
Lucien de Rubempré va présenter un manuscrit au
libraire Porchon, et lui offre de lui vendre son ouvrage : — « De la poésie! s'écria Porchon en colère.
Et pour qui me prenez-vous? ajouta-t-il en lui riant
au nez et disparaissant dans son arrière-boutique. »
— Pourtant, comme la plupart des artistes, âmes
faibles mais enthousiastes, se rattachant au premier
espoir qui se présente, promptes à succomber, mais
se relevant avec une égale rapidité, il s'en revient
rêvant la gloire, sur la simple promesse que son manuscrit sera lu!

Ici Balzac, lassé sans doute des incertitudes et des
faiblesses de Lucien, place en face de lui, comme
son vivant contraste, le type d'artiste qu'il admire et
qu'il aime, celui qu'il était sans doute lui-même, sinon par la parfaite beauté morale, du moins par la
volonté constamment tendue vers le but à atteindre;

par cette inébranlable énergie qui lui faisait briser tous les obstacles, et édifier son œuvre avec l'assurance et la force des infatigables travailleurs. Par opposition avec l'artiste féminin, il a voulu créer l'artiste viril; il a conçu Daniel d'Arthez, celui que rien ne saurait détourner de sa voie, n'ayant qu'un but : l'œuvre à créer, celui qu'il résume en en donnant cette magnifique définition : — « Ce jeune homme était Daniel d'Arthez, aujourd'hui l'un des plus illustres écrivains de notre époque et l'un des génies rares qui, selon la belle pensée d'un poète, offrent l'accord d'un beau talent et d'un beau caractère. » — Chez lui, pas de doute, pas d'illusions sur les réalités de la vie; il sait ce qu'elle est, il sait ce que valent les hommes : il les a toisés. Il n'ignore pas le cas qu'on en peut faire. Mais il sait aussi qu'il a une œuvre à faire, et fort de son intelligence et de sa volonté, il marche droit devant lui, armé pour la lutte.

A Lucien, qui lui demande des conseils pour diriger sa conduite, il ne cache pas la vérité. Ces conseils sont empreints de la plus haute sagesse, de la plus parfaite connaissance de l'humanité. C'est Balzac qui parle par la bouche de d'Arthez : l'expérience de d'Arthez, croyez-le bien, c'est l'expérience de Balzac même, comme la fermeté de d'Arthez, son courage à toute épreuve, c'est la fermeté, c'est le courage de Balzac : — « On ne peut pas être grand homme à bon marché, lui dit Daniel de sa voix douce. Le génie arrose ses œuvres de ses larmes. Le talent est une créature morale qui a, comme tous les êtres, une enfance sujette à des maladies. La société repousse les talents incomplets, comme la nature emporte les créatures faibles ou mal conformées. » — Quelle vivante opposition avec l'esprit de Lucien! quel contraste et quelle différence! Lucien pourtant se sent attiré à lui, fasciné sans doute par cette énergique volonté, par cette pénétration complète de la vie : sa sympathie pour lui est également profonde; en cela il a bien l'exquise sensibilité de l'artiste : c'est là sa grâce et son charme.

Il ne suffit pas à Balzac de créer et de représenter avec Daniel d'Arthez l'idéal de l'artiste, tel qu'il le conçoit, c'est-à-dire grand par l'intelligence, par la volonté et par le caractère. Il éprouve le besoin de généraliser et de nous montrer ce type en groupe : il fait la description d'un cénacle, d'une réunion d'esprits vibrant tous à l'unisson, et poursuivant la recherche du Beau avec une entière noblesse d'âme. L'idée de Balzac est assurément grande et haute : vouloir réhabiliter l'artiste, aux yeux de ceux qui voient en lui un être plutôt dangereux; montrer que parmi ces personnalités dont s'écartent avec crainte la plupart de ceux qui suivent la routine de la vie, montrer, disons-nous, que parmi ces personnalités il en peut exister qui réunissent la noblesse du caractère à l'élévation de la pensée! D'Arthez est le plus accompli d'entre eux. Ajoutons qu'en voulant trop prouver, Balzac n'a rien prouvé du tout, et que ses portraits, pour beaux qu'ils nous paraissent, s'éloignent sensiblement de la réalité! Que d'Arthez ait

existé à l'état d'exception, nul n'en doute; qu'il en
existe d'autres que lui, nous le croyons également,
hélas! séparés par les exigences et les rudes nécessités
de la vie : âmes faites pour se comprendre et pour
s'aimer, qui se cherchent et voudraient confondre
leurs pensées! Mais que, dans la réalité, les choses se
passent de telle manière que neuf artistes se rencontrent, également assoiffés de vérité et de beauté,
tous nobles par le cœur, comme ils le sont par l'esprit, voilà où nous touchons à l'invraisemblance.
Balzac a peint ce qui devrait être : il n'a pas peint ce
qui est; il a représenté, ou plutôt, transporté dans le
domaine de la fiction romanesque un rêve séduisant
de sa puissante imagination. Ce sont là de belles
pages, des pages éloquentes, dans lesquelles l'écrivain, porté par l'élévation du sujet, soutenu par l'enthousiasme propre aux natures généreuses, s'est leurré
lui-même, espérant nous leurrer également : —
« Tous discutaient sans disputer. Ils n'avaient pas de
vanité, étant eux-mêmes leur auditoire. Ils se com-
muniquaient leurs travaux et se consultaient avec l'a-
dorable bonne foi de la jeunesse. S'agissait-il d'une
affaire sérieuse, l'opposant quittait son opinion pour
entrer dans les idées de son ami, d'autant plus apte
à l'aider qu'il était impartial dans une cause ou dans
une œuvre en dehors de ses idées... Tous doués de
cette beauté morale qui réagit sur la forme, et qui
non moins que les travaux et les veilles dore les
jeunes visages d'une teinte divine, ils offraient ces
traits un peu tourmentés que la pureté de la vie et le

feu de la pensée régularisent et purifient. » On le voit, Balzac ici touche au lyrisme ; la haute idée qu'il se faisait de l'art, cette idée partagée par tous ceux qui voient en lui le plus noble effort de l'esprit humain, le trompait sur le compte des artistes. Ce qu'ils sont en réalité, il suffit de les avoir vus de près, de les avoir examinés dans leurs rapports, pour s'en rendre un compte exact. Envieux et jaloux les uns des autres, ils attaquent les réputations naissantes avec une âpreté d'autant plus vive que celles-ci portent ombrage à leur propre renommée. Les plus grands même n'échappent pas aux petitesses et aux infériorités morales, et c'est un des plus pénibles spectacles de la vie artistique que ce contraste trop fréquent entre la supériorité intellectuelle et la bassesse morale. Rien n'est plus rare que celui dont on peut dire ce que Balzac écrivait de d'Arthez : — « Il offrait l'accord d'un beau talent et d'un beau caractère. »

Il nous semble que Balzac fut poussé à cette peinture idéale d'une société d'artistes par le besoin d'une antithèse favorable à l'idée qui domine l'œuvre entière, qui en est, si j'ose ainsi parler, la raison d'être : la peinture du *Journalisme,* auquel il avait voué la haine la plus violente et dont il avait résolu de se venger. Il n'est pas surprenant que, dans son ardent désir de présenter au public le monde du journalisme sous ses faces les plus viles et les plus méprisables, pour former une opposition plus parfaite avec le tableau qu'il allait peindre, Balzac se soit laissé

entraîner une fois en dehors et au delà des limites
de l'observation dans lesquelles il enfermait sa
vision du monde, si originale et si puissante! Il lui
fallait ce repoussoir à cette société idéale d'artistes!
Et quel repoussoir que celui qu'il va nous montrer!
En d'Arthez il a incarné tout ce que le véritable artiste pouvait offrir de sincérité généreuse et d'ardent
amour; en Lousteau il réunira toutes les bassesses,
toutes les lâchetés, toutes les compromissions, toutes
les trahisons de l'intelligence et du cœur. Et c'est
ainsi que dans cette étude qui devait être une des
plus chères à Balzac, le romancier nous a montré
les deux extrémités, les deux pôles de l'art : d'une
part, l'artiste convaincu et généreux; de l'autre, le
journaliste sceptique et vendu.

Dans toutes les épigrammes dont il va les cribler,
dans toutes les attaques qu'il dirigera contre eux,
attaques violentes, pourtant méritées, vous sentirez
la haine du producteur contre le critique, cet immortel désaccord qui durera autant que la pensée. Lorsqu'il s'agit pour Lucien de suivre la voie de d'Arthez,
cette voie sûre, mais longue, rude, mais honnête, ou
de s'abandonner à la vie facile et attirante du monde
parisien, écoutez Balzac qui parle par la bouche de
Daniel d'Arthez : — « Tu ne résisteras pas à la constante opposition de plaisir et de travail qui se trouve
dans la vie des journalistes, et résister, c'est le fond
de la vertu... Le journalisme est un enfer, un abîme
d'iniquités, de mensonges, de trahisons que l'on ne
peut traverser et d'où l'on ne peut sortir que protégé

comme Dante par le divin laurier de Virgile... **Pour faire de belles œuvres, vous puiserez à pleines plumées d'encre dans votre cœur la tendresse, la sève, l'énergie, et vous l'étalerez en passions, en sentiments, en phrases. Oui, vous écrirez au lieu d'agir, vous chanterez au lieu de combattre, vous aimerez, vous haïrez, vous vivrez dans vos livres; mais quand vous aurez réservé vos richesses pour votre style, votre or, votre pourpre pour vos personnages, que vous vous promènerez en guenilles dans les rues de Paris, heureux d'avoir lancé, en rivalisant avec l'état civil, un être nommé Adolphe, Corinne, Clarisse, René ou Manon, que vous aurez gâté votre vie et votre estomac, pour donner la vie à cette création, vous la verrez calomniée, trahie, vendue, déportée dans les lagunes de l'oubli par les journalistes, ensevelie par vos meilleurs amis.** » — A l'éloquence de la plainte vous sentez la profondeur de la blessure et combien était cruelle la rancune qui dictait de telles paroles !

Entre le travail et la vie facile, Lucien, qui a hésité un instant, succombera vite. Rien ne pourra le retenir dans la voie où il s'engagera, ni la connaissance qui lui est révélée des dessous du journalisme, ni celle des dessous de la vie parisienne que Balzac indique et souligne, profitant de cette circonstance pour opposer au travail consciencieux du cénacle les inconsistances de la vie du journaliste, comme il se plait à opposer le caractère d'un d'Arthez à celui d'un Rubempré. Tout lui sert dans cette œuvre à indiquer son idée et à marquer ses préférences. Il nous

o, montre la « cuisine » des journaux, aussi bien que
l, celle des libraires ; mais c'est aux journalistes qu'il a
le voué sa haine la plus implacable ; c'est à eux qu'il
en reviendra sans trêve. Après un triomphe de Lousteau,
l et comme Lucien s'en étonne, écoutez-le : — « La
o conscience, mon cher, est un de ces bâtons que cha-
u cun prend pour battre son voisin et dont il ne se sert
s jamais pour lui. Ah çà, à qui diable en avez-vous ? Le
a hasard fait pour vous en un jour un miracle que j'ai
o attendu pendant deux ans, et vous vous amusez à en
t discuter les moyens ? Comment, vous qui me paraissez
s avoir de l'esprit, vous barbotez dans des scrupules
t de religieux qui s'accuse d'avoir mangé son œuf avec
o concupiscence ! » — Et comme il sait le point vulné-
a rable de Lucien, comme il a vu que cette âme autre-
t fois pure et qui conserve encore des scrupules, sera
i impuissante contre les difficultés matérielles de l'exis-
e tence, comme il a merveilleusement débrouillé les
fils de cette conscience faible et féminine, il ajoute :
— « Soyez dur et spirituel, pendant un ou deux mois ;
vous serez accablé d'invitations, de parties avec les
actrices ; vous serez courtisé par leurs amants ; vous
ne dinerez chez Flicoteau qu'aux jours où vous n'aurez pas trente sous dans votre poche. »

La satire est cruelle et saisissante. Il faut que la
blessure ait été bien profonde pour que la vengeance
soit si âpre. En vérité, l'on se demande quel fut le plus
grand bonheur que goûta Balzac en composant cette
œuvre : créer les situations qu'il nous dépeint ou bien
dire son fait au monde qu'il déteste : — « Le journal,

au lieu d'être un sacerdoce, est devenu un moyen pour les partis ; de moyen il s'est fait commerce, et comme tous les commerces il est sans foi ni loi. Tout journal est une boutique où l'on vend au public des paroles de la couleur dont il les veut. » ... « Nous savons tous, tant que nous sommes, que les journaux iront plus loin que les rois en ingratitude, plus loin que le plus sale commerce en spéculations et en calculs, qu'ils dévoreront nos intelligences à vendre tous les matins leur trois-six cérébral ; mais nous y écrirons tous, comme ces gens qui exploitent une mine de vif-argent en sachant qu'ils y mourront. » — En même temps qu'il indique le danger — et avec quelle puissance de prophète ! — il montre l'attirance du gouffre, ces facilités de succès qui dévorèrent et par la suite devaient dévorer tant de talents, jeunes et consciencieux, ardents et pleins d'avenir, mais faibles et sans ressources, sans ressorts pour la lutte, séduits par les avantages du moment !

De plus forts que Rubempré y ont succombé. Comment pourrait-il résister ? Tout contribuera à l'entraîner : la facilité du succès, l'amour qui se présente à lui dans la personne d'une actrice follement éprise de sa jeunesse et de son talent ; enfin et surtout les jouissances et les séductions de l'existence mondaine : — « Travailler, n'est-ce pas la mort pour les âmes avides de jouissances ? Aussi avec quelle facilité les écrivains ne glissent-ils pas dans le far niente, dans la bonne chère et les délices de la vie luxueuse des artistes et des femmes faciles ! Le châtiment n'est pas éloigné de la faute : l'effet est voisin de la cause; les conséquences fatales y touchent de près : elles sont résumées tout entières dans cette phrase de Lousteau, dans ce portrait du journaliste, d'une éternelle vérité, dont nous retrouvons à chaque pas le modèle et le type : — « Il a de l'esprit, c'est un articlier. Vernou porte des articles, fera toujours des articles et rien que des articles. Le travail le plus obstiné ne pourra jamais greffer un livre sur sa prose. Félicien est incapable de concevoir une œuvre, d'en disposer les masses, d'en réunir harmonieusement les personnages dans un plan qui commence et se noue. » — Lucien comprend cet affreux châtiment des succès trop faciles, cette tare irrémédiable de l'esprit, cette maladie mentale que Balzac expose avec une si éloquente virulence; mais comment résister, hélas! aux succès qui se pressent, à l'argent qui lui vient, aux félicitations qui l'environnent? Un jour, poussé par un mouvement de sincérité, il veut dire ce qu'il pense, à propos d'une œuvre qu'il aime; il veut laisser sa conscience s'exprimer en liberté. C'est alors qu'il comprend la servitude qui l'opprime : il faudrait écrire dans un sens contraire à l'idée du journal, et cela est impossible! Enrégimentement et servitude; termes égaux et convertibles qui expriment dans sa cruelle vérité la philosophie du journalisme et des basses besognes qu'implique le métier!

Entraîné dans un monde pour lequel il n'est point fait, Lucien se livre au jeu et à la débauche; il gaspille ses forces cérébrales. Ainsi se termine la première partie de cette vie, brillante, mais inconsistante, pleine de promesses à son début, mais aboutissant à la ruine et à un désastre intellectuel. *Illusions perdues! Existence perdue!* Assurément l'œuvre a vieilli par certains de ses détails; mais si la forme en est démodée, si la contexture du roman n'est plus de notre époque, l'*esprit* en est immortel, et le souffle qui l'a inspiré passe au-dessus des générations de lecteurs qui y chercheront des enseignements et des modèles!...

Nous avons vu en Daniel d'Arthez un type accompli de l'artiste grand par l'esprit — car il n'y a chez lui aucune tare ni aucune défaillance — grand par le cœur et le sentiment, bref un de ces héros intellectuels dont on doit admirer en même temps, comme Balzac le faisait dire à l'un de ses personnages, l'intelligence et le caractère. Mais, comme tous les exemplaires typiques et achevés, les d'Arthez sont rares, exceptionnels, surtout dans un monde où la vie est pleine de pièges et de dangers, et où la nature même de ceux qui le fréquentent, constitue le plus redoutable des périls. Les Lucien de Rubempré, les Wenceslas Steinbock y sont plus fréquents, même les Raoul Nathan.

Qu'est-il donc, ce Raoul Nathan? Avec quels traits physionomiques Balzac nous le présente-t-il? Point si immoral que Lucien de Rubempré, ni si faible que Wenceslas Steinbock, il n'aboutira pas comme le premier à la honte et à la ruine définitive, ni comme le second à l'impuissance totale de produire par

défaut d'énergie. Il y a dans sa nature intellectuelle
de beaux et nobles côtés : — « Raoul, rendons-lui
cette justice, offre dans sa personne je ne sais quoi
de grand, de fantasque et d'extraordinaire. » — Cette
notation physique se traduit au moral par une indication précisément correspondante : une sorte de
révolte contre la société, et cette hauteur de vues qui
ne va pas sans le mépris des conventions, point de
rencontre de tous les esprits supérieurs, dont Balzac
offrait un exemplaire si parfait : — « Il apporte dans
le monde une gaucherie hardie, un dédain des conventions, un air de critique pour tout ce qu'on y
respecte, qui le met mal avec les petits esprits, comme
avec ceux qui s'efforcent de conserver les doctrines
de l'ancienne politesse. » — Nous disions que telle
était la règle des esprits supérieurs; telle est en
effet, comme le fit à maintes reprises ressortir Schopenhauer, la cause maîtresse de cette solitude dans
laquelle se plaisent à vivre les hommes d'élite. Le
philosophe allemand voit avec raison dans cette tendance à l'isolement, dans cet amour de la vie intérieure, le critérium le plus certain de la supériorité
intellectuelle! Balzac n'était-il point tel? n'a-t-il pas
doté de cette particularité psychologique les artistes
éminents qu'il nous a présentés, un d'Arthez par
exemple ou un Joseph Bridau? et n'est-ce point
encore parce que des intelligences magnifiquement douées pour l'art, un Lucien de Rubempré
ou un Wenceslas Steinbock, n'ont pas su résister
à l'entraînement de l'existence mondaine qu'ils ont

perdu leur talent et leur puissance productive ?

Il y a d'ailleurs chez Nathan un peu de recherche et de pose dans son attitude en présence du monde; ce qui lui manque, c'est la simplicité d'un Joseph Bridau. — « Pourquoi êtes-vous comme cela? lui dit un jour la marquise de Vandenesse. — Les perles ne sont-elles pas dans des écailles? répondit-il fastueusement. — A un autre qui lui adressait la même question, il répondit : — Si j'étais bien pour tout le monde, comment pourrais-je paraître mieux à une personne choisie entre toutes? » — Le sentiment d'aristocratie intellectuelle est donc très vif chez Nathan. Et pourtant il est victime, lui aussi, du travail obligatoire, cause d'affaiblissement intellectuel, même en dehors du journalisme, qui est sa forme la plus immédiate et la plus tangible. Il est curieux de voir ici Balzac, qui lui aussi devait se ressentir de cette rude nécessité, montrant les terribles conséquences de la production hâtive : — « Tenu de produire par son manque de fortune, il allait du théâtre à la presse et de la presse au théâtre, se dissipant, s'éparpillant et se croyant toujours en veine. » — En le jugeant à un point de vue exclusivement littéraire, Balzac se montre d'une rigueur extrême à son égard et le classe dans la catégorie des écrivains qui, toujours pour la même cause, manquent d'éducation première : — « Jugé au point de vue littéraire, il manque à Nathan le style et l'instruction. Comme la plupart des jeunes ambitieux de la littérature, il dégage aujourd'hui son instruction d'hier. Il n'a ni le temps, ni la patience d'écrire ; il n'a pas observé, mais il écoute. Incapable de construire un plan vigoureusement charpenté, peut-être se sauve-t-il par la fougue de son dessin. » — Bref, une nature brillante, mais incomplète, riche, c'est-à-dire douée de belles qualités de prime saut, mais qui manquera toujours des éléments indispensables à l'entière réussite ; éminemment susceptible de tendresse et de passion ; bien faite d'ailleurs pour enthousiasmer une âme féminine et lui inspirer un sentiment durable.

C'est ce que Balzac avait supérieurement compris, de même qu'il avait vu tout le parti qu'il en pourrait tirer dans ses études sociales ; car l'œuvre dont nous nous occupons n'est pas seulement intéressante au point de vue du développement psychologique de Nathan, elle l'est encore et davantage peut-être au point de vue du développement psychologique de Mme Félix de Vandenesse, de la naissance de son amour pour l'écrivain. C'est en réalité l'histoire des amours d'une femme du grand monde pour un artiste, digne à plus d'un titre de faire naître un tel sentiment. On sait ce qu'est Mme de Vandenesse. Son enfance et sa première éducation ont été expliquées plus haut. Nous avons montré de quelle manière une éducation étroitement religieuse avait arrêté en elle l'expansion des sentiments qui naturellement se développent au cœur de la jeune fille ; comment elle s'était mariée pour fuir la maison paternelle (1). On

(1) Voir le chapitre des « Jeunes filles ».

conçoit ce que peut être l'influence de Nathan sur
Mme de Vandenesse : il représentera pour elle, pour
cette femme du monde, qui s'ennuie dans le monde,
la liberté d'appréciation, le talent personnel opposé
à la convention et à la mesquinerie environnante :
— « Il devait être et fut pour l'Ève ennuyée de son
paradis de la rue du Rocher, le serpent chatoyant,
coloré, beau diseur, aux yeux magnétiques, aux
mouvements harmonieux, qui perdit la première
femme. Dès que la comtesse Marie aperçut Raoul,
elle éprouva ce mouvement intérieur dont la violence
cause une sorte d'effroi. »

Ils se rencontrent dans un des salons les plus brillants de la haute société parisienne, et Balzac ne
manque pas cette occasion de marquer combien le
monde peut exercer de fatales influences sur un cerveau d'artiste, en éveillant chez lui une sorte particulière d'ambition qui n'est point de celles que devrait
susciter sa nature : — « Au fond de son cœur il
résolut de se jouer des opinions, à l'instar des de
Marsay, Rastignac, Blondet, Talleyrand le chef de
cette secte, de n'accepter que les faits, de les tordre
à son profit. — Mon avenir se dit-il, dépend d'une
femme qui appartienne à ce monde. » — De même
Mme de Vandenesse suit son rêve intérieur et sent
l'inévitable entraînement de son être vers Raoul
Nathan : entre eux commence alors l'éternelle histoire de l'amour-sentiment, tel que peuvent l'éprouver deux êtres délicats, nés avec des sens d'une
finesse exquise ; passe-temps délicieux pour Mme de

Vandenesse, perte de temps irréparable pour l'artiste :
— « La vie s'use, dit Nathan à Marie qui lui reproche
de ne pas assez l'aimer, et vous aurez en quelques
mois dévoré la mienne. Vos reproches insensés m'ar-
rachent aussi mon secret. Ah ! vous n'êtes pas aimée ;
vous l'êtes trop ! »

Par delà les œuvres arrêtons-nous à l'enseignement qui s'en dégage, à l'idée maîtresse qui y a présidé, à la conception d'ensemble que le romancier
eut de l'artiste; s'il y revient avec tant d'insistance,
si, dans le cours de ses ouvrages, une question semble
le préoccuper entre toutes, celle de la production,
c'est qu'il en a senti la gravité, tout aussi bien qu'il
a compris l'importance d'une hygiène mentale rigoureuse et exceptionnelle pour ces êtres d'exception
qui sont les hommes de pensée. Nous parlions plus
haut de cet amour de solitude, de cet isolement intellectuel qui fait la force et la grandeur des intelligences
d'élite. La vie entière de Balzac, cette vie uniquement consacrée au travail nous paraît aujourd'hui la
plus évidente démonstration de cette vérité d'âme.
Intimement convaincu qu'il n'y a pas de plus funeste
entrave au labeur de l'esprit que sa dispersion même,
et les entraînements mondains auxquels se trouvent
exposés la plupart des artistes, il posa comme un
principe de salutaire hygiène la règle de l'isolement,
et il se l'appliqua avec une sévérité dont aucun écrivain jusqu'alors n'avait donné l'exemple. La vie
intellectuelle — et en cela sa conception nous semble
juste — lui apparaît comme une sorte de précieux

trésor exposé aux perpétuelles indiscrétions d'une
société jalouse qui ne demande qu'à s'en emparer. Il
existe à cet égard dans la *Cousine Bette,* au milieu du
développement psychologique de Wenceslas Steinbock, cet artiste qui n'est autre que le Rubempré de
la sculpture, une page définitive, tant par la perfection
de la forme que par l'élévation de l'idée, confidence
suprême de Balzac sur cette question capitale : —
« Le travail moral, la chasse dans les hautes régions
de l'intelligence, est un des plus grands efforts de
l'homme. Ce qui doit mériter la gloire dans l'art, car
il faut comprendre sous ce mot toutes les créations
de la pensée, c'est surtout le courage, un courage
dont le vulgaire ne se doute pas, et qui peut-être est
expliqué ici pour la première fois... Penser, rêver,
concevoir de belles œuvres, est une occupation délicieuse. C'est fumer des cigares enchantés, c'est mener
la vie de la courtisane occupée à sa fantaisie. L'œuvre
apparaît alors dans la grâce de l'enfance, dans la joie
folle de la génération, avec les couleurs embaumées
de la fleur et les sucs rapides du fruit dégusté par
avance. Telle est la conception et ses plaisirs... Mais
produire, mais accoucher, mais élever laborieuse-
ment l'enfant, le coucher gorgé de lait tous les soirs,
l'embrasser tous les matins avec le cœur inépuisé de
la mère... mais ne pas se rebuter des convulsions de
cette folle vie, et en faire le chef-d'œuvre animé qui
parle à tous les regards en sculpture, à toutes les
intelligences en littérature, à tous les souvenirs en
peinture, à tous les cœurs en musique, c'est l'exé-

cution et ses travaux. La main doit s'avancer à tous moments, prête à tous moments à obéir à la tête... Le travail est une lutte lassante que redoutent et chérissent les belles et puissantes organisations. Un grand poète de ce temps-ci disait en parlant de ce labeur effrayant : « Je m'y mets avec désespoir et je le quitte avec chagrin. »

Il est rare qu'un artiste ne marque pas dans ses ouvrages, si impartial qu'il s'y manifeste, si discrètement caché derrière ce voile d'impersonnalité que G. Flaubert recommandait aux écrivains, les préférences de son esprit et les tendresses de son âme. C'est ainsi que dans cette peinture de la vie de province qui s'appelle la Rabouilleuse, peinture pleine de lâchetés et de bassesses, de turpitudes et de crimes, un type nous apparaît vraiment pur et noble, noble par l'intelligence et le talent, pur par le cœur : Joseph Bridau, le frère de Philippe. Ce n'est pas un personnage de premier plan, en ce sens que Balzac n'a pas voulu lui donner trop d'importance pour laisser leur « valeur » aux types principaux : Philippe Bridau et Flore Brazier; mais par son caractère de contraste, il mérite qu'on s'y arrête. Si Balzac, en effet, a concentré en Philippe Bridau toute la haine et le mépris que lui inspiraient la force brutale et la grossièreté du soldat, le romancier, aux yeux duquel la production intellectuelle représentait la suprême gloire, a incarné en Joseph Bridau l'artiste cher à son cœur. Il est bien l'idéal de l'artiste tel que le comprenait Balzac, et il est clair que l'écrivain a mis beaucoup de lui-même dans cette ébauche rapide, mais puissante. On trouve chez ce jeune peintre la vocation précoce, apparue dès le jeune âge, résistant aux objurgations des parents et aux difficultés des débuts, d'autant plus pénibles que la misère est proche. On y trouve ce sérieux et cette haute tenue d'une existence vouée tout entière au labeur, l'existence des véritables artistes. On y rencontre enfin cette générosité du cœur, cette impétuosité de sentiments, preuve de force et de surabondance de vie, digne accompagnement de la volonté tenace, le travail opiniâtre que nous avons observé déjà chez d'Arthez.

Voyez avec quel soin Balzac le pare de toutes les curiosités qui sont de nature à parfaire son éducation, à nous donner une haute idée de son intelligence : — « Il lisait beaucoup, il se donnait cette profonde et sérieuse instruction que l'on ne tient que de soi-même et à laquelle tous les gens de talent se sont livrés entre vingt et trente ans. » — Il se plaît à le différencier des rapins vulgaires, des spécialistes cloîtrés dans leur atelier, qui se refusent à ouvrir les yeux sur la scène perpétuellement transformée du monde.

Voilà pour sa supériorité intellectuelle; quant à sa supériorité morale, elle éclate en toutes les parties de l'œuvre, non point seulement par opposition avec la bassesse de Philippe, mais d'une manière absolue, telle qu'elle brillerait dans un milieu tout différent. Méconnu longtemps de sa mère qui ne pouvait com-prendre sa valeur, il ne lui en a pas voulu un instant,

se rendant compte que les choses étaient telles
parce que telles elles devaient être, et le jour où la
pauvre femme, à bout de tortures morales, voit enfin
la vérité et qu'en somme elle n'a jamais eu qu'un
enfant, le jour où elle comprend ses injustices et en
demande pardon à Joseph, il répond avec la bonhomie des grands cœurs : — « En voilà une charge !
Vous ne m'avez pas aimé ! Depuis sept ans ne vivons-
nous pas ensemble ? Depuis sept ans n'es-tu pas ma
femme de ménage ? Est-ce que je ne te vois pas tous
les jours ? Est-ce que je n'entends pas ta voix ? Est-ce
que tu n'es pas la douce et indulgente compagne de
ma vie misérable ? Tu ne comprends pas la peinture ?
Mais ça ne se donne pas. » — Tel il semble qu'aurait
été Balzac en des circonstances analogues ; tel nous
paraît le véritable artiste, noble et désintéressé,
bourru quelquefois dans ses manières, mais de cœur
haut et délicat !...

Le propre des créateurs de génie est de s'intéresser
à toutes les manifestations de la vie, de s'attacher
non seulement aux généralités, mais encore aux
exceptions, aux exceptions avec plus d'amour peut-
être, parce que la rareté leur prête un regain d'intérêt. Entre toutes, une des plus saisissantes est la
supériorité intellectuelle chez la femme, celle-là surtout qui se manifeste dans le domaine de la vie contemplative par la production artistique. Depuis que
l'humanité pense et traduit sa pensée sous forme
écrite, l'infériorité spirituelle de la femme a servi de
thème aux observations des écrivains et aux décla-

mations des philosophes; ces déclamations, elles peuvent toutes se résumer dans la phrase fameuse que le plus illustre des Misogynes aimait tant à répéter : — « Les femmes ont les cheveux longs et les idées courtes. » Montrer que les lois psychologiques les plus universellement vérifiées comportent des exceptions, montrer que parmi ces exceptions la plus rare et la plus intéressante, une femme de génie, peut se rencontrer, et faire de cette création l'objet d'une œuvre d'art, il y avait là de quoi tenter Balzac : la figure de Camille Maupin dans le roman de *Béatrix* a été le fruit de ses méditations sur ce sujet.

Une idée *à priori* devait nécessairement dominer cette conception et la rendre vraisemblable, comme elle la domine en fait et constitue la pensée maîtresse de l'œuvre : cette idée, c'était la *virilisation* à son maximum de la femme, qu'il nous montrera supérieure aux autres êtres de son sexe. Elle ne pouvait exister psychologiquement vraie, c'est-à-dire s'élevant au-dessus de la pure abstraction, que grâce à cette déformation voulue de sa nature intime, et à condition de l'élever au rang supérieur qu'occupe l'homme intellectuel dans l'ordre social. Tous les efforts de Balzac tendent en effet à la dégager de son sexe, à l'expliquer par des tendances, une éducation, un milieu qui sont en tous points la contre-partie des tendances, de l'éducation, du milieu, des circonstances habituelles de la femme. Son éducation d'abord : elle s'élève seule, en garçon, parmi les livres, surveillée par

un vieux parent archéologue qui l'abandonne à ses
instincts. La vie lui est révélée tout en *théorie ;* mais
si son esprit perd son innocence et sa pureté, l'âme
et le sentiment demeurent vierges chez elle : c'est un
développement purement spirituel, qui donne naissance aux *idées* et comprime les sentiments. La
nature lui apparaît donc en sa chasteté première, et
ces révélations sont exemptes du trouble inséparable
de l'initiation sentimentale.

C'est exactement, vous le voyez, l'inverse de l'éducation habituelle des femmes, qui arrivent aux idées
par le sentiment, chez lesquelles le développement
du cœur est généralement exclusif du développement
intellectuel, et pour qui à l'ignorance entière des
réalités de la vie succède brutalement une initiation
soudaine, d'autant plus dangereuse qu'elle froisse en
elles toutes les notions acquises. Nous n'avons pas à
insister sur ce point, l'ayant déjà fait dans des études
antérieures; rappelons simplement que la plupart
des personnages féminins étudiés dans le chapitre
des *Femmes malheureuses* subissent une crise dont
les causes sont précisément celles-là.

La virginité du sentiment est donc chez la future
Camille Maupin le résultat de sa nature et de son
éducation. — «Félicité n'avait aucune pente au mal :
elle concevait tout par la pensée et s'abstenait du
fait. » — La première conséquence d'une telle éducation est une conscience de sa supériorité, d'autant
plus nette que la jeune fille a vécu dans un milieu
provincial. La seconde est la crainte, l'horreur du

mariage qui ne peut lui sembler qu'un joug, le plus insupportable de tous, puisqu'il implique l'abdication de la volonté et de l'énergie féminine. La virilisation chez elle est même physique; Balzac la présente comme une beauté presque masculine : — « Elle a ce teint olivâtre au jour, et blanc aux lumières, qui distingue les belles Italiennes : vous diriez de l'ivoire animé. Ce visage plus long qu'ovale ressemble à celui de quelque belle Isis de bas-reliefs éginétiques... Le front est plein, large, renflé aux tempes, illuminé par des méplats où s'arrête la lumière, coupé comme celui de la Diane chasseresse, un front puissant et volontaire, silencieux et calme. La chute des reins est magnifique et rappelle plus le Bachus que la Vénus Callipyge... Là se voit la nuance qui sépare de leur sexe presque toutes les femmes célèbres; elles ont là comme une vague similitude avec l'homme; elles n'ont ni la souplesse ni l'abandon des femmes que la nature a destinées à la maternité. »

Si nous nous arrétions ici, la virilisation du personnage, tant au physique qu'au moral, serait complète et exclusive de toute féminéité. Mais Balzac n'a pas voulu qu'il en fût ainsi. Quelque virile qu'apparaisse Camille Maupin par l'intelligence et l'éducation, la nature ne l'a pas moins créée *femme* par le sentiment : c'est du contraste de ce sentiment et de cette intelligence que naîtra le drame intime qui est la raison d'exister du personnage. Car, en dernière analyse, c'est bien une femme, et une femme

malheureuse, cette Camille Maupin. Si nous l'avons
rangée parmi les artistes, c'est que sa valeur intellectuelle et la haute porté de son esprit permet-
taient difficilement de l'assimiler aux autres. Par la
puissance du sentiment, qui devient un motif de
cruelles tortures, elle mériterait une place entre
Mme de Mortsauf et Mme Graslin.

Quelles différences pourtant dans l'origine et la
manifestation première du besoin d'aimer entre
Camille Maupin et celles-ci! Tandis que, chez les
héroïnes du *Lys* et du *Curé de village,* la vie sentimentale a coexisté avec les premiers phénomènes
de l'existence consciente, tandis qu'elle en a été la
manifestation originale et unique, chez Camille
Maupin — et c'est là le propre des natures intellectuelles — la prépondérance de l'esprit et la faculté
d'observation ont étouffé le reste. Dès qu'elle a commencé à vivre, elle s'est regardée vivre, elle en a
oublié de sentir. Contresens manifeste pour une âme
de femme, mais contresens nécessaire, parce qu'il
est la marque distinctive de cette créature d'exception! Aussi par quelle cruelle revanche la nature
qui a toujours raison devait-elle reprendre ses droits!
c'est-là, à notre sens, la vue la plus originale de l'œuvre, la plus vivante assurément, et la mieux comprise
comme psychologie. Balzac résume les causes de la
crise et la fait pressentir en des pages qui méritent
le premier rang dans ses créations. Elle aime d'abord
un homme simplement beau; la supériorité de son
esprit l'en dégoûte vite, et elle s'éprend d'un artiste

qui complète son éducation, l'emmène avec lui, puis l'abandonne : là est l'origine de son talent et de sa puissance d'écrivain; elle raconte sa passion et compose un chef-d'œuvre : — « Elle était dans les plus violentes convulsions qui puisse agiter une âme aussi forte que la sienne, en se trouvant la dupe de son esprit, en voyant la vie éclairée trop tard par le soleil de l'amour, brillant comme il brille dans les cœurs à vingt ans. »

Alors prend place dans son existence l'amour de Calyste de Guénic, tendre et timide, ardent et généreux, sorte de Chérubin, mais plus noble que Chérubin, qui s'attache à elle passionnément et donnerait sa vie pour un instant d'amour. Ah ! si, répondant naïvement à cette naïve tendresse, repoussant loin d'elle toutes les raisons que lui suggère son esprit d'analyse, elle s'était abandonnée, si, entr'ouvrant les bras pour l'y recevoir, elle s'était donné simplement la peine de vivre et de goûter la vie, nul doute qu'en des instants de délices suprêmes elle eût connu de l'amour ce qu'il a de plus tendre et de plus innocent. Mais ici encore, son cœur est victime de son esprit : elle raisonne et réfléchit, alors qu'il lui suffirait de sentir : — « Je vous ai repoussé par égoïsme, lui dit-elle; tôt ou tard, l'âge nous eût séparés. » — Avec lui elle joue comme autrefois la comtesse jouait avec Chérubin. — « Une pureté comme la vôtre est si rare. Il me semble que pour caresser le duvet satiné de vos joues, il faut la main d'une Ève sortie des mains de Dieu. » — Mais la comtesse était plus osée qu'elle; elle était plus femme, n'étant que femme; peut-être aussi Chérubin était-il plus hardi?

De tels jeux néanmoins ne se continuent pas sans danger. Le cœur s'est illusionné un instant : il a cru qu'il s'agissait de protection et de maternité, alors que c'était bien d'amour; il s'est dérobé à la réalité, et quand il veut désespérément s'y rattacher, voici qu'il est trop tard et que l'image d'une rivale plus habile s'interpose entre lui et l'être aimé. N'est-ce pas là l'histoire de bien des femmes qui, n'ayant pas aimé lorsqu'elles étaient jeunes, puis ayant rencontré aux approches de la quarantaine une âme vierge s'offrant naïvement à elles, ont tremblé de la prendre et regretteront éternellement un bonheur qui, dans la vie, ne s'offre pas deux fois! Avec sa brutale et incisive franchise, Claude Vignon retourne le poignard dans la plaie de Camille : — « Quand hier je vous ai fait l'éloge des femmes de votre âge, en vous expliquant pourquoi Calyste vous aimait, croyez-vous que j'aie pris pour moi vos regards ravis, brillants, enchantés? N'avais-je pas déjà lu dans votre âme? Les yeux étaient bien tournés sur moi, mais le cœur battait pour Calyste. Vous n'avez jamais été aimée, ma pauvre Maupin, et vous ne le serez jamais après vous être refusé le beau fruit que le hasard vous a offert aux portes de l'enfer des femmes et qui tournent sur leurs gonds poussées par le chiffre 50! »

Elle joue un rôle sublime, presque impossible, et qui dépasse la portée de ce que conçoit le dévouement féminin. N'ayant pas su être l'amante, ne pouvant plus l'être maintenant, elle entreprend de rester la mère que, dans ses illusions d'autrefois, elle s'imaginait être uniquement. Calyste aime Béatrix de Rochide, et n'a plus qu'un désir : être aimé d'elle. Mais Béatrix, en coquette accomplie, ne voit dans la passion du jeune homme qu'une occasion de faire souffrir un nouvel amant et de le désespérer en irritant ses désirs. Camille Maupin se sacrifie à cet amour : elle conseille Calyste et lui montre comment il poura parvenir à ses fins. Quelque opinion que l'on puisse avoir, au point de vue de la vérité psychologique, d'un pareil dénouement — et j'avoue pour ma part qu'il me semble être la partie contestable de l'œuvre — il faut y voir encore une affirmation nouvelle de la *virilisation* du personnage de Camille. Une telle conduite n'est point le fait d'une femme : elle est trop noble et trop peu personnelle !...

Dans mainte œuvre de Balzac, au travers de ses nombreuses et complexes créations, le portrait du « poète » se trouve esquissé ; en inscrivant ici ce mot « poète », nous entendons l'employer non dans son sens étroit, mais dans sa plus large acception, dans son acception étymologique, comme synonyme de créateur, en quelque ordre que ce soit. Précisons davantage encore, et disons que Balzac désigne ainsi tout être né avec des facultés peu communes, en disproportion avec son milieu, en lutte par conséquent avec lui, et ne devant attribuer ses souffrances à d'autre cause qu'à ces facultés mêmes. Au cours de cette étude, nous avons vu l'artiste que la faiblesse de sa volonté empêche d'atteindre au but que semblaient présager ses brillantes facultés, Lucien de Rubempré et Wenceslas Steinbock; nous avons vu celui qui, joignant à la supériorité intellectuelle une valeur morale encore plus rare, présente l'exemplaire achevé d'un grand esprit : Joseph Bridau, et mieux encore Daniel d'Arthez. Qu'ils réussissent ou succombent dans leur destinée, un point leur est commun à tous; pour exprimer mon idée, il me suffira de dire, employant l'expression de Stendhal, qu'ils sont *différents* du milieu dans lequel ils se produisent; leurs aspirations sont en perpétuel désaccord avec ce milieu, et c'est là un germe de douleur qu'aucune puissance humaine ne saurait étouffer, puisqu'il faudrait pour cela, ou modifier leur esprit, ou refaire le milieu social dans lequel ils sont appelés à vivre !

Toutes les époques ont connu ce divorce, et si l'on peut dire que les littératures de tous les âges s'en sont préoccupées, il n'est pas moins juste d'ajouter que les écrivains modernes se sont complu à renchérir sur leurs devanciers. Depuis Chateaubriand jusqu'à Baudelaire, pour ne citer que des artistes de ce siècle, en passant par Shelley, Alfred de Vigny et Edgar Poë, ce thème a été repris et développé avec une éloquence plus ou moins grande. Nul mieux que ce dernier n'a précisé la cause de cette disproportion, et c'est à lui qu'il faut revenir quand on en veut connaître les origines et préciser la portée : — « Un ar-

tiste, a-t-il écrit, n'est un artiste que grâce à son
sens exquis du Beau, sens qui lui procure des jouissances enivrantes, mais qui, en même temps, implique un sens également exquis de toute difformité
et de toute disproportion. Ainsi un tort, une injustice
faite à un poète qui est vraiment un poète, l'exaspère
à un degré qui apparaît à un jugement ordinaire en
complète disproportion avec l'injustice commise. Les
poètes voient l'injustice, jamais où elle n'existe pas,
mais là où des yeux non poétiques n'en voient pas
du tout. »

Balzac n'a certes pas connu cette délicate analyse
du célèbre conteur américain; mais il ne paraît
pas téméraire d'affirmer que, s'il l'avait connue, il se
la fût appropriée sans hésitation, comme exprimant
une de ses plus intimes convictions. La précision de
formule, la brève concision d'Edgar Poë ne pouvait
être le fait de ce cerveau, puissant, mais lourd, ayant
besoin, pour se produire, de vastes étendues; il devait néanmoins arriver aux mêmes affirmations dans
l'analyse des personnages de roman auquel nous faisons allusion; il devait y aboutir plus impérieusement encore, lorsque, dans une œuvre de longue haleine, uniquement consacrée à la mise en œuvre de
cette idée, il allait pouvoir la prendre et la développer : j'ai nommé « Louis Lambert ».

Cette création, long martyrologe du « poète »,
est en même temps une *autobiographie*. Mais à cet
égard, il convient de s'expliquer et de ne pas donner
à ce mot plus de portée qu'il n'en doit avoir. C'est

une autobiographie avec *dédoublement de personnalité*. En effet, si la plupart des traits moraux prê-
tés à Louis Lambert peuvent être revendiqués par le
biographe comme appartenant en propre à Balzac, il
faut avouer qu'à plus d'un point de vue Louis Lambert diffère du Balzac que nous connaissons, que ses
œuvres nous ont fait connaître. Chose curieuse, ces
parties complémentaires de son esprit se retrouvent
très nettement dans l'esquisse du poëte dont il fait le
« famulus », l'*alter ego* de Louis ; c'est là ce qui justifie notre expression : *dédoublement de personnalité*.
De l'homme extraordinaire, de l'être marqué par le
sort pour une destinée anormale, Louis Lambert
présente l'enfance solitaire et rêveuse, ennemie des
jeux habituels à son âge, subissant la fatigue d'un développement cérébral exceptionnel, car il manifeste
dès ses premières années une précocité intellectuelle
et des facultés d'assimilation peu communes. Comme
son père, ou si vous aimez mieux son frère spirituel
Balzac, Louis Lambert a une intelligence de philosophe et de poëte ; du philosophe il a l'intense curiosité, le souci des causes et le don d'associer les idées ;
du poëte, l'ardente et suave imagination. Ses facultés
imaginatives nous semblent même les dignes rivales
de celles que nous admirons le plus dans l'histoire littéraire, et ses confidences nous rappellent les confidences
analogues d'écrivains illustres : — «Quand je le veux...
je tire un voile sur mes yeux... Soudain je rentre en
moi-même et j'y trouve une chambre noire où les
accidents de la nature viennent se reproduire sous

une forme plus pure que la forme sous laquelle ils sont d'abord apparus à mes sens extérieurs. » — Ne reconnaissez-vous pas dans une telle déclaration ce don de résurrection et d'obsession des images, cette forme particulière de vision psychologique qui constituait la qualité maîtresse d'un Flaubert et sur l'intensité de laquelle certaines confidences par lui faites, lorsqu'il écrivit l'empoisonnement d'Emma Bovary, ne peuvent laisser de doute : — « En lisant le récit de la bataille d'Austerlitz, j'en ai vu tous les incidents, les volées de canon ; les cris des combattants retentissaient à mes oreilles et m'agitaient les entrailles : je sentais la poudre, j'entendais le bruit des chevaux et la voix des hommes... ce spectacle me semblait effrayant comme un passage de l'Apocalypse. » — Dans les « Confessions du mangeur d'opium » de l'essayiste de Quincey, vous trouverez une déclaration exactement pareille, ainsi qu'en maint passage des œuvres d'Edgar Poë, avec cette différence toutefois que ces derniers n'atteignaient à cette prodigieuse obsession qu'à l'aide d'excitants artificiels, tandis que Louis Lambert — ici lisons Balzac — y arrivait naturellement et par le jeu normal de ses facultés. Joignez à ce trait psychologique l'amour du merveilleux, du surnaturel, « ce goût pour les choses du ciel », comme dit éloquemment Balzac, et vous posséderez les traits les plus saillants de son esprit !

Que pouvait devenir une organisation de cette nature dans l'épaisse et lourde atmosphère des collèges ?

Qu'y pouvait-elle faire, sinon s'étioler et souffrir? Tous ceux qui ont le sens de ce qu'on a si justement nommé l'aristocratie intellectuelle, et qui, arrivés à l'âge d'homme, après avoir mûri leur esprit sous l'influence d'une culture personnelle, se reportent vers ces années de jeunesse que le vulgaire appelle les plus heureuses de la vie, tous ceux-là se rappellent avec tristesse, sinon avec dégoût, cette promiscuité, cet enseignement égalitaire qui ne tient compte ni des tendances ni des aptitudes individuelles, cette grossière férule de maîtres aveugles, accomplissant leur besogne d'éducateurs comme une tâche de manœuvres. Tout ce qu'il y a dans l'enfant de délicat et de pur s'en trouve froissé; tout ce qui peut être la personnalité et la spontanéité d'un esprit s'ouvrant à la vie en est atteint. Dans ce milieu, un maître par hasard se révèle-t-il moins pédant, moins inintelligent que les autres, son influence est étouffée; elle demeure sans effet, parce qu'elle est trop exceptionnelle.

Si des natures simplement distinguées ou plus délicates que la masse ont souffert cruellement de cette éducation artificielle, quelles intolérables blessures s'imagine-t-on qu'ait pu endurer un esprit comme celui de Louis Lambert! Toute la première partie de l'œuvre est une peinture de la vie de collège avec ses misères et ses lâchetés, comme il n'en existe, que je sache, aucune autre plus exacte. La vile cruauté de l'enfant, la lourde inintelligence des maîtres, enfin et surtout l'isolement horrible du poète, tout cela est peint avec une vigueur et un relief qui nous prouvent à quel point l'illustre romancier avait lui-même l'expérience de cette vie, combien il en avait souffert, et avec quelle rancœur ses souvenirs le reportaient à cette période de son existence.

Les renseignements (1) que nous possédons sur cette existence d'enfant correspondent aux traits les plus saisissants sur lesquels Balzac insiste dans l'analyse du caractère de Louis Lambert; ils peuvent se résumer par le mot que nous inscrivions au début : *différence*. Différence entre Louis Lambert et les maîtres qui l'oppriment : — « Notre indépendance, nos occupations illicites, notre fainéantise apparente, nous valurent la réputation incontestée d'être des enfants lâches et incorrigibles. Nos maîtres nous méprisèrent. » — Différence avec les camarades qui deviennent des instruments d'oppression. « L'instinct

(1) Nous avons sur toute cette période, et pour confirmer l'hypothèse *d'autobiographie* qui paraît si vraisemblable, des renseignements intéressants, recueillis par M. de Lovenjoul auprès du directeur du collège où Balzac fut élevé. Aux questions posées par lui sur les aptitudes de Balzac, il fut ainsi répondu : — « Pendant les deux premières années, on ne pouvait rien tirer de lui, ni leçons ni devoirs : répugnance invincible à s'occuper d'aucun travail commandé. Il a passé la plus grande partie de ce temps en pénitence, soit dans sa cellule, soit dans un bûcher où il fut enfermé une semaine entière. On le regardait comme l'inventeur, du moins pour le collège de Vendôme, de la plume à trois becs, avec laquelle il avait coutume de faire ses pensums... Il lui vint ensuite la pensée de devancer les occupations des classes de grammaire, par des compositions anticipées, telles qu'il en voyait faire ou en entendait lire aux séances publiques par les seconds et les rhétoriciens. Aussi dès la quatrième sa réputation d'auteur était faite ; son pupitre était encombré de paperasses. »

si pénétrant, l'amour-propre si délicat des écoliers
leur fit pressentir en nous des esprits situés plus
haut ou plus bas que n'étaient les leurs. De là, chez
les uns, haine de notre muette aristocratie; chez les
autres, mépris de notre inutilité. »

Au milieu de ces souffrances et comme première
compensation, nous découvrons ce sentiment de supériorité fait de la conscience d'une réelle valeur, sentiment qui a suffi pour soutenir bien des âmes nobles.
Eût-il suffi pour soutenir Louis Lambert, parmi les
crises de ces années d'enfance, et pour le réconforter
dans l'abandon moral où il vivait ? Cela n'est guère
probable, et s'il fût alors demeuré seul et sans appui,
le suicide eût été sans doute l'aboutissement logique
de sa destinée. De semblables natures ne vivent pas
uniquement par l'intelligence. Si hautes et si puissantes que soient leurs facultés spirituelles, il faut à
ces âmes d'élite un objet digne de leur affection.
Lambert est un philosophe, mais il est aussi, ne
l'oublions pas, un poète doublé d'un artiste; à ce
titre, et tel que Balzac nous le dépeint, il ne peut se
passer d'aimer; il ne peut se passer d'une âme véritablement sœur et qui vibre à l'unisson de la sienne.
Dans son isolement, il la rencontra, cette âme, et
entre eux il se fit des échanges intellectuels tels que
l'histoire littéraire nous en offre de rares et magni-
fiques exemples. Entre eux s'opéra cette communion
spirituelle qui compte parmi les biens les plus précieux d'ici-bas, parmi les plus nobles aussi, puisqu'elle est exempte de tout intérêt; quelque chose

de ce que ressentirent l'un pour l'autre Montaigne et la Boëtie, Flaubert et Lepoittevin. Pythagore et le poète, également solitaires, également désolés allèrent l'un à l'autre avec cette spontanéité qui attire les esprits semblables : ils ne pouvaient faire autrement que de penser ensemble, de se communiquer leurs rêveries.

Ne sont-ce point là les légitimes compensations du poète ? Et de même qu'à certaines heures les enivrantes délices de la volupté peuvent consoler du mal d'aimer, de telles joies inconnues du vulgaire lui font oublier la douleur de vivre. Joignez-y, si vous voulez avoir une idée complète du personnage, la faculté de contemplation portée à sa plus haute puissance, cette faculté souveraine de sortir de soi-même, de se dédoubler et de vivre dans le rêve, grâce à ce pouvoir qu'on a si justement nommé l'imagination sympathique. De là à la création artistique il n'y a qu'un pas, puisque cette imagination est la condition de la naissance et de la persistance en notre cerveau des éléments affectifs dont l'harmonieuse combinaison produit les œuvres d'art. Il y a une phrase au cours du roman qui en dit long sur cet état d'âme propre aux poètes et aux artistes : — « Sens-tu comme moi, me demanda-t-il un jour, s'accomplir en toi, malgré toi, de fantasques souffrances ? Si, par exemple, je pense vivement à l'effet que produirait la lame de mon canif en entrant dans ma chair, j'y ressens tout à coup une douleur aiguë, comme si je m'étais réellement coupé : il n'y a de moins que le sang. »

L'examen des doctrines philosophiques de Louis Lambert trouvera sa place dans une autre étude, où nous l'envisagerons à un point de vue exclusivement intellectuel, car, si difficile qu'il puisse paraître de séparer l'homme du penseur, la chose est pourtant nécessaire, si l'on veut avoir des deux une idée complète et d'ensemble. Une fois sorti du collège, Lambert aborde le monde, et l'on sent, dès ses premiers essais, qu'il sera aussi malhabile à s'y frayer une route qu'il a été malhabile à le faire dans cette petite société en réduction qui est l'intérieur d'un collège. Le divorce continue entre sa nature et la société, et la principale cause en est l'impossibilité pour lui de se plier à l'*action*. En cela il est bien de son siècle et nous apparaît la preuve vivante d'une vérité depuis longtemps démontrée : plus nous allons en effet, et plus s'accentue la différence entre les hommes de pensée et les hommes d'action. Ce beau rêve si souvent caressé et réalisé autrefois, en des temps d'énergie plus intense, d'une vie également grande par la pensée et par l'action, ce rêve que fit Balzac lui-même — car en cela, il faut bien le dire, il diffère essentiellement de Louis Lambert — nous semble aujourd'hui complètement irréalisable. L'homme qui agit et l'homme qui pense se rencontrent et ne se reconnaissent plus, quand ils ne se vouent pas mutuellement à l'anathème. Le mépris de celui-ci pour celui-là n'a d'égal que le dédain du premier pour le second. Cet état de choses a des causes profondes qu'il serait intéressant d'étudier, qui d'ailleurs ont été déjà examinées. Quoi qu'il en soit et pour revenir à Louis Lambert, l'action ne pouvait être son fait; dès l'abord, il y a renoncé. De même qu'il étouffait dans la lourde atmosphère des collèges, il se sent mal à l'aise au milieu du combat pour la vie. L'existence des villes, avec ses conditions artificielles, répugne à sa nature : il était né pour se développer au sein de la nature : — « L'homme qui combat et qui souffre en marchant vers un noble but, présente certes un beau spectacle; mais ici, qui se sent la force de lutter? Je ne me craindrais pas dans une grotte au désert, et je me crains ici... Le monde est impitoyable pour l'inventeur, pour tout homme qui médite. Ici tout doit avoir un résultat immédiat, réel : l'on s'y moque des essais d'abord infructueux qui peuvent mener aux plus grandes découvertes, et l'on n'y estime pas cette étude constante et profonde qui veut une longue concentration des forces. »

Que de vérités lumineuses dans ces vue d'ensemble sur la vie en société! Que de vérités dont les artistes sincères, Balzac tout le premier, ont fait et feront éternellement l'expérience! Mais, il faut bien dire le mot, Lambert n'était pas né pour la lutte, même pour cette lutte sourde et silencieuse que soutient l'artiste en vue du triomphe de son œuvre! Ici encore Louis Lambert n'est plus Balzac. Il n'a pas ces qualités de résistance tenace qui ont permis à l'un de s'affirmer et de vaincre, faute desquelles l'autre succombera, malgré la supériorité de son esprit. Louis Lambert était né mal armé pour la vie, et la vie implacable le repousse comme un organisme incomplet!...

C'est *qu'ils furent toujours* rares et exceptionnels, ajoutons : c'est qu'ils apparaissent de moins en moins fréquents, les artistes présentant cet harmonieux équilibre des facultés mentales dont les époques de grande production nous ont laissé l'exemple. A mesure que s'est affiné le sens de la vie, à mesure que la sensibilité frémissante de ces êtres anormaux qui ont pour mission d'exprimer la Beauté s'est trouvée en contact plus direct avec les épreuves journalières, leur faculté de résistance et de vouloir s'est atrophiée et comme émiettée. Il en est résulté une manière toute spéciale et particulièrement fine de goûter l'existence, toute une sensibilité intellectuelle se manifestant en des œuvres que les vrais artistes auraient mauvaise grâce à regretter, puisqu'elles représentent la plus précise comme la plus délicate notation de leur façon d'aimer et de sentir. Il est permis néanmoins de regarder vers l'avenir, puisque l'œuvre du grand romancier nous y convie, et tout en chérissant *ce qui fut* d'une tendresse peu suspecte, nous avons l'obligation de nous demander *ce qui sera*. Il n'est pas besoin d'être grand prophète pour marquer quelques-unes au moins des conditions qui paraissent indispensables à un mouvement d'art réformateur. Il semble bien qu'une des premières, sinon des plus importantes, doive être de se retremper aux sources vivifiantes d'énergies nouvelles, et parmi ces énergies, il n'en sera peut-être pas de plus fécondes que celles dont nous voyons poindre les premiers résultats dans les transformations sociales. Il peut sembler difficile, pour ne pas dire plus, à des esprits dont les croyances se rattachèrent obstinément à un idéal d'art aristocratique, d'entrevoir comme possible un avenir aussi directement contraire à ce qui fut la religion de leur jeunesse enthousiaste, et pourtant ils ne sauraient, sans encourir le reproche de tenir les yeux volontairement fermés sur ce qui est, méconnaître des transformations dont les conséquences s'étendront, n'en doutons pas, à la production même de l'œuvre d'art, comme aux conditions de sa durée!

CHAPITRE VIII

LA VIE BOURGEOISE

Principe d'esthétique moderne posé par Balzac : L'imagination sympathique peut s'attacher à toute classe sociale. — La bourgeoisie : *César Birotteau*. — Le bourgeois : Sens spécial donné au mot. — Mélange d'honnêteté stricte, de simplicité d'esprit et de vanité. — Rapprochement entre Birotteau et *Homais* : Homais, caricature de Birotteau.

La femme dans la bourgeoisie : *Mme Birotteau*. Sa supériorité de jugement. — La femme dans le peuple. — Élévation morale de Mme Birotteau : Elle est la *femme forte*. — Sa supériorité sur son milieu.

Ridicules de Birotteau, rachetés par ses vertus : Birotteau *grandi par le malheur*.

Le *parvenu : Crevel*. — Points communs entre Crevel et *M. Prudhomme*. — L'esprit satirique de Balzac. Crevel n'est plus seulement un portrait : c'est une caricature.

La classe bourgeoise. Études de groupes : *Les petits bourgeois*. — Encore l'esprit satirique : *Thuillier : L*'employé de bureau. — *Minard :* L'inventeur de lieux communs. — *Phellion :* L'honnêteté niaise. — *Colleville :* L'esprit capable et gausseur.

La Peyrade : Comment il domine ce groupe. — Ses relations avec *Mme Colleville*. — La bourgeoise en quête d'émotions. — Le *comédien* dans La Peyrade. — Comment il est passé maitre en l'art de tromper la femme. — Procédé infaillible : emphase et exagération du sentiment.

Dans les premières pages de *César Birotteau*, Balzac écrit : — « Puisse cette histoire être le poème des vicissitudes bourgeoises, auxquelles nulle voix n'a songé, tant elles semblent dénuées de grandeur, tandis qu'elles sont au même titre immenses. Il ne s'agit pas d'un seul homme ici, mais de tout un peuple de douleurs. » — Cette phrase perdue au milieu du récit des malheurs de César Birotteau pourrait servir d'épigraphe à l'œuvre entière, car elle indique l'esprit dans lequel elle a été composée, en même temps qu'elle révèle sa portée. Elle en indique d'abord l'esprit, esprit d'universelle enquête, de curiosité générale, s'étendant à toutes les manifestations de la vie ; elle révèle cette sympathie sans bornes, le mot étant employé dans sa plus haute acception, qui se réfère à tout ce qui souffre, à tout ce qui vit, et ne considère aucune douleur comme indigne de retenir son attention.

Exprimer une pareille idée, c'est toucher à l'universalité qui caractérisait Balzac, qu'il devait à cette faculté d'intuition en quelque sorte illimitée, grâce à laquelle son intelligence a pu embrasser tous les groupes d'individus qui s'agitent depuis les bas-fonds jusqu'aux sommets de la société. C'est enfin toucher à un point capital de l'évolution littéraire moderne, poser un principe d'esthétique qui a réagi sur la production intellectuelle de notre époque avec une autorité incontestable, à savoir que, dans le domaine des sentiments, il ne pouvait y avoir de négligeable pour l'artiste que ceux dont la peinture ne cadrait point avec son tempérament personnel, autrement qu'il devait s'arrêter à toutes les classes sociales et à toutes les catégories d'individus, qu'il n'existait plus de groupes qu'on pût qualifier de *non esthétiques*, c'est-à-dire qui ne devinssent susceptibles d'être transfigurés par l'éclat du rayon poétique. C'est en quelque sorte un principe d'affranchissement que pose Balzac, c'est en tout cas un cri de réaction qu'il pousse en faveur de la liberté. Nous n'avons pas à examiner ici jusqu'à quel point les disciples du maître ont outré les conséquences d'une doctrine dont il s'était fait l'éloquent défenseur, jusqu'à quel point, forts de son exemple, ils ont donné dans de regrettables excès et *défiguré* en quelque manière son idéal esthétique. Ce que nous pouvons dire simplement, c'est que dans la phrase de Balzac se trouve enfermée l'expression juste et précise d'une vérité théorique dont il s'est chargé dans ses œuvres de démontrer la rigoureuse exactitude : — « Il ne s'agit pas d'un seul homme ici, mais de tout un peuple de douleurs. » — Ce qu'il a voulu représenter, ce n'a point été seulement Birotteau, mais toute la catégorie des individus qui de près ou de loin avoisinent celui qu'il désigne de ce nom et qu'il choisit comme héros.

Nous aurons à revenir plus tard, quand il nous faudra résumer son génie, sur le haut caractère de généralité dont sont empreintes ses créations. Nous y trouverons alors une occasion de marquer par quels traits il se distingue d'une foule d'écrivains qui se sont réclamés de lui avec énergie et dont le procédé de conception diffère radicalement du sien. Il nous suffira pour l'instant de le laisser entrevoir, ce procédé de conception qui est celui de tous les *intuitifs* et conduit aux généralisations.

Qu'est-il en effet, ce César Birotteau, sinon une *synthèse* de l'âme bourgeoise, la réunion en un seul personnage des qualités et des défauts correspondants, caractéristiques de cette âme bourgeoise? Synthèse non point factice et artificielle, aboutissant à une création abstraite, dépourvue de vie, mais bien au contraire à une création débordante de vie qui s'impose à l'esprit avec tout son relief moral et physique. Et qu'on n'entende pas ici ce mot « bourgeois » dans le sens étroit que lui ont prêté certains littérateurs de cette seconde moitié du siècle. En considérant Birotteau comme l'incarnation du bourgeois, Balzac s'est attaché à une catégorie d'individus représentant cette classe de la société qui est arrivée par le travail à l'aisance où à la fortune. Birotteau quitte son pays avec un louis dans sa poche; il débarque à Paris où il se place comme garçon de magasin et homme de peine; l'existence lui est rude pendant les premiers temps; peu à peu, grâce à son assiduité, il gagne la confiance de ses maîtres et voit augmenter son salaire. Son ambition se borne à amasser une certaine somme pour s'en retourner vivre à la campagne. Mais voici que cette âme simple se prend à aimer, et au moment où l'amour l'envahit, c'est avec la spontanéité et l'inconscience des natures primitives, avec ce caractère sérieux, presque tragique, que revêt l'instinct sexuel chez l'homme du peuple et le paysan. Il épouse celle qu'il a choisie, et le lien d'affection qui les unit est si fort que vingt années après leur mariage, sa femme peut s'écrier, après un doute passager sur sa fidélité, cette phrase pleine à la fois d'injustice et de vérité profonde : — « Aurait-il une maîtresse? *Il est trop bête*, reprit-elle, et il m'aime trop pour cela! » Il est trop bête : c'est-à-dire, il a une âme trop simple, trop une, trop peu complexe pour désirer un bonheur différent de celui qu'il goûte, pour s'imaginer des plaisirs autres que ceux qu'il a ressentis.

Honnête et rangé dans sa vie privée, il est dans son commerce un modèle de probité et de conscience; merveilleusement secondé d'ailleurs par une femme qui lui est supérieure, comme il arrive presque toujours dans cette classe, il voit sa fortune s'accroître et son bien-être augmenter. Considéré par tous ceux qui l'approchent, il devient juge consulaire, et ce premier honneur l'aveugle sur son propre mérite — car nous touchons ici à la plaie secrète de sa nature : cet amour des dignités, ce désir de paraître, d'être quelque chose, qui envahit les esprits médiocres, leur faisant voir un idéal de vie pour lequel ils ne sont point nés. Du parvenu il a toutes les insuffisances et toutes les médiocrités; le portrait que Balzac fait de son esprit touche à la caricature, quoiqu'il nous apparaisse saisissant de vérité : — « Il épousa facilement le langage, les erreurs, les opinions du bourgeois de Paris, qui admire Molière, Voltaire et Rousseau sur parole, qui achète leurs œuvres sans les lire, qui soutient que l'on doit dire *ormoire*, parce que les femmes serraient dans ces meubles leur *or* et leurs robes autrefois presque toujours en moire, et que l'on dit par corruption « armoire » . Potter, Talma, Mlle Mars étaient dix fois millionnaires et ne vivaient pas comme les autres hommes ; le grand tragédien mangeait de la chair crue, Mlle Mars faisait parfois fricasser des perles pour imiter une célèbre actrice égyptienne. Les écrivains, les artistes mouraient à l'hôpital par suite de leur originalité ; ils étaient d'ailleurs tous athées ; il fallait bien se garder de les recevoir chez soi. » — Qui ne reconnait à ces traits, grossis sans doute par la vision du créateur, le type de l'esprit médiocre, de l'intelligence étroite et bornée? Nous avons tous connu des Birotteau, et qu'est-ce autre chose, par exemple, cet *Homais* de Mme Bovary, qu'un Birotteau d'ordre inférieur, avec la probité et la délicatesse de cœur en moins? C'est par là en effet que Birotteau se relève à nos yeux ; cette beauté morale, dont nous aurons plus tard à noter des exemples, cette générosité d'âme lui communique je ne sais quoi de respectable qui retient le sourire sur les lèvres et arrête le sarcasme. Balzac indique la contradiction entre son intelligence et son cœur, et la résume ainsi : — « Un homme pusillanime, médiocre, sans instruction, sans idées, sans connaissances, sans caractère, et qui ne devait point réussir sur la place la plus glissante du monde, arriva par son esprit de conduite, par le sentiment du juste, par la bonté d'une âme vraiment chrétienne, par amour pour la seule femme qu'il eût possédée, à passer pour un homme remarquable, courageux et plein de résolution. »

A un tel homme, que son ambition devait perdre, le hasard avait donné la femme qui seule, par sa sagesse, fût capable de l'arrêter sur la pente funeste où il devait s'engager; car, aussi bien que César Birotteau résume en sa personne toute une classe d'individus, Mme Birotteau résume toute une catégorie de femmes, j'entends ces bourgeoises honnêtes et rangées qui par leur initiative et leur intelligente activité contribuent, mieux que toute autre cause, à la prospérité du ménage, dont elles représentent la moitié la plus éclairée. Inférieure en effet, dans les classes élevées de la société, à l'homme qui la domine par la hauteur de ses vues, la portée de son intelligence et cet ensemble de facultés créatrices dont il semble avoir été seul doué, la femme, dans la classe moyenne et surtout dans le peuple, lui est infiniment supérieure par la finesse de sa nature, la délicatesse de ses instincts, ce je ne sais quoi de délié qui lui permet de voir clair là où il est aveugle, de saisir des nuances là où il en est empêché par sa grossièreté native et son manque de tact. Voilà ce que Balzac avait senti et ce qu'il a réussi à montrer en créant le personnage de Mme Birotteau. Assurément si un être au monde avait pu arrêter Birotteau, sa femme l'eût fait; voyez, lorsque le boutiquier grisé par ses premiers succès et sa rapide fortune lui expose ses rêves d'avenir et ses ambitions bourgeoises; tandis que vous ne découvrez chez Birotteau

que prétentions et ridicules, vous ne rencontrez chez
sa femme que bon sens et tact. César lui fait part de
ses visées politiques qu'il lui expose avec l'empha-
tique orgueil du parvenu : « — Tiens, Birotteau,
sais-tu ce que je pense en t'écoutant? Eh bien, tu me
fais l'effet d'un homme qui cherche midi à quatorze
heures. Souviens-toi de ce que je t'ai conseillé quand
il a été question de te nommer maire : ta tranquillité
avant tout. Tu es fait, t'ai-je dit, pour être en évidence, comme mon bras pour faire une aile de mou-
lin. Les grandeurs seraient sa perte. » Et plus loin,
quand Birotteau lui conte ses rêves de fortune, ses
projets de spéculation sur les terrains : — « Voilà
donc les beaux projets que tu roules dans ta caboche
depuis deux mois sans vouloir n'en rien dire. Je viens
de me voir en mendiante à ma propre porte : quel
avis du ciel! Dans quelque temps il ne nous restera
que les yeux pour pleurer. Jamais tu ne feras ça, moi
vivante, entends-tu, César? Il se trouve là-dessous
quelque manigance que tu n'aperçois pas. Tu es trop
probe et trop loyal pour soupçonner des friponneries
chez les autres!... Tiens, ces gens-là veulent ton
argent. » — Il semble au premier abord qu'il y ait
dans ces paroles quelque amertume, quelque âpreté,
quelque chose de cet ascendant dominateur que
l'épouse tente d'exercer sur celui que la société lui
a donné pour maître. N'y voyez, bien au contraire,
que le bon sens, le tact délicat de la femme, plus
intelligente que son mari, qui comprend le danger
de vouloir s'élever, qui pressent l'improbité, l'indéli-

catesse, compagnes des spéculations. D'ailleurs, elle
baisse vite le ton, car elle est avant tout soumise et
résignée : — « Allons, calme-toi, tu es le maître,
après tout. Cette fortune, tu l'as gagnée, n'est-ce pas ?
Elle est à toi, tu peux la dépenser. Nous serions
réduites à la dernière misère, ni moi ni ta fille nous
ne te ferions un seul reproche. » — Mme Birotteau
est tout entière dans cette phrase, avec sa vertu
modeste et ces qualités de résignation qui constituent la *femme forte* au sens où l'entendent les
Écritures. Jamais elle ne sortira de la voie que lui
marquent son devoir d'épouse et sa conscience de
femme honnête. Simple et noble incarnation de toute
une classe d'êtres que la destinée condamne à d'obs-
cures infortunes et qui demeurent jusqu'à la fin supérieurs à leur milieu social !

Une fois engagé sur cette pente fatale, Birotteau se
précipitera à la ruine avec l'inconscience et la rapidité prévues par sa femme. Il a donné sa parole pour
les achats de terrains ; il signe le contrat et confie
ses fonds, le fruit de ses économies pendant vingt
ans, au notaire Roguin qui s'enfuira par la suite.
Atteint de la folie des grandeurs, il veut que son
intérieur soit en harmonie avec ses rêves d'ambition :
il y dépense en décorations, ameublement et frais
d'aménagement près de soixante mille francs.
Mme Birotteau ne dit rien, mais sa tristesse augmente ;
elle a le pressentiment d'une catastrophe ; elle se
mine sourdement, et tout ce qu'elle peut faire, c'est
de conserver à son mari l'amour et la fidélité dont

elle ne s'est jamais départie. Birotteau voit toutes choses à travers le prisme de son ambition, et cet homme qui avait amassé une fortune grâce à la plus stricte économie, à la plus sage prudence, qui avait mis vingt années à se constituer un capital, en vient à ne plus calculer, à compter sur les chances problématiques des spéculations pour combler le vide de sa caisse. En même temps que ses ambitions augmentent et que sa ruine se prépare, ses prétentions vaniteuses se dessinent plus nettement ; la phraséologie de son langage prend les proportions du haut comique. Elle se manifeste en traits inoubliables qui sont demeurés typiques et presque proverbiaux. Il va trouver Vauquelin, le célèbre chimiste, pour lui faire part d'une découverte, lui demandant ses conseils avant de l'appliquer à son industrie. — « Vois, mon garçon, dit-il à Popinot, le commerce est l'intermédiaire des productions végétales et de la science. Angélique Madou récolte, M. Vauquelin extrait, et nous vendons une essence. Les noisettes valent cinq sous la livre. M. Vauquelin va centupler leur valeur, et nous rendrons peut-être service à l'humanité, car si la vanité cause de grands tourments à l'homme, un bon cosmétique est alors un bienfait... Sois respectueux, Anselme, dit-il en entrant dans la rue où demeurait Vauquelin, nous allons pénétrer dans le sanctuaire de la science. » Lorsque l'ancien juge consulaire reçoit la décoration et qu'il revient chez lui après avoir été présenté à M. de Lacépède, le grand chancelier : — « Ma femme, dit-il, M. de

Lacépède est un grand homme; oui, autant que
M. Vauquelin : il a fait quarante volumes. Mais aussi
est-ce un auteur pair de France! N'oublions pas de lui
dire : votre seigneurie ou monsieur le comte. » — Si
maintenant nous arrivons à la soirée de César, qui
termine et résume la première partie de ce drame
intime, nous y trouvons les plus accomplies des peintures qui aient été faites de ce milieu bourgeois, auquel Balzac s'attachait avec amour, comme il s'était
attaché à celui des hautes élégances parisiennes
et de l'aristocratie. De ce milieu, il a su dire les
petitesses et les ridicules, mais il en a proclamé aussi
les grandeurs ignorées et les mérites méconnus : —
« C'était bien cette bourgeoisie qui habille ses enfants en lancier, qui achète *Victoires et conquêtes,* le
Soldat laboureur, admire le *Convoi du pauvre,* se
réjouit le jour de garde, va le dimanche dans une
maison de campagne à soi, s'inquiète d'avoir l'air
distingué, rêve aux honneurs municipaux; cette
bourgeoisie jalouse de tout, et néanmoins bonne, serviable, dévouée; dupe de ses vertus et bafouée pour
ses défauts par une société qui ne la vaut pas, car
elle a du cœur précisément parce qu'elle ignore les
convenances. »

César aux prises avec le malheur! c'est ainsi que
Balzac intitule la seconde partie du roman. *César
grandi par le malheur,* ainsi aurait-il pu l'appeler!
Du moins telle est l'impression qui se dégage à la
lecture de cette seconde phase de sa vie; nous ne
voyons chez ce héros des mœurs de la petite bour-

geoisie qu'une représentation accomplie des ridicules et des infériorités de sa classe; dans la seconde,
par contraste la beauté morale et la rigide honnêteté
du commerçant tombé donnent je ne sais quelle tragique grandeur et quelle étrange poésie à sa destinée
misérable. La ruine commence et les malheurs
l'accablent; les factures affluent, il faut les payer
sans délai : à peine s'il lui reste quelque argent dans
sa caisse; il se voit contraint de réclamer à sa clien-
tèle tout ce qu'elle lui doit. Un dernier désastre
s'abat sur lui : il apprend que le notaire auquel il
avait confié ses fonds a disparu, emportant son
argent. La douleur est trop forte pour sa pauvre cer-
velle, et la maladie mentale s'empare de lui. Il
échappe à la mort; mais à peine convalescent, voici
qu'il lui faut lutter à nouveau pour prévenir la fail-
lite, le déshonneur du commerçant. Alors commencent ces démarches humiliantes, ces demandes de
crédit aux banquiers, véritable chemin de croix dont
il connaîtra toutes les angoisses : chez les Keller
d'abord, où il lui est dit que « les affaires ne reposent
pas sur les sentiments » ; chez son ancien commis du
Tillet, qui, parvenu à la fortune par des spéculations
véreuses, l'écrase de son luxe insolent et de sa vanité
de viveur. Du Tillet a tenté autrefois de séduire
Mme Birotteau, et Mme Birotteau lui a résisté; il a
soustrait à son patron 3,000 francs, et celui-ci a bien
voulu fermer les yeux ; ce sont là choses qu'il n'a pas
oubliées, et il a juré la ruine de Birotteau. Pourtant
le récit de ses malheurs semble l'apitoyer, et peut-

être va-t-il le secourir ; mais Birotteau gâte tout en lui rappelant le passé : — « Du Tillet, dit avec emphase et gravité le bonhomme en se levant, je te rends toute mon estime. » — Du Tillet ne lui pardonnera pas cette phrase qui l'atteint en plein cœur et envoie Birotteau à Nucingen, qui se joue de lui. Abreuvé d'outrages, rassasié de douleurs, il se voit obligé de déposer son bilan, et la scène dans laquelle Balzac le montre prenant cette résolution suprême est une des plus dramatiques de l'œuvre. Un seul parti lui reste à prendre : se faire oublier, travailler avec acharnement et désintéresser ses créanciers à force de labeur et de veilles. Birotteau se révèle alors dans toute sa beauté morale et sa scrupuleuse honnêteté. Servi d'ailleurs par les circonstances et par le dévouement des âmes généreuses qui l'entourent, il atteint au but qu'il s'est proposé : la réhabilitation du failli. Ce jour-là, la joie l'étouffe, et il meurt étranglé par l'anévrisme.

A le bien prendre et pour conclure, il y a dans cette existence plus de grandeurs que de petitesses ! La noblesse du cœur fait oublier les ridicules de l'esprit, et le personnage se trouve transfiguré à nos yeux par sa conduite en face de l'adversité. Le sentiment de l'honneur, poussé au point où il se rencontre chez Birotteau, n'est pas éloigné de valoir certaines vertus que le monde traite de sublimes et auxquelles il élève des statues. Seulement, comme son champ d'action est limité dans le cercle étroit des intérêts domestiques, il demeure à jamais ignoré et ne trouve sa récompense que dans l'estime de soi-même et les satisfactions de la conscience...

Il est un autre personnage qui a servi de plastron aux railleries de Balzac et qui, celui-là, nous paraît bien l'exemplaire achevé des ridicules et des petitesses de l'esprit bourgeois : c'est Crevel. Sans doute il offre plus d'un trait commun avec César Birotteau, mais l'accentuation de son type dans le sens du *parvenu* l'en différencie totalement. Il est à la fois supérieur et inférieur à Birotteau : supérieur par l'éducation qu'il a reçue, par les milieux dans lesquels il s'est développé; inférieur, car il n'a rien de cette noblesse de cœur, de cette scrupuleuse honnêteté qui fait presque un héros de l'infortunée victime de l'honneur commercial; inférieur enfin parce que la vanité ridicule dont il nous apparaît bouffi, cette vanité qui l'accompagne dans tous les actes de sa vie, et qui communique à sa personne une sorte de grotesquerie solennelle, empêchera toujours l'indulgence de se fixer sur lui.

Du « parvenu », disions-nous, il présente tous les ridicules. Il a l'amour de ce qui est riche et voyant, semblable par là aux enfants et aux sauvages qui tendent désespérément la main vers ce qui brille; c'est même le seul trait qu'il puisse avoir de commun avec les âmes primitives, car tout en lui est artificiel, et il n'est point jusqu'aux naïvetés de son misérable esprit qui ne nous paraissent acquises et voulues. Il a ambitionné les honneurs bourgeois : ancien adjoint, garde national et maire, il a rempli ses devoirs avec la gravité digne qui caractérise le citoyen investi de fonctions dont il se plaît à exagérer l'importance pour s'en bien pénétrer. Il en a conservé cet air de haute supériorité, de parfaite suffisance qui se traduit en duretés à l'égard de ceux qui socialement sont ses subordonnés, mais n'hésite pas à condescendre jusqu'à l'humilité la plus basse dans les rapports avec ses supérieurs. Sur toutes choses il expose des vues d'ensemble, des principes immuables, qu'il proclame bien haut, et dont la réunion ferait le digne pendant des immortels axiomes de Joseph Prudhomme. Sa grande force est l'inconscience du ridicule. Comment en serait-il autrement? Il faudrait qu'il se vît lui-même, et voilà ce dont il est le moins capable. C'est sur l'amour qu'il faut l'entendre raisonner; là il est incomparable et n'a sans doute jamais eu d'égal : — « Crevel avait un marché ferme avec Mlle Héloïse : elle lui devait pour cinq cents francs de bonheur tous les mois. Il disait à ce sujet aux négociants veufs aimant trop leurs filles, qu'il valait mieux avoir des chevaux loués au mois qu'une écurie à soi. » — Son plus ardent désir est de posséder une femme du monde, de ce monde où il n'a jamais pénétré, et qui lui paraît à distance comme un paradis inaccessible : — « Je puis vous l'avouer, je n'ai jamais eu de femme comme il faut, et la plus grande de mes ambitions, c'est d'en connaître une. Les houris de Mahomet ne sont rien en comparaison de ce que je me figure les femmes du monde. Enfin, c'est mon idéal, c'est ma folie, et tellement que, voyez-vous, la baronne Hulot n'aura jamais cinquante ans pour moi », dit-il en se rencontrant sans le savoir avec un des esprits les plus fins du dernier siècle. — Il tente de la séduire, mais se conduit avec elle comme le dernier des boutiquiers et se fait chasser comme un laquais. Il tombe entre les mains expertes de l'adorable Mme Marneffe, qui le traite comme un « toutou ». Un seul trait dans le cours du récit interrompt l'impression du ridicule que produit le personnage, c'est son attendrissement final dans la fameuse scène avec la baronne. Mais le ridicule n'est pas long à reparaître, et il atteint à son maximum lorsque Valérie joue devant lui la femme pieuse : — « Gros cornichon! » s'écria-t-elle en poussant un infernal éclat de rire.

Il meurt comme il a vécu, et les horribles souffrances de ses derniers moments sont impuissantes à atténuer le ridicule du personnage. Il déclame jusqu'à la minute suprême : — « Soyez calmes, mes enfants, la mort regarde à deux fois avant de frapper un maire de Paris! dit-il avec un sang-froid comique. Et puis, si mon arrondissement est assez malheureux pour se voir enlever l'homme qu'il a deux fois honoré de ses suffrages (Hein! voyez comme je m'exprime avec facilité!), eh bien! je saurai faire mes paquets, Je suis un ancien commis voyageur, j'ai l'habitude. Ah! mes enfants, je suis un esprit fort. — Papa, promets-moi de laisser venir l'Église à ton chevet. — Jamais! répondit Crevel. Que voulez-vous? j'ai sucé le lait de la Révolution, je n'ai pas l'esprit du baron d'Holbach, mais j'ai la force d'âme. Je suis plus que jamais régence, mousquetaire gris, abbé Dubois, et maréchal de Richelieu! » Ce n'est plus un portrait, mais une satire — combien cruelle, mais aussi combien profonde! — et qui demeure éternelle comme le ridicule qui l'a inspirée!

Après les individus, voyons les groupes, et pour les bien examiner, arrêtons-nous à l'œuvre des *Petits Bourgeois*. Ici encore Balzac sera notre guide, et ses facultés d'observateur s'y révéleront d'autant plus précises qu'il aura plus de détails à peindre. Tout ce qu'il y a de plat et de mesquin dans la petite bourgeoisie, tout ce qu'il s'y rencontre de médiocre et de bassement intéressé, vous le trouverez réuni et comme condensé dans les cinq ou six personnages principaux qui sont les acteurs de ce drame domestique. Si l'on voulait établir une comparaison ou mieux une opposition entre *César Birotteau* d'une part, *Crevel* et les *Petits Bourgeois* de l'autre, on arriverait à cette conclusion que la première œuvre constitue un panégyrique, les deux autres une satire de l'esprit bourgeois.

En effet, dès le début de celle-ci, vous allez voir réunis tous les traits, ou ridicules ou mesquins, qui caractérisent cette classe sociale. Il semble que Balzac ait cherché ici, de même qu'il l'a fait pour les journalistes dans les *Illusions perdues*, à exercer une sorte de vengeance personnelle et à caricaturer comme Daumier, Traviès, ou Gavarni. Peu importe d'ailleurs le point de départ de la conception; nous

n'avons qu'à envisager les résultats, tout en constatant peut-être un parti pris de grossissement et d'exagération! Voyez le principal personnage, Thuillier, celui qu'on pourrait appeler le principal « médiocre » de la pièce, le type achevé de l'employé de bureau :
— « Engrené dans la machine ministérielle, il cultiva peu les lettres, encore moins les arts ; il acquit une connaissance routinière de sa partie et, quand il eut l'occasion de pénétrer, sous l'Empire, dans la sphère des employés supérieurs, il y prit des formes superficielles qui cachèrent le fils du concierge; mais il ne s'y frotta même pas d'esprit. Son ignorance lui apprit à se taire et son silence le servit. Il s'habitua, sous le régime impérial, à cette obéissance passive qui plaît aux supérieurs, et ce fut à cette qualité qu'il dut plus tard sa promotion au grade de sous-chef. Sa routine devint une grande expérience. Ses manières et son silence couvrirent son défaut d'instruction. Cette nullité fut un titre, quand on eut besoin d'un homme nul. » — Joignez à cette nullité quelque chose de la prétention et de la vanité bon enfant qui marque les hommes fiers de leurs succès féminins — car Thuillier est un homme à bonnes fortunes. — Il a tout ce qui plaît aux femmes, l'aisance et la demi-élégance de manières, la fausse distinction qui les séduit, la médiocrité d'esprit qui se répand avec prolixité sur tous les sujets. Thuillier ne serait pas complet, si l'on ne lui adjoignait sa sœur Brigitte, vieille fille qui ne vit que par lui et pour lui, glorieuse de ses succès mondains, s'exagérant

leur importance, et qui ressemble assez exactement aux mères follement éprises de leur fils, décidées par avance à fermer les yeux sur tout ce qui constitue en eux une tare intellectuelle ou morale.

Mais ici ce n'est point un type unique que Balzac va peindre, comme dans *César Birotteau*, où le principal personnage a une telle importance, un tel relief, qu'il efface tous les autres et fait le vide autour de lui ; c'est toute une classe sociale, toute une catégorie d'individus vivant dans le même milieu, appartenant au même monde, agissant de concert et réagissant les uns sur les autres, se surveillant et s'épiant, présentant en un mot, chacun avec les traits spéciaux qui marquent sa physionomie individuelle, un ensemble de ridicules et de petitesses, caricaturés de parti pris, il faut en convenir, mais assez énergiment reproduits pour que nul n'hésite à convenir qu'il y a là la synthèse de tout un monde ; monde dont les dehors et les apparences se modifient et se modifieront avec les usages éminemment variables, dont pourtant les tics et les manies, tout le fonds psychologique restera éternellement identique. Nous avons vu l'esquisse de Thuillier, le principal acteur. Voyons maintenant les comparses : — D'abord Minard : — « Talent bouffi, s'épanchant en phrases filandreuses, prenant l'obséquiosité pour de la politesse et la formule pour de l'esprit, il débitait des lieux communs avec un aplomb et une rondeur qui s'acceptaient comme de l'éloquence. Ces mots qui ne disent rien et répondent à tout : progrès, vapeur, bitume, garde nationale, ordre, élément démocratique, esprit d'association, légalité, mouvement et résistance, intimidation, semblaient à chaque phrase politique inventés pour Minard, qui paraphrasait alors les idées du journal. » — Puis Phellion, représentant la niaiserie carrée et honnête : — « Ce modèle du petit bourgeois offrait autant de vertus que de ridicules. Subordonné pendant sa vie bureaucratique, il respectait les supériorités sociales... ; véritables comparses de la grande comédie sociale, Phellion, Lendigeois et leurs pareils remplissent les fonctions du chœur antique. Ils pleurent quand on pleure, rient quand il faut rire, et chantent en ritournelles les infortunes et les joies publiques... Cet honnête vieillard est toujours digne : la dignité sert à expliquer sa vie. Il a élevé dignement ses enfants, il est resté père à leurs yeux, il tient à être honoré chez lui, comme il honore le pouvoir et ses supérieurs. Il n'a jamais eu de dettes. Juré, sa conscience le fait suer sang et eau à suivre les débats d'un procès, et il ne rit jamais, alors que rient la cour, l'audience et le ministère public. Éminemment serviable, il donne ses soins, son temps, tout, excepté son argent. » — La Bruyère, il faut bien le dire, eût signé ce portrait. Enfin Colleville, le bourgeois capable et gausseur : — « Toujours gai, rond, bonhomme, diseur de quolibets, faisant des anagrammes, il représentait la faculté sans le succès, le travail opiniâtre sans résultat, mais aussi la résignation joviale, l'esprit sans portée, l'art inutile, car il était excellent musicien et ne jouait plus que pour sa fille. »

Une fois posés les personnages principaux du roman, Balzac dresse devant nous celui qui les relie les uns aux autres, qui nous semble le trait d'union entre eux tous. Il tient les fils de ces pantins et les fait se mouvoir suivant sa volonté à raison de l'influence que lui vaut une apparente supériorité. Balzac se plaît dans une longue description physique et morale du personnage à montrer, en insistant sur les détails physiologiques, ainsi qu'il en est coutumier. Il le présente comme un type de race « un de ces hommes pâles, assez gros, à l'œil quasi troublé, pire espèce de la Provence. Il se met en mouvement chez eux une espèce de bile, d'humeur amère qui leur porte à la tête, les rend capables d'actions féroces, faites à froid en apparence. » — Qui ne connaît ce type, un des plus dangereux parmi ceux qu'on a nommés, suivant une expression commune mais énergique, des rageurs à froid ? Ils vont droit devant eux, fort peu soucieux des considérations habituelles de moralité ou de devoir, uniquement préoccupés du but à atteindre et prêts à briser tout ce qui leur semble devoir être un obstacle.

Quelle fortune pour un pareil homme de tomber dans un pareil milieu ! Doué d'une rare entente des situations qu'il prétend exploiter, d'une sorte d'intuition psychologique des personnages médiocres qu'il approche, joignant à ces facultés, qui sont une arme puissante à l'encontre de ceux qui s'en trouvent tota-

lement dépourvus, une étonnante facilité de parole,
un bagou étourdissant, il dominera tout ce monde
du haut de son apparente supériorité. Si l'on ajoute
la réputation de charité et de dévouement qu'il s'est
faite à dessein pour tromper plus sûrement, on aura
une idée à peu près complète du personnage.

C'est d'abord à Mme Colleville qu'il s'attaque, à
la femme mûre, ayant aspiré à l'amour et ne l'ayant
jamais rencontré, sentant que l'âge vient où tout sera
irrémédiablement perdu, et se raccrochant avec désespoir à la ressource suprême qui s'offre. Avec elle
il jouera la comédie de l'amour sincère, protestera
de sa passion et aura toutes les chances de réussir;
non qu'il l'aime ou ressente pour elle un de ces caprices passagers qu'inspirent souvent aux très jeunes
gens les femmes de cet âge, mais il a besoin de lui
donner l'illusion de l'amour pour arriver à son but :
épouser sa fille. Il flatte en elle tous les sentiments
jusqu'alors comprimés. Il y emploie toutes ses ressources, même celle d'une dévotion habilement cal-
culée, n'ignorant pas combien est puissante l'intervention des choses pieuses au milieu des choses d'a-
mour. Il lui glisse dans l'oreille des phrases ardentes
et réservées tout ensemble, des propos d'amour et de
piété, de savantes et chaleureuses déclarations où la
ruse du hardi tentateur est déguisée sous de pieuses
réticences. Mme Colleville s'est, en effet, réfugiée
dans la dévotion comme dans une sorte de consolation aux désenchantements de sa vie passée, qui n'a
pas laissé que d'être orageuse. Balzac peint cette

crise d'âme à l'aide de métaphores qui présentent une véritable grandeur tragique : — « Elle entendait une voix autrement criarde et, attendu que sa religion était un masque nécessaire à porter et non une conversion, qu'elle ne le déposait pas, parce qu'elle y voyait une ressource, et que la dévotion feinte ou vraie était une manière d'être appropriée à son avenir, elle restait à l'église comme dans le carrefour d'une forêt, assise sur un banc, lisant les indications de route et attendant un hasard, en sentant venir la grande nuit. »

Ce hasard, c'est Théodore de la Peyrade, qui se présente à point au milieu de cette « grande nuit » à laquelle Balzac compare le vide de son âme. Il mène avec une telle habileté son entreprise amoureuse qu'il ne paraît guère possible que Flavie Colleville ne succombe pas. Après sa première déclaration il laisse passer un certain temps, le temps nécessaire pour qu'elle produise son effet; puis, quand il la revoit, s'étant fait désirer, ce sont de nouvelles paroles d'adorateur : — « Oh! voilà bien la femme que j'ai rêvée, s'écrie le Provençal avec cette extase et cet accent qui n'embrasent que des âmes et ne sortent que des lèvres méridionales. Pardon, madame, dit-il en se reprenant et revenant d'un monde supérieur à l'ange exilé qu'il regarda pieusement; pardon, je reviens à ce que je disais. » Sentant enfin qu'elle est bien à lui, il se fait plus hardi : — « Eh! bien, oui, je vous aime, dit-il, et je vous aime d'une affection sans bornes. Vous êtes au-dessus d'une foule

de petites considérations où s'entortillent les sots.
Entendons-nous. » Notez bien que la Peyrade ne
songe nullement à faire de Flavie sa maîtresse : elle
n'est pour lui qu'un moyen d'arriver au mariage qu'il
désire. Mais pour atteindre à son but, Flavie ne suffit
pas. Il lui faut gagner les bonnes grâces du père,
non pas de Colleville, mais de Thuillier, qui sait que
Céleste est sa fille. Il flattera ses ambitions, lui per-
suadera qu'il ne peut ainsi demeurer dans l'oisiveté,
qu'il se doit à son pays, et comme Thuillier fasciné
s'étonne et demande la cause d'un si vif intérêt, la
Peyrade lui avoue en confidence que cette cause,
c'est son amour pour Céleste : — « Votre chère
petite Céleste et mon amour vous répond de tout
mon dévouement. Que ne ferais-je pas pour un beau-
père ! C'est de l'égoïsme, c'est travailler pour moi ! »

S'être attaché Mme Colleville en lui donnant l'illusion d'une passion sincère, avoir gagné Phellion
en caressant son ambition, cela ne lui suffit pas encore ; il lui faut l'estime de l'intègre et stupide Phellion, chose d'autant plus difficile que Phellion se
défie de lui, ayant les plus graves soupçons sur la
pureté de ses mœurs. Il y arrivera néanmoins, grâce
à son admirable souplesse d'esprit, grâce à cet art
extraordinaire de comédien qu'il pousse au point de
s'identifier complètement avec la personnalité de
ceux qu'il veut duper, et de revêtir cette personnalité
de telle manière qu'en sa présence ceux-ci s'imagi-
nent être en face de leur propre image : — « Il était
impossible à Phellion d'être plus Phellion que Théo-

dore en ce moment n'était Phellion. » — Il faut lire
la scène d'un bout à l'autre, car aucune analyse n'en
saurait donner l'idée. Tous ces personnages assurément sont bien petits et bien mesquins; petits et mesquins par la bassesse de leurs sentiments, par la médiocrité de leur intelligence, ils nous représentent un
monde assez peu digne d'intérêt; mais puisqu'il faut
tout peindre, puisque Balzac a tout peint, puisqu'aucune classe de la société ne lui est demeurée indifférente, reconnaissons que dans cette œuvre il a dé-
ployé autant de génie inventif, il a manifesté autant
de sympathie psychologique, il a conçu ses personnages, ou médiocres ou vils, avec un relief aussi saisissant que lorsqu'il avait à nous montrer ses plus
puissantes créations ou ses plus attendrissantes figures
féminines.

A tous ceux qui l'approchent, la Peyrade paraît supérieur, tout au moins par son audace. Il est
simplement expert en l'art de les manier, surtout en
l'art de s'adresser aux femmes; il sait comme on les
prend et par quelles paroles elles se laissent séduire.
Le seul développement de la passion sincère, l'exposé tout simple et tout franc d'un sentiment vrai ont,
dans la plupart des cas, bien moins de chance de réussir que les phrases prétentieuses et solennelles, les
déclarations emphatiques et guindées. Soyez francs,
mettez simplement votre cœur à nu, sans apostro-
phes; vous paraîtrez froid. Usez-en au contraire
comme Théodore de la Peyrade, forcez un sentiment
jusqu'à le rendre presque ridicule dans son expres-

sion, vous aurez toutes chances d'emporter la **place.**
Tous les « hommes à femmes » ont été plus ou **moins**
des Théodore de la Peyrade.

Qu'importe, après de tels portraits, de connaître
l'affabulation du roman! son développement et **ses**
conclusions! Qu'importe de savoir si Théodore épousera Céleste ou non, si Thuillier arrivera aux honneurs qu'il convoite! L'important est d'avoir précisé
les caractères qui évoquent au dedans de nous **les**
personnages réels, faits de chair et d'os, éternellement vrais, que nous coudoyons dans la vie et **qui**
ressemblent aux prototypes du romancier!

————————

CHAPITRE IX

LA VIE DE PROVINCE

Haine de Balzac pour l'esprit provincial. — Première partie des *Illusions perdues*. — Les portraits n'ont pas vieilli : Le gentil-homme campagnard : *M. de Chandour*, prototype du *Rodolphe de Madame Bovary*. — *M. de Saintot, M. de Barta.* La préten-tion jointe à l'ignorance.
Grossissement voulu des traits physionomiques. — Procédé iden-tique à celui de la *caricature*. — Les conversations complètent les portraits.
La bassesse des sentiments. — Rapprochement avec La Bruyère : *Les âmes pétries de boue et d'ordure*. — *Minoret Levrault*. — *Goupil*. — *Mme Crémière*.
Quelques âmes nobles, par exception : Le docteur *Minoret*. — *L'abbé Chaperon*. — Ils vivent isolés, sans rapports avec les autres.
Solidarité de la vie de province. — La vieille fille : *Mlle Cormon*. — Le désir du mariage devenu obsession : elle suscite la pitié plutôt que le sarcasme. — Elle est dupe jusqu'à la fin.

Le créateur de types, l'artiste qui avait su percer à jour et peindre d'une touche si vigoureuse tant et de si puissants instincts, ne pouvait demeurer insen-sible aux ridicules de la province. Comme tous les grands esprits et parce qu'il était un grand esprit, jugeant avec cette absence de conventions qui carac-térise tous ceux qui pensent par eux-mêmes, Balzac

devait porter une haine vigoureuse à ce milieu, le
plus favorable à la naissance et au développement
des préjugés. Il l'a peint avec l'implacable rigueur de
l'homme qui a souffert d'une chose, et qui apporte
dans la peinture de cette chose une âpreté d'autant
plus grande qu'il tend pour ainsi dire à se venger
d'une injustice contre lui commise. La femme elle-
même, pour laquelle il professe ce culte et cette
adoration propres à tous les grands « féminins », la
femme, pour laquelle il n'a jamais assez d'indulgence
quand elle succombe, la femme de province
n'échappe pas à ses sarcasmes et à ses attaques.
Dans ses scènes de la vie de province, il la montrera
luttant parfois contre son milieu, s'essayant à un
développement, à une culture contre laquelle réagira
ce milieu même, mais presque toujours entachée de
cette affectation ridicule qui sera pour elle une tare
indélébile et gâtera ses meilleures tendances : — « A
Paris, dit-il, il existe plusieurs espèces de femmes :
il y a la duchesse et la femme du financier, l'ambas-
sadrice et la femme du consul; il y a la femme
comme il faut de la rive droite et celle de la rive
gauche; mais en province il n'y a qu'une femme; et
cette pauvre femme est la femme de province. » —
Vous voyez dans cette phrase une condamnation en
dernier ressort, sur laquelle il ne reviendra plus,
condamnation injuste sans doute, puisqu'elle enferme
dans un jugement d'ensemble toute une catégorie
d'êtres et qu'il n'y a en ce monde que des *indivi-*
dus, mais qui démontre une fois de plus le carac-

tère de son intelligence intuitive et généralisatrice !

Pour bien comprendre à quel point est poussée sa haine de l'esprit de province, il faut s'arrêter à une œuvre, ou plutôt à la première partie d'une œuvre dans laquelle il s'est plu à grouper les principaux types de provinciaux ridicules, les faisant valoir les uns par les autres et les réunissant de parti pris, afin de pouvoir mieux les détailler : j'entends la première partie des *Illusions perdues*. Quand on l'envisagerait simplement comme un ensemble de portraits, elle mériterait d'être étudiée à part et qu'on s'y arrêtât longuement. Ce roman n'a d'ailleurs pas vieilli ; car le propre du génie de Balzac est de créer pour l'avenir et de peindre d'une touche assez vigoureuse pour que ses conceptions, dans leur ensemble sinon dans leurs détails, soient et demeurent à toute époque d'une entière vérité. Nous retrouvons dans les descriptions qu'il nous donne, dans l'analyse morale qu'il fait des types représentés, les traits généraux des personnages qu'il nous est loisible de coudoyer aujourd'hui et d'examiner dans notre société actuelle.

Balzac décrit la soirée offerte par Mme de Bargeton aux principaux personnages qui habitent la ville d'Angoulême et devant lesquels elle veut produire le jeune Lucien de Rubempré. Il convient de marquer dès l'abord le contraste des idées qui explique le contraste des personnages que Balzac va peindre : Lucien de Rubempré représentait, dans cette première partie du roman, la délicatesse et l'aristocratie du sentiment comme de l'intelligence,

Lucien de Rubempré le poète, c'est-à-dire l'être fragile et faible, mais doué d'une sensibilité exquise et toute frémissante ; la société dans laquelle il parait présentait au contraire toutes les médiocrités intellectuelles. Balzac craint sans doute qu'on ne trouve sa peinture ou fausse ou trop hardie, car il prend soin de qualifier « d'extraordinaires, ces personnages que les gens auxquels la province est inconnue seraient tentés de croire une fantaisie ».

C'est d'abord le *fat*, l'homme satisfait de lui-même, de sa beauté physique et de sa prestance corporelle : M. de Chandour. Après une description minutieuse de son costume, Balzac ajoute : — « Tout son vêtement avait un caractère exagéré qui lui donnait une si grande ressemblance avec les caricatures, qu'en le voyant les étrangers ne pouvaient s'empêcher de sourire. Stanislas se regardait continuellement avec une sorte de satisfaction de haut en bas, en vérifiant le nombre de boutons de son gilet, en suivant les lignes onduleuses de son pantalon collant, en caressant ses jambes par un regard qui s'arrêtait sur les pointes de ses bottes. » — C'est l'homme à femmes dans toute la force de l'expression, le désœuvré qui passe son existence dans la perpétuelle poursuite des succès féminins, le beau mâle triomphant et victorieux : — « La plupart du temps, ses discours comportaient des gravelures comme il s'en disait au dix-huitième siècle. Ce détestable genre de conversation lui procurait quelques succès auprès des femmes, il les faisait rire. » — Vous reconnaissez à ce portrait le prototype et le précurseur du Rodolphe de *Madame Bovary*.

A côté des prétentions physiques, il y a les prétentions intellectuelles. M. de Saintot les incarne, et le ridicule est encore plus saisissant, car la prétention est plus disproportionnée. Celui-ci passe pour un savant, et toute la ville est en admiration devant lui. Toute proportion gardée et en marquant les différences qui peuvent exister entre un village et une ville, il nous apparaît comme le « Homais » d'Angoulême ; il en a la suffisance vaniteuse et l'imbécillité :

— « Ignorant comme une carpe, il n'en avait pas moins écrit des articles sur les eaux-de-vie dans un dictionnaire d'agriculture, deux œuvres pillées en détail dans tous les articles de journaux, et où il était question de ces deux produits. Tout le département le croyait occupé d'un traité sur la culture moderne. Si quelqu'un venait le voir, il se laissait surprendre brouillant des papiers, cherchant une note égarée ou taillant sa plume ; mais il employait en niaiseries tout le temps qu'il demeurait dans son cabinet ; il y lisait longuement son journal ; il sculptait des bouchons avec son canif ; puis le soir il s'efforçait d'amener la conversation sur un sujet qui lui permît de dire : — « Il se trouve dans *Cicéron* un passage qui semble avoir été écrit pour ce qui se passe de nos jours. » — Il récitait alors son passage au grand étonnement des auditeurs, qui se disaient entre eux :

— « Vraiment Astolphe est un puits de science. »

— Voici M. de Brébion, l'homme aux prétentions

d'artiste : il se croit dessinateur et fait pendant à
M. de Barta, qui s'imagine être musicien. Les tares
morales viennent se joindre aux tares intellectuelles :
— « Chacun d'eux donnait le bras à la femme de
l'autre. Au dire de la chronique scandaleuse, cette
transposition était complète. Les deux femmes, également
ment préoccupées d'un fichu, d'une ganture, de
l'assortiment de quelques couleurs hétérogènes,
étaient dévorées du désir de paraître Parisiennes
et négligeaient leur maison où tout allait à mal. »
Le trait commun à toutes ces peintures est évidemment un grossissement voulu, prémédité par
avance ; mais c'est là une condition inhérente au
genre même du portrait : vous la trouvez au même
titre chez les plus célèbres des écrivains qui y ont
excellé, chez La Bruyère par exemple, dont il convient
de rapprocher ici Balzac. Les procédés sont identiques,
et dans maint passage le style diffère si peu, qu'on
pourrait s'y tromper. De même que l'art de la caricature tire ses effets les plus saisissants de l'accentuation quasi invraisemblable des traits physionomiques les plus marqués du personnage, de même
aussi cette caricature morale dont La Bruyère nous
a fourni les exemplaires les plus achevés, et que
Balzac à sa suite appliquait aux mœurs de son temps,
doit son intensité, sa puissance d'obsession au grossissement, voisin souvent de la déformation, que
l'artiste fait subir à la réalité. Vous avez vu les portraits ; écoutez les conversations : Lucien de
Rubempré, prôné par Mme de Bargeton, vient de

réciter des vers de Chénier : — « Trouvez-vous cela bien amusant, Fifine? dit à sa voisine la sèche Lili, qui s'attendait peut-être à des tours de force. — Ne me demandez pas mon avis, ma chère; mes yeux se ferment aussitôt que j'entends lire. — C'est fort bien déclamé, dit Alexandre; mais j'aime mieux le whist. »
— Et encore : — « Mais nous étions venus pour entendre des poésies de M. Chaudron, et vous nous donnez des vers (verse) imprimés. Quoique ces morceaux soient fort jolis, par patriotisme ces dames aimeraient mieux le vin du cru. — Ne trouvez-vous pas que la langue française se prête peu à la poésie? dit Astolphe au directeur des contributions. Je trouve la prose de Cicéron mille fois plus poétique. — La vraie poésie française est la poésie légère, la chanson, répondit Châtelot. — La chanson prouve que notre langue est très musicale », répondit Adrien.

Ce que nous avons vu jusqu'ici, ce sont des ridicules tenant plutôt à l'infériorité de l'esprit qu'à la bassesse du cœur. Dans le roman d'*Ursule Mirouet*, c'est cette bassesse du cœur donnant naissance aux actes les plus vils et les plus méprisables que Balzac étudie, qu'il analyse avec un luxe de détails, une surabondance de faits peu commune. Tous les personnages qui s'agitent dans la petite ville de province autour de la succession du vieux docteur Minoret appartiennent à la catégorie la plus misérable; ils donnent de l'espèce humaine, envisagée dans ses représentants inférieurs, au point de vue des mobiles ignobles de la plus lâche cupidité,

une idée tellement vile qu'ils ont pu servir de thème
aux adversaires déclarés de Balzac pour incriminer
son œuvre et leur permettre d'élever contre lui l'accusation d'avoir exclusivement arrêté son attention
sur les bas-fonds de l'âme. C'est ainsi, et par un procédé familier à ceux qui se constituent les détracteurs
du génie, que les ennemis du grand romancier pre-
naient prétexte des œuvres qui, semblables à *Ursule
Mirouet,* à la *Rabouilleuse,* à la *Vielle fille,* décou-
vrent plus particulièrement ces bas-fonds, pour
fermer volontairement les yeux sur d'autres peintures
d'une rare noblesse qui en sont comme la contre-
partie, et prétendre que Balzac n'avait excellé que
dans les premières. La vérité est que, ayant eu du
monde une vision complète et intégrale, il avait visé
à ne rien omettre et qu'il s'était montré aussi puissant dans la peinture des parties viles que dans
celle des parties hautes de l'âme. Elles nous apparaissent en effet d'une saisissante et cruelle vérité, ces
âmes dont on peut dire, suivant la belle expression
de La Bruyère, qu'elles sont « pétries de boue et
d'ordure », ce Minoret-Levrault, maître de poste de
Nemours, Caliban de bas étage, type de la brute,
insensible à tout, sinon à ce qui concerne ses intérêts,
« présentant une de ces physionomies où le penseur
aperçoit difficilement trace d'âme sous la violente
carnation que produit un brutal développement de la
chair » ; ce Goupil, le plus lâche et le plus crapu-
leux, mû par des instincts grossiers, d'une immoralité
flagrante, qui, « armé de prétentions que comportait

sa laideur, avait un détestable esprit, particulier à
ceux qui se permettent tout, et l'employait à venger
les mécomptes d'une jalousie permanente » ; — ce
Massin-Levrault, « un des plus âpres bourgeois de la
petite ville, ayant la physionomie d'un Tartare : des
yeux petits et ronds comme des sinelles sous un front
déprimé, les cheveux crépus, le teint huileux, de
grandes oreilles sans rebords, une bouche presque
sans lèvres et la barbe rare » ; — enfin cette
Mme Crémière », au teint criblé de taches de rous-
seur, un peu trop serrée dans ses robes, et qui pas-
sait pour instruite parce qu'elle lisait des romans.
Cette financière du dernier ordre, pleine de prétentions à l'élégance et au bel esprit, attendant l'héritage de son oncle pour prendre un certain genre,
orner son salon et y recevoir la bourgeoisie, car son
mari lui refusait les lampes Carcel, les lithographies
et les futilités qu'elle voyait chez la notairesse ».

La série de leurs actes pour atteindre au but qu'ils
poursuivent, en vue duquel ils réunissent leurs efforts
avec une entière solidarité, ressemble assez aux
mouvements instinctifs de bêtes de proie se concer-
tant pour s'emparer d'un gibier. On peut se désintéresser de telles peintures, ou plutôt réserver ses
préférences pour des œuvres se référant à des sentiments d'un autre ordre; mais il est impossible de
ne pas reconnaître, une fois admis le principe de
l'universalité des points de vue en art, que Balzac a représenté ces instincts avec une inégalable
puissance, et qu'il s'est révélé dans ces peintures

un maître aussi accompli que partout ailleurs!...

Nous n'avons rencontré jusqu'à présent, en étudiant la vie de province, que des imbéciles et des maniaques, des malhonnêtes et des êtres vils. L'idée préconçue de Balzac a été manifestement de représenter ce milieu sous un jour défavorable, et l'on peut dire qu'il y a pleinement réussi. Pourtant les imbéciles et les maniaques n'y sont pas seuls; il s'y rencontre des créatures d'exception, soit qu'ayant passé la première partie de leur existence dans un milieu plus favorable au développement intellectuel, elles conservent, même dans la société médiocre où elles se trouvent transplantées, quelque chose de leur supériorité première, soit qu'en vertu de leur noblesse native elles aient été marquées pour une vie élevée, et que les mesquineries de la province aient glissé sur elles sans les entamer!

De la première catégorie nous apparaît le docteur Minoret. Il a été l'un des célèbres praticiens de la science parisienne, et il vient se retirer dans sa vieillesse avec sa nièce Ursule dans la petite ville de Nemours. Les petitesses de la vie de province ne sauraient l'atteindre, car sa haute éducation, son savoir immense et la noblesse de son âme le placent au-dessus de tous ceux qui l'entourent. Il vivra à Nemours avec la jeune fille qu'il considère comme son enfant, seul ou du moins avec ceux-là seulement auxquels il permettra de l'approcher; en effet le premier souci de l'homme supérieur est de se montrer jaloux de sa liberté, comme du plus précieux des trésors, de ne laisser personne empiéter sur sa vie.

L'abbé Chaperon fera un contraste spirituel avec Minoret : l'un, le savant, fidèle à ses croyances matérialistes ; l'autre, le prêtre, croyant et spiritualiste ; mais la beauté de leur âme les rapproche et les unit. L'abbé Chaperon est le type accompli du prêtre véritablement saint, comme il en existe quelques-uns, aussi respectable par la sincérité de ses croyances que par la pureté de sa vie et la largeur de ses idées. Entre lui et Minoret l'amitié est soudaine et profonde, car ce sont deux beaux caractères dans la haute acception du mot. Joignez à ces deux personnages principaux un gentilhomme vieux garçon, M. de Jordy, et un vieux juge de paix excellent, le père Bongrand, vous aurez la société habituelle du Dr Minoret : — « La réunion de ces personnes supérieures, les seules qui eussent des connaissances assez universelles pour se comprendre, explique la répulsion du vieux Minoret pour ses héritiers : s'il devait leur laisser sa fortune, il ne pouvait les admettre dans sa société. » — La douce Ursule Mirouet est leur enfant commune à tous : — « Cette famille d'esprits choisis eut dans Ursule une enfant adoptée par chacun d'eux selon ses goûts : le curé pensait à l'âme, le juge de paix se faisait le curateur, le militaire se promettait de devenir le précepteur ; et quant à Minoret, il était à la fois le père, la mère et le médecin. »

Sa tendresse pour Ursule se manifeste comme un sentiment d'un ordre rare : c'est la paternité avec quelque chose de plus, que les liens du sang sont incapables de donner et qui tiennent précisément à cette paternité d'élection : — « L'heureux vieillard suivit avec les sentiments d'une mère les progrès de cette chevelure blonde, d'abord duvet, puis soie, puis cheveux, légers et fins, si caressants aux doigts qui les caressent. La beauté d'Ursule, sa douceur la rendaient si chère au docteur qu'il aurait voulu changer pour elle les lois de la nature; il dit quelquefois au vieux Jordy avoir mal dans ses dents quand Ursule faisait les siennes. Lorsque les vieillards aiment les enfants, ils ne mettent pas de bornes à leur passion, ils les adorent. Pour ces petits êtres, ils font taire leurs manies et pour eux se souviennent de tout leur passé. » Il faut suivre dans le roman le développement de cette affection, l'action et la réaction qu'elle exerce sur ces deux êtres ; c'est là, au milieu des laideurs et des vulgarités environnantes, la partie pure de l'œuvre, celle qui repose l'esprit fatigué par toutes ces bassesses. La douce jeune fille traverse ces infamies, comme une fleur immaculée à l'abri de tout contact impur. Son influence est toute-puissante sur l'esprit du vieux docteur ; elle l'amène à la foi, ou du moins à l'illusion de la foi par sa tendresse et ses touchants reproches. Quant à Minoret, ses préoccupations d'éducateur tendent à faire d'Ursule une âme exquise, autant par la douce féminéité de sa nature que par la contemplation élevée de ses devoirs : il est à la fois doux et sévère, indulgent et bon. Lorsque, arrivée à cette période critique de la naissance de l'amour chez la vierge, Ursule avoue naïvement à Minoret les troubles qui l'agitent, avec quelle noblesse il lui marque sa conduite ! Il ne craint pas de lui révéler les lois mystérieuses de la vie, fort de cette conviction qu'il n'y a rien d'impur dans l'ordre de la nature, et qu'à une âme malsaine seulement de telles révélations peuvent être nuisibles : — « Les sensations que tu éprouves, ce mouvement de ta sensibilité qui se précipite de son centre encore inconnu sur ton cœur et sur ton intelligence, ce bonheur avec lequel tu penses à Savinien, tout est naturel ; mais, mon enfant adorée, comme t'a dit notre bon abbé Chaperon, la société demande le sacrifice de beaucoup de penchants naturels. » — Là se trouve, nous semble-t-il, l'idéal de l'éducation, et il ne nous a pas paru inutile de le marquer, connaissant de quelle manière on l'entend d'habitude !...

Après les luttes autour d'un héritage, les luttes autour d'une héritière, et toujours, pour cadre à ces bassesses, le milieu de province ! Pourquoi cette persistance à envisager la province sous un tel jour ? Est-ce que ces luttes, ces rivalités, ne se produisent pas dans le décor de l'existence parisienne ? Sans doute, et Balzac mieux que personne le savait. Si donc il les a placées avec parti pris dans ses études sur la vie de province, c'est qu'il a considéré ce cadre comme plus favorable à leur développement et à leur analyse. La vie parisienne avec ses agitations et ses troubles est, de sa nature, trop complexe, il s'y remue trop de passions, trop d'intérêts opposés ;

les personnages qui se présentent sur cette scène mobile et changeante courent à l'assouvissance de désirs trop variés, pour que l'existence d'une préoccupation unique, exclusive comme celle qui fait l'objet de la *Vieille fille*, ou d'*Ursule Mirouet*, puisse y offrir le même caractère absorbant. Dans le décor de la vie de province où tout, au contraire, est réglé par avance, où les acteurs répètent pour ainsi dire chaque jour les mêmes rôles et esquissent les mêmes gestes, lorsqu'un intérêt capital pour un même groupe d'individus, lorsqu'un but passionnant se dresse devant eux, l'absence complète d'événements saillants de nature à les en distraire est une cause suffisante et nécessaire de l'insistance avec laquelle ils s'orientent dans le sens de cette passion. C'est ce qui fait qu'en province les coteries et les groupes ont une telle influence et que la solidarité entre individus s'y précise avec une telle netteté !

Balzac avait à merveille compris cette loi psychologique, et dans maint passage de ses œuvres, nous pouvons dire : dans chacune de ses études importantes sur la vie de province, — si l'on excepte le *Lys dans la vallée*, qui est une analyse purement individuelle, — dans *Eugénie Grandet*, dans *Ursule Mirouet*, dans la *Muse du département*, dans la *Vieille fille*, dans les *Illusions perdues*, à côté des personnages de premier plan qui sont les acteurs principaux du drame, nous trouvons les personnages accessoires constitués en groupes et agissant directement, par leur influence et la répétition ininterrompue de leurs intrigues, sur le dénouement du drame.

Il n'est peut-être pas d'œuvre où cette observation se vérifie mieux que dans la *Vieille fille*. Avant d'en étudier l'héroïne, Mlle Cormon, Balzac décrit avec le luxe de détails, avec la fatigante insistance qui lui est particulière, le milieu dans lequel se développeront les intrigues du roman : il nous montre ce salon de la vieille fille de province où se retrouvent, chaque jour et à la même heure, les mêmes personnages, où se reprennent avec une invariable régularité les mêmes conversations, où les personnages reçus exécutent leurs grimaces quotidiennes avec une précision d'automates. Et c'est justement cette précision, c'est cette insistance et cette répétition qui créent la force des passions en province : elles y gagnent en intensité ce qu'elles n'ont pas en variété, et comme la solidarité entre les divers individus y constitue des groupes puissants, elles revêtent un caractère particulièrement redoutable ! On pourrait préciser d'un mot l'opposition entre les scènes de la vie de province et les scènes de la vie parisienne : les unes sont avant tout des études de *groupes sociaux*, les autres des études d'*individus*.

Dans une heure de philosophie assez douce qui paraît contraire à son habituelle manière d'envisager la province, Balzac écrit, résumant la description qu'il a faite du salon de Mlle Cormon : — « Si le retour exact et journalier des mêmes pas dans un même sentier n'est pas le bonheur, il le joue si bien que les gens amenés par les orages d'une vie agitée

à réfléchir sur les bienfaits du calme, diront que là
était le bonheur. » — Le bonheur sans doute peut
être là dans une conception assez étroite et médiocre
de la vie. Il est clair que certaines natures faites pour
le repos, pour la tranquillité, nullement douées de
cette ardeur de lutte qui dans le domaine des faits ou
des idées fait les êtres supérieurs, peuvent y trouver
la satisfaction de leurs goûts et des conditions exceptionnelles de bonheur : elles pourront même réaliser
un idéal d'existence particulièrement noble, pourvu
qu'elles se tiennent en dehors des groupes et des
coteries. Mais pour peu que leur activité se trouve
mêlée à la vie ambiante, avec quelle rapidité la routine et le ridicule s'y attacheront : voilà ce que Balzac
a puissamment dégagé dans l'ensemble de ses études
sur la province, voilà la vérité saisissante qui en
ressort et en constitue la philosophie.

Prenons par exemple le type de Mlle Cormon.
Balzac intitule son œuvre : *la Vieille fille*, et cette
dénomination ne lui convient peut-être pas absolument, car ce mot, *vieille fille,* implique quelque
chose de dur et d'acariâtre qu'elle n'a pas. Riche et
nullement désagréable, elle est arrivée à quarante ans
sans s'être mariée ; non qu'elle ait manqué de pré-
tendants, — une fille riche en trouve toujours, — mais
parce qu'elle les a successivement écartés. Notez que
ses prétentions sont loin de déceler une âme vulgaire :
ayant de la fortune, elle a craint d'être épousée pour
cette fortune ; elle veut être aimée pour elle : quoi
de plus légitime et de plus digne ? — « L'ambition de

Mlle Cormon prenait sa source dans les sentiments les plus délicats de la femme : elle comptait régaler son amant en lui démasquant mille vertus après le mariage, comme d'autres femmes dévoilent les mille imperfections qu'elles ont soigneusement voilées ; mais elle fut mal comprise ; la noble fille ne rencontra que des âmes vulgaires où régnait le calcul des intérêts positifs, et qui n'entendaient rien aux beaux calculs du sentiment. »

Ce n'est pas une âme basse, et Balzac prend soin, dès l'abord, de la différencier de celles qui l'entourent, la mettant en opposition avec elles ; mais voici que le ridicule va l'atteindre, et ce ridicule lui viendra précisément de ses rapports avec son milieu. Le désir du mariage devient chez elle obsession et communique à ses démarches je ne sais quoi d'apprêté, de guindé qui en fait à certaines heures un personnage voisin du grotesque ; un détail de son être psychologique y contribue surtout : c'est le contraste qui caractérise d'ailleurs la plupart des filles mûres désireuses de l'amour et qui ne l'ont pas rencontré, entre leur ignorance des *réalités de la vie* et la liberté d'actions que semble leur octroyer ce simple fait d'avoir dépassé un certain âge. Mlle Cormon est libre de ses actes, maîtresse de sa fortune ; elle tient salon, et le salon le plus couru de la ville ; elle y reçoit une nombreuse société dont le principal souci est de la tourner en ridicule, et malgré cela elle offre le contraste d'une ignorance aussi complète de l'amour qu'on peut la rencontrer chez la plus naïve

des vierges de quinze ans, l'appelant néanmoins de
toute la force de son âme, de tous les désirs de sens
qui s'ignorent, contraste piquant et fertile en sur-
prises : — « Il n'y avait pas une seule personne dans
tout Alençon qui attribuât à cette vertueuse fille un
seul désir des licences amoureuses; elle aimait en
bloc sans rien imaginer de l'amour; c'était une Agnès
catholique incapable d'inventer une seule des ruses
de l'Agnès de Molière... » — « Mlle Cormon avait
beau prier Dieu de lui faire la grâce de lui envoyer
un mari, afin qu'elle pût être chrétiennement heureuse, il était sans doute écrit qu'elle mourrait vierge
et martyre, car il ne se présentait aucun homme qui
eût tournure de mari. » — Balzac, dans cette œuvre,
s'est plu à étudier, en y insistant longuement, les tortures sentimentales et physiques de l'être pour qui
l'amour est un besoin impérieux du cœur aussi bien
que des sens, et qui assiste avec douleur, à mesure
que les années s'écoulent, à la diminution progressive
des chances que ce besoin soit un jour satisfait.
Sujet singulièrement poignant pour un observateur
comme lui et qui ne peut manquer d'exciter la sympathie de ceux qui s'intéressent au développement de
la passion, partout où elle est sincère : — « Se moque
qui voudra de la pauvre fille! Vous la trouverez
sublime, âmes généreuses qui ne vous inquiétez
jamais de la forme que prend le sentiment et l'admi-
rez là où il est. »

Toute sa sympathie de créateur et d'observateur
est dans ces mots. A ses yeux, toutes les démarches

irraisonnées auxquelles elle se livrera, toutes ses innocences et ses ignorances, qui paraissent si déplacées à son âge, auront une signification, parce qu'elles lui sembleront les éléments psychologiques indispensables d'une existence manquée et par conséquent pitoyable. Que maintenant ces traits si intéressants pour le psychologue, si apitoyants aux regards du moraliste, deviennent le plastron de toutes les attaques, de toutes les railleries de ceux qui vivent auprès d'elle, qu'ils plaisantent avec cruauté et les accidents physiologiques auxquels donne lieu ce célibat pour lequel elle n'est pas faite, et ces naïvetés qui éclatent en mots inoubliables, et ces démarches inconsidérées qui sont la conséquence d'une vie manquée, il n'y a là rien de bien surprenant, et c'est un thème d'une rare richesse, étrangement favorable à l'étude des petitesses de l'existence de province.

Que sa fortune devienne le point de mire de toutes les ambitions, la cause de toutes les jalousies, qu'elle soit l'objet de toutes les rivalités, des luttes les plus ardentes comme les plus soigneusement dissimulées, la chose est encore fatale et cadre à merveille avec ce que nous connaissons des compétitions et des luttes de ce milieu. Deux intrigants se disputent cette fortune : l'un, vieillard ruiné, noble de l'ancien temps, ayant conservé de la cour de Louis XVI les habitudes élégantes, les manières du grand seigneur, comptant par ce mariage redorer son blason ; l'autre, une espèce de gentilhomme campagnard, à l'aspect plus viril, bourgeois et hobereau, au fond vil ambitieux; le *chevalier* de Valois et du Bousquier s'exècrent, car ils se savent rivaux et sentent que le succès de l'un sera la ruine de l'autre. Du Bousquier exerce sur Mlle Cormon ce genre spécial d'attraction que produisent sur les femmes ignorantes les hommes entreprenants, qu'elles redoutent, mais vers lesquels elles se sentent invinciblement entraînées. Il y a là de mystérieuses attirances qui expliquent bien des sympathies en apparences inexplicables : — « Elle avait tout ensemble comme un pressentiment qu'elle l'épouserait, et une terreur qui l'empêchait de souhaiter ce mariage. Son âme, stimulée par ces idées, se préoccupait de du Bousquier. Sans se l'avouer, elle était influencée par les forces herculéennes du républicain. » — Quant au chevalier de Valois, il eût satisfait en elle les visées aristocratiques, la manie de noblesse, plus vivace encore en province que partout ailleurs; mais son âge lui fait écarter la pensée d'un mariage, et bien qu'ignorante des choses de l'amour, elle ne peut s'accoutumer à voir en lui un mari. Lui, de son côté, caresse avec amour la pensée d'une union qui satisferait son désir de richesse, comme ses fantaisies de libertin !

La hantise du mariage la poursuit avec une croissante obsession. Il faut lire toute la scène — car elle est à la fois tragique et comique; elle découvre avec une intense vérité la puissance des appels de la nature — dans laquelle Balzac la montre se raccrochant comme à un espoir suprême à l'idée d'un mariage avec un vieux soldat qu'elle croit célibataire et qui vient s'installer à Alençon : tout à coup elle apprend qu'il est marié, et tombe foudroyée. Du Bousquier comprend alors que l'instant est venu de porter un coup décisif, et de s'offrir, alors que les dernières espérances de la pauvre fille ont disparu pour jamais : elle se laisse prendre à la plus grossière déclaration : — « Elle se souvenait d'avoir été dans les bras de du Bousquier, — au moment où elle s'était évanouie, — et ce hasard surtout lui paraissait un ordre du ciel. Elle avait été vue pour la première fois par un homme, sa ceinture brisée, son lacet rompu, ses trésors violemment lancés hors de leur écrin. — « C'est dommage, ajouta-t-il que cela ne m'ait pas donné le droit de vous garder pour toujours à moi. (Elle écouta d'un air ravi.) Évanouie là sur ce lit, entre nous vous étiez éblouissante ; je n'ai jamais vu de ma vie de plus belle personne, et j'ai vu beaucoup de femmes. »

La pauvre fille se laisse prendre à ces paroles grossières : elle épouse du Bousquier, et le dernier paragraphe du roman en dit long sur les douleurs de la femme, pour qui a compris celles de la vierge : — « Mme du Bousquier vit encore ; n'est-ce pas dire qu'elle souffre toujours ? En atteignant l'âge de soixante ans, époque à laquelle les femmes se permettent des aveux, elle a dit en confidence à Mme du Coudrai, *qu'elle ne supportait pas l'idée de mourir fille.* »

CHAPITRE X

LA VIE DE CAMPAGNE.

Idée maitresse et portée sociale du roman *les Paysans :* Son carac-
tère en quelque sorte *prophétique.* — Balzac pressent les
revendications sociales.
L'âme paysanne composée de quelques instincts rudimentaires.
— La vie morale n'y dépasse guère la limite de ces instincts.
— Cette conception se dégage à merveille des types de Balzac :
Fourchon, Tonsard.
Grossissement voulu jusqu'au tragique du type de *Fourchon.* — On
sent trop Balzac derrière son personnage. — Le *Germinal* de
M. É. Zola : *Souvarine* opposé à *Fourchon.*
Exclusivisme de l'instinct dans les rapports sexuels. Le paysan
s'accouple comme l'animal. — Retour aux origines premières de
l'homme.
Le *Curé de village*, contraste avec les *Paysans.* — Influence toute
puissante de l'éducation. — Noblesse et pureté du type du curé
Bonnet. — Haute poésie de cette figure. — Il est une manifestation de l'idéal.
Influence bienfaisante de la nature sur certains esprits. — *Bénassis.* — Le sens de la solitude. — Grandeur morale de la vie solitaire.

. L'épigraphe du roman *les Paysans* est ainsi conçu :
— « Le but de cette étude d'une effrayante vérité,
tant que la société voudra faire de la philanthropie un principe au lieu de la prendre pour un accident, est de mettre en relief les principales figures
d'un peuple oublié par tant de plumes à la poursuite

de sujets nouveaux.. Cet oubli n'est peut-être que de
la prudence, par un temps où le peuple hérite de
tous les courtisans de la royauté. On a fait de la poésie
avec les criminels, on s'est apitoyé sur les bourreaux,
on a presque déifié le prolétaire. Des sectes se sont
émues et crient par toutes leurs plumes : « Levez-
vous, travailleurs », comme on a dit au tiers état :
« Lève-toi! » — Cette déclaration légèrement em-
phatique, ce cri d'alarme poussé par Balzac dans
la dédicace de son étude sociale des *Paysans* en
marque la portée et le but. Ici en effet, et au premier
chef, il s'agit d'une œuvre subordonnée à une idée,
d'un roman composé pour la démonstration d'une
vérité sociale; comme toutes les conceptions de cet
ordre, le roman des *Paysans* présente les qualités et les défauts inhérents aux œuvres à thèse. Des
qualités d'abord, car l'idée maîtresse qui soutient l'é-
crivain dans l'exécution de pareilles œuvres leur
donne une unité et une portée peu communes ;
elle devient comme un *incitamentum* perpétuel, un
appui pour lui, à travers les difficultés de l'exécution. Des défauts ensuite, et des défauts qui sont
justement la contre-partie de ces qualités : le plus
saillant de tous, est la subordination de la vérité psychologique, de l'exactitude des détails moraux à la
nécessité d'écrire conformément à cette idée dominatrice, qui pèse de tout son poids sur l'œuvre même.
Il ne s'agit plus là simplement d'analyser des caractères, d'étudier des sentiments et des instincts; il faut
avant tout que la peinture qu'on en fait s'accorde

avec le cadre où on l'a placée ; il faut que rien n'advienne qui aille contre la thèse soutenue ; et si par hasard un détail surgit, de nature à amoindrir l'effet attendu, le romancier doit ou l'atténuer, ou le faire disparaître. Le résultat est donc parfois une altération, une déformation nécessaire du type psychologique. Nous aurons à le montrer au cours de cette étude, et s'il faut reconnaître que la chose se présente rarement dans l'œuvre de Balzac, il convient de noter qu'elle est manifeste dans le roman dont nous allons étudier la portée sociale.

L'idée maîtresse qui a donné naissance à cette création se trouve déjà en germe dans la phrase citée plus haut ; sa portée définitive et son but seront mieux connus, si nous complétons la citation de Balzac : — « On voit bien qu'aucun de ces Érostrates n'a eu le courage d'aller au fond des campagnes étudier la conspiration permanente de ceux que nous appelons encore les faibles contre ceux qui se croient les forts... Il s'agit seulement d'éclairer, non pas le législateur d'aujourd'hui, mais celui de demain. » — Ne revêt-il point le caractère d'une inquiétante et sinistre prophétie, à la fin de ce siècle où les problèmes sociaux s'imposent à nos esprits troublés, ce cri d'alarme poussé par le grand romancier, voici bientôt cinquante années, car l'œuvre est de 1845, et n'est-ce point le fait des esprits de haute envergure, comme était le sien, d'avoir pressenti, à l'époque où elle n'apparaissait encore que vaguement indiquée, l'importance de questions dont la solution menace d'être un bouleversement complet de l'ancien état de choses? Changez le milieu, modifiez les personnages : aux paysans substituez le peuple des villes, aggloméré dans les grands centres, dans les usines et les manufactures; en place de l'aristocratie et des propriétaires terriens, qui de plus en plus deviennent rares, le morcellement des fonds s'accentuant de jour en jour, mettez la classe bourgeoise, contre laquelle sont accumulées aujourd'hui plus d'inimitiés et plus de haines qu'il n'en était accumulé il y a cent ans contre la noblesse; opérez cette double substitution : vous n'aurez fait que modifier les acteurs; le problème demeurera toujours aussi insoluble, le danger aussi menaçant. Le drame enfin ne nous apparaît pas moins tragique, ni les préoccupations moins grosses de conséquences!

Mais ce n'est point là le but de notre étude. Nous n'avons pas à examiner la portée sociale de l'œuvre, ou du moins ce ne doit être qu'un souci secondaire. Il convenait de l'indiquer, puisque c'est de là que doivent découler nos observations critiques : conservons lui sa place et son importance relative au point de vue littéraire. A ce point de vue, la question se résume en ceci : en dehors de toute thèse à démontrer, la peinture que Balzac nous a laissée des paysans est-elle conforme à la vérité psychologique, se présente-t-elle à nos yeux comme un tableau correspondant à la réalité des choses? La réponse à cette question se trouve implicitement contenue dans le début de nos observations et dans la remarque faite que le roman avait été « composé pour la démonstration d'un danger social ». C'est assez faire pressentir qu'en mainte circonstance Balzac s'est écarté de la vérité psychologique : en ses grandes lignes du moins a-t-elle été respectée?

Dans l'examen et la comparaison entre ceux des différents groupes sociaux, l'espèce *paysan* nous apparaît avec des traits nettement tranchés qui la différencient de la manière la plus absolue des groupes voisins. Le point de départ et l'origine de sa nature se résolvent en un ensemble d'appétits vivaces, bien qu'à moitié inconscients, qui en font au premier chef un exemplaire accompli de la vie *instinctive*, comme l'animal avec lequel il présente les plus frappantes analogies. Radicalement différent à ce point de vue de l'*ouvrier*, qui gagne à la fréquentation des milieux plus relevés, à la lecture des feuilles publiques et de certains livres, une culture, d'ordre inférieur sans doute, mais incontestable, le *paysan* demeure impuissant à s'élever comme l'ouvrier à la notion d'une idée. Toutes les manifestations de la vie sont subordonnées chez lui à un groupe d'instincts rudimentaires qui le poussent à l'accomplissement de certaines fonctions et de certains actes d'une immuable fixité. Ces instincts, il serait aisé de les énumérer; ils se résument à peu près ainsi : cupidité et avarice se manifestant par l'amour de la terre, qui est pour lui la seule richesse et à laquelle il tient par ses plus profondes racines, comme l'arbre de son champ dont il reproduit à peu de choses près l'existence végétative. Cette donnée là est fondamentale ; quelles que soient les différences psychologiques que nous remarquerons dans la peinture des divers personnages du groupe, il y faudra toujours revenir comme au point de départ de tous leurs actes. Elle réagit avec une toute-puissante influence sur les manifestations de ce qu'on pourrait appeler leur vie morale, s'il s'agissait d'individus plus élevés dans l'ordre de l'intelligence : elle est en quelque sorte l'angle sous lequel ils voient toutes choses, et elle marque la limite de leurs perceptions.

Voilà ce que Balzac a merveilleusement compris *a priori*, si l'on peut ainsi s'exprimer, c'est-à-dire en tant que conception générale de cette classe sociale, dans cette représentation synthétique du groupe qu'il voulait peindre, et dont il allait nous donner une analyse détaillée. Il marque lui-même, en résumant ces instincts, leur nature et leur portée, et tous ses efforts tendront, lorsqu'il s'agira pour lui de décrire les personnages individuels dont l'ensemble constitue l'espèce, à préciser et à accentuer ces instincts. — « Les paysans n'invoquent la morale, à propos d'une de leurs filles séduite, que si le séducteur est riche... L'intérêt est devenu le seul mobile de leurs idées. Il ne s'agit jamais pour eux de savoir si une action est légale ou immorale, mais si elle est profitable... Par la nature de leurs fonctions sociales, les paysans vivent d'une vie purement matérielle, qui se rap-proche de l'état sauvage auquel les invite leur union constante. Le travail, quand il écrase le corps, ôte à

la pensée son action purifiante, surtout chez des gens
ignorants. » — Il y a dans cette phrase l'explication
en même temps que l'excuse de cette infériorité morale, et l'on ne peut s'empêcher de mettre en regard
l'éloquente et lamentable description de La Bruyère :
— «On voit certains animaux farouches, des mâles et
des femelles, répandus par la campagne, noirs, li-
vides, et tout brûlés de soleil, attachés à la terre qu'ils
fouillent et qu'ils remuent avec une opiniâtreté invincible. Il ont comme une voix articulée, et quand ils
se lèvent sur leurs pieds, ils montrent une face humaine : en effet, ils sont des hommes. Ils se retirent
la nuit dans des tanières où ils vivent de pain noir,
d'eau et de racines. Ils épargnent aux autres hommes
la peine de semer, de labourer et de recueillir pour
vivre, et méritent ainsi de ne point manquer de ce
pain qu'ils ont semé. »

Si nous passons maintenant de la conception d'ensemble indiquée par Balzac à la mise en œuvre de
cette conception, autrement dit à la peinture des personnages qu'il présente pour la justifier, c'est alors
peut-être que nous aurons occasion de juger que cette
peinture est volontairement poussée au noir ; non qu'ils
soient le moins du monde faux ou exagérés, ce Fourchon type du paysan rusé et menteur, ce Tonsard,
ivrogne, débauché et voleur ; non qu'elles soient
moins vraies la Tonsard, dans son immoralité bonne
enfant, et les filles Tonsard, qui s'abandonnent
librement et sans frein à leurs instincts, courant
les bois avec les garçons du village et s'oubliant

avec eux sur le revers des fossés. Tout cela est vrai d'une vérité nécessaire. Des êtres n'ayant d'autres données que celles de la vie instinctive, doivent s'y laisser glisser comme les animaux, dont ils sont à ce point de vue les frères à peine supérieurs : cela n'offre rien que de parfaitement normal, et seuls les aveugles ou les niais peuvent s'en montrer surpris ; car si la moralité ne commence pas avec l'aisance, ainsi que le prétend Balzac, elle nous apparaît comme le résultat de l'éducation, puisqu'elle est en dernière analyse la conséquence d'une convention sociale et qu'un effet ne peut exister indépendamment de sa cause. Fourchon, Tonsard, sa femme et ses filles sont donc vrais d'une saisissante vérité ; mais ils ne peuvent pas représenter à eux seuls toute la classe des paysans ; il en est d'autres, à l'état d'exception, je le veux bien, car « l'homme absolument probe et moral est dans la classe des paysans une exception », et ce sont les autres que Balzac nous a laissés par trop ignorer !…

C'est qu'il ne faisait pas ici simplement une peinture — et voici que nous nous trouvons ramenés à nos observations du début. — Balzac prétendait indiquer un danger social : il voulait le préciser avec tout le luxe de preuves que comportait un tel but. C'est là l'impression dominante qu'on éprouve à la lecture de cette œuvre, admirable par endroits, d'une justesse d'observation souvent cruelle et profonde, mais incomplète en certains points, imparfaite, non pas parce que les paysans ne sont pas tels qu'il les a représentés, mais parce qu'il y en a d'autres que ceux qu'il a dépeints, et qu'en ce sens sa peinture ressemble à une toile où les personnages du premier plan seraient seuls visibles, les autres restant dans une ombre presque entière. N'importe, les premiers sont esquisssés par un grand maître, et il convient qu'on s'y arrête.

L'affabulation du roman n'a généralement qu'un intérêt secondaire chez Balzac, comme chez tous les romanciers d'ordre supérieur, et les péripéties que traversent les personnages servent uniquement à nous expliquer leur âme et leurs instincts. Le sujet de l'œuvre est tout entier dans la lutte entre le général de Montcornet, grand propriétaire terrien, et les paysans de sa commune, qui lui portent cette haine et cette envie du misérable pour le riche. Il faut lire en son intégralité la scène où Fourchon, amené au château, expose en une langue tragi-comique, plus tragique encore que comique, car ce sont les accents d'une manière de prophète, les revendications des paysans et fait le tableau de leurs misères : — « J'ai vu l'ancien temps et je vois le nouveau ; l'enseigne est changée, c'est vrai, mais le vin est toujours le même. *Aujord'hui* n'est que le cadet d'hier. Allez, mettez ça dans *vout journiau !* Est-ce que nous sommes affranchis ? Nous appartenons au même village et le seigneur est toujours là : je l'appelle travail... La houe, qui est toute notre chevance, n'a pas quitté nos mains. Que ce soit pour un seigneur ou pour l'impôt qui prend le plus clair de *nout' avoir*, faut toujours dépenser *nout' vie* en sueurs... — Mais vous pouvez choisir un état, tenter ailleurs la fortune, dit Blondet. — Vous me parlez d'aller quérir la fortune?... Où donc irais-je? Pour franchir mon département, il me faut un passeport qui coûte quarante-sous. V'la quarante ans que je n'ai pas pu voir une gueuse *ed'* pièce de quarante sous sonnant dans ma poche avec une voisine. Pour aller devant soi, faut autant d'écus que l'on trouve de villages, et il n'y a pas beaucoup de Fourchon qui aient de quoi visiter six villages... Ce que nous avons de mieux à faire est donc de rester dans nos communes, où nous sommes parqués comme des moutons par la force des choses, comme nous l'étions par les seigneurs. Et je me moque bien de ce qui m'y cloue. Cloué par la loi de la nécessité, cloué par la seigneurie, on est toujours condamné à perpétuité à remuer la *tarre*. Là où nous sommes, nous la creusons la *tarre*, nous la béchons, nous la fumons, nous la travaillons pour *vous aut'* qu'êtes nés riches, comme nous sommes nés pauvres... La masse sera toujours la même : elle reste ce qu'elle est... vous voulez rester les maîtres, nous serons toujours ennemis, *aujord'hui* comme il y a trente ans... Vous avez tout, nous n'avons rien, vous ne pouvez pas *core* prétendre à notre amitié... Eh bien! ça finira mal ; vous serez cause de quelque mauvais coup... La malédiction des pauvres, monseigneur, ça pousse et ça devient plus grand que le *pus* grand *ed'* vos chênes! Et le chêne fournit la potence! Personne ici ne vous dit la *varité :* la v'la la *varité*. J'at-

tends tous les matins la mort ; je ne risque pas grand'-
chose à vous la donner par-dessus le marché, la
varité. »

Assurément, voilà qui est admirable ! Cette pro-
fession de foi du vieux paysan est saisissante de vérité
intense et forte, de bonhomie sincère et ironique ; il
y a là un merveilleux tableau de la sourde colère du
pauvre contre son éternel ennemi ; peut-être néanmoins y découvre-t-on trop nettement derrière le
personnage le talent du romancier qui lui dicte de
telles paroles ! Je ne pouvais m'empêcher, tout en
lisant cette œuvre, de songer à un autre livre, l'un
des plus puissants qui aient été écrits en ces dernières
années, et dont l'inspiration est identique, bien que
le milieu et les personnages soient différents : je
veux parler du *Germinal* de É. Zola. A quarante
années de distance, ce sont les mêmes plaintes, les
mêmes colères, les mêmes revendications de ceux
qui n'ont rien contre ceux qui possèdent : seulement,
les uns sont des ouvriers, les autres, des bourgeois.
L'évolution s'est faite en un demi-siècle, transformant
le milieu et les acteurs du drame. Dans *Germinal*
comme dans les *Paysans* il y a un personnage qui
dirige la lutte, fomente les haines et relève les cou-
rages affaiblis ; c'est un ancien ouvrier, mais un
ouvrier relativement instruit, qui a lu et qui sait ; son
rôle est, à mon sens, mieux expliqué, et je ne crois
pas me tromper en disant que le Souvarine de M. Zola
est plus dans la vérité psychologique que le père
Fourchon de Balzac !

C'est dans les rapports sexuels que s'accentue le mieux la nature instinctive du paysan. Ils nous apparaissent chez lui, non plus même comme la grimace d'un sentiment, mais plutôt comme un retour à l'animalité d'origine et à la fonction première, c'est-à-dire à ce que notre éducation moderne, tout entière basée sur la conception catholique de l'amour, nous désigne comme le plus grossier et le plus haïssable des instincts. Quelque détachés que nous soyons des croyances positives, elle n'en survit pas moins au fond de nous-mêmes, cette manière d'envisager le rapprochement des sexes et de n'y voir d'autre raison, d'autre excuse que la perpétuité de l'espèce, aux yeux de ceux qui sont restés fidèles à leur religion, ou bien la manifestation intérieure d'un sentiment qui atténue par son apparente idéalité ce que l'acte physique présente de trop brutal. C'est là le résultat indéniable de l'influence du christianisme sur notre conception consciente ou inconsciente de la vie, par contraste avec celle des âges primitifs et du monde antique, qui lui était directement opposée. Nul de nous n'y échappe, car c'est un phénomène d'atavisme dont les plus raffinés sont victimes. Chez le paysan, l'amour se montre dans sa réalité brutale, tel qu'il est en dernière analyse, une soudaine poussée du désir, se résolvant en un spasme court et violent auquel succède l'indifférence. Il n'y faut point chercher autre chose que la manifestation du plus impérieux des instincts. C'est précisément ces instincts que M. Zola a tracé, au travers de ses différentes œuvres, une peinture puissante et précise, grâce à laquelle certains de ces romans vivront, et voilà pourquoi aujourd'hui les amours sentimentales des paysans de George Sand nous semblent d'insipides fadaises d'opéra-comique.

Balzac, qui a tout compris dans les différentes classes sociales dont il s'est fait l'historien, Balzac avait bien senti que telle était l'essence même de l'amour chez le paysan. S'il ne l'a pas dépeint avec l'intensité que nous constatons chez M. Zola, c'est que d'abord son tempérament d'artiste ne l'y poussait pas aussi fatalement que l'auteur de *Germinal*. C'est qu'aussi ses efforts d'écrivain se sont portés ailleurs et n'ont été que momentanément concentrés sur ce point. J'ai dit que néanmoins sa conception de l'âme rurale avait été la vraie en ce qui touche l'amour. Il suffit, pour vérifier l'exactitude de cette assertion, d'examiner au cours du roman le personnage de Catherine Tonsard, de la suivre dans ses fantaisies amoureuses. Seulement Balzac ajoute à son impudeur une sorte de raffinement voisin de la férocité qui l'élève au-dessus des instincts vagues de sa classe et en fait un démon femelle acharnée à la ruine de ce qu'elle hait. — Suivez le développement de cette nature dans la scène où elle entreprend de séduire, pour la livrer à la passion brutale de son frère, la douce et innocente Péchina, cette fille ardente mais pure, qui, tout inconsciemment, s'éveille au sentiment d'amour. Voyez avec quelle ruse et quelle adresse savante elle lui glisse dans

l'oreille les paroles qui la perdront, irritant en elle
cette curiosité inhérente à la femme, et lui décrivant
les plaisirs qui l'attendent à la foire de Soulanges. —
« On dit que c'est bien beau la foire à Soulanges,
s'écria naïvement la Péchina. — Je vas te dire ce
que c'est en deux mots, reprit Catherine. On y est
reluquée quand on est belle. A quoi cela sert-il donc
d'être jolie comme tu l'es, si ce n'est pour être ad-
mirée par les hommes? Ah! quand j'ai entendu dire
pour la première fois : « Quel beau brin de fille ! » tout
mon sang est devenu en feu. Viens-y donc écouter
cette bénédiction de l'homme, elle ne te manquera
pas ! s'écria Catherine... Oh ! si tu savais ce que c'est
que de régner sur un homme, d'être sa folie et de pouvoir lui dire : « Va là », comme je le dis à Godain, et
qu'il y va... « Fais cela » et il le fait !... Et tu es tour-
née, vois-tu, ma petite, à démonter la tête à un bourgeois comme le fils à M. Lupin. » — C'est ainsi qu'elle
attire la pauvre enfant sans défiance jusqu'à l'endroit
où son frère est caché : alors ils joignent leurs efforts
et la renversent à terre, Catherine la tenant immo-
bile et la livrant à sa brutalité. Un hasard seul sauve
la Péchina, le hasard d'une rencontre, et telle est la
crainte que lui inspire Catherine qu'elle n'ose pas la
dénoncer.

De semblables scènes font comprendre ce qu'est
la férocité de l'homme en proie à ses instincts ; elles
prouvent, mieux que toute démonstration scientifique,
ses origines animales et les retours de sa nature vers
le point d'où il est parti. La réalité de la vie nous

montre des scènes aussi atroces ; il appartient donc légitimement à l'historien des mœurs de nous en tracer l'image. On comprend également ce sauvage et profond égoïsme qui domine chez la plupart des paysans et dicte à Balzac cette description de leurs rapports entre eux : — « De l'autre côté du bassin de l'Avonne, les vieillards impotents tremblent de rester à la maison, car alors on ne leur donne plus à manger ; aussi vont-ils aux champs tant que leurs jambes peuvent les porter ; s'ils se couchent, ils savent très bien que c'est pour mourir, faute de nourriture. » — La peinture sera complète et définitive quand nous les aurons vus en groupe, s'excitant les uns les autres, poussant leurs cris de haine et de vengeance contre l'ennemi commun, proférant des menaces de mort et réclamant leur part, poussés par Fourchon, le paysan-prophète que nous avons déjà vu : — « Salut, cria le vieillard ; vous êtes beaucoup de gredins ici. Salut, dit-il à sa petite-fille qu'il surprit embrassant Bonnebault ; salut, Marie, pleine de vices ; que Satan soit avec toi ! Sois maudite entre toutes les femmes. Salut, la compagnie, vous êtes pincés ! vous pouvez dire adieu à vos gerbes. Il y a des nouvelles ; je vous l'ai dit que le bourgeois vous materait ; eh bien, il va vous fouetter avec la loi. — Il y aura du sang répandu, dit Nicolas d'un air sombre. Si vous voulez m'écouter, on descendra Michaud. Mais vous êtes des veules et des drogues. » — La lutte s'accentue et rien n'y fera, ni les procédés d'intimidation, ni la patience, ni la douceur. Le général de Montcornet et sa femme essayent de faire le bien, de secourir les malades, de distribuer des aumônes. Ils n'arrivent qu'à irriter des jalousies et à accentuer les haines. Les vexations deviennent telles qu'ils en sont réduits à quitter le pays et à vendre leur domaine. Ils se retirent vaincus!...

Et c'est là, je ne dis pas la preuve, — car le mot de preuve n'aurait ici aucun sens, — mais la reconnaissance, l'affirmation du sage relativement à l'inutilité de la philanthropie comme remède aux misères sociales. Tous ceux-là qui espèrent, par la charité, par les bons traitements, par la générosité, si large soit-elle, diminuer en quelque façon le divorce existant entre les classes riches et celles qui souffrent, faire cesser même un jour la sourde hostilité des unes à l'égard des autres, tous ceux-là se bercent d'une illusion consolante, mais fausse; si même ils agissent en vue de ce résultat, ajoutons qu'ils font un véritable marché de dupe. La philanthropie, fût-elle cent fois plus grande qu'elle n'est même aujourd'hui, ne saurait avoir d'influence sur les rapports des différentes classes; elle peut dans certains cas agir individuellement; elle n'agira jamais sur les groupes, et ceux qui la pratiquent avec cette arrière-pensée se trompent étrangement. Car ce serait la solution toute trouvée de la question sociale, et s'il est un problème qui paraît insoluble, c'est, à n'en pas douter, celui-là. Ce qui ne veut pas dire que dans ses applications il faille la restreindre; quand bien même elle arriverait à produire des résultats encore moins

palpables que ceux qu'en attendent les plus clair-
voyants d'entre nous, elle devrait être pratiquée ; disons mieux : elle devrait l'être d'autant plus qu'elle
nous apparaîtrait en ce cas plus noble, étant plus
désintéressée : la sympathie humaine d'ailleurs nous
est une garantie de sa durée. Que ce soit du moins
sans illusion sur ses conséquences possibles. Nous y
gagnerons de n'avoir pas été dupes, ce qui est une
supériorité intellectuelle, et d'avoir rempli un devoir
sans en attendre de récompense, ce qui est la plus
éminente des supériorités morales !

Dans le cours de cette étude nous avons parlé du
Germinal de M. Émile Zola, et nous avons rapproché cette œuvre des *Paysans* de Balzac. Nous
ne pouvons mieux faire en terminant que de les rapprocher encore, puisqu'elles résument, à cinquante
années de distance, chacune suivant le tempérament
propre à son auteur, la crise sociale sous les efforts
de laquelle notre monde moderne risque de sombrer,
le *Germinal* de M. Zola avec une réalité autrement intense et menaçante. C'est là leur plus grand
mérite à toutes deux, comme ce sera la plus incontestable gloire des écrivains qui les ont conçues !...

L'étude des *Paysans* nous a montré la vie de
campagne en son instinctive et rudimentaire brutalité. Il nous a été donné d'y suivre, dans le développement de leur nature, ces êtres primitifs, si proches
de l'animalité par leurs appétits et dont les manifestations extérieures nous semblent un perpétuel retour vers elle. C'est que, s'il n'est pas exact de dire

avec Balzac que « la moralité commence avec l'aisance », — et par moralité entendons tout ce qui nous dégage du pur instinct pour nous élever au sentiment, — il est du moins certain qu'elle est une conséquence immédiate de l'éducation. Le fond naturel de l'homme est la méchanceté et la bassesse, et comme le disait un grand artiste : — « La connaissance du devoir ne s'acquiert que très lentement; ce n'est que par la douleur, le châtiment et par l'exercice progressif de la raison que l'homme diminue peu à peu sa méchanceté naturelle. » — Dans cette peinture, outrée par instants, mais significative et puissante, d'une vérité saisissante presque en tous ses détails, la vie de campagne nous est apparue comme une réalité laide et grossière, bien faite pour répugner aux instincts délicats de l'homme qui s'est moralisé par l'exercice progressif de la raison. Nous avons tenté de marquer pour quels motifs ce roman pouvait être taxé d'outrance. Nous avons avancé qu'au milieu de cette bassesse, de cette immoralité générale, certains êtres pouvaient exister donnant le plus complet démenti à ce principe posé. Balzac ne l'ignorait pas, et il semble qu'il ait écrit ses autres scènes de la vie de campagne pour créer un vivant contraste avec cette première œuvre,

Prenons le *Curé de village*. Imaginez un être naturellement noble, doué d'une âme élevée, ayant grandi dans une atmosphère d'honneur et de devoir, habitué dès sa jeunesse à la scrupuleuse observance des obligations morales. Une éducation religieuse

solide et les tendances mêmes de son esprit l'ont conduit à envisager comme seul important le service de
Dieu : d'autre part, l'absence entière d'ambition et
cette haute sagesse qui mène les êtres supérieurs
au détachement des honneurs humains ont borné ses
aspirations à la desservance d'une petite cure de village. N'oubliez pas que vous avez affaire non seulement à une supériorité morale de premier ordre,
mais encore à une incontestable supériorité intellectuelle. Il ne s'agit plus du simple curé de village observant honnêtement, mais étroitement, les devoirs
de son ministère, d'un esprit à peine supérieur à celui des pauvres gens dont il a la direction morale.
Tel est le curé de village de Balzac; vous voyez
quelle noblesse touchante et haute communiqueront à cette physionomie déjà si pure la vie de campagne et le développement de son existence dans un
pareil milieu. L'humilité de ses fonctions, au lieu
d'être une déchéance, devient au contraire une perpétuelle auréole qui illumine cette figure déjà radieuse. Il apparaît, dès l'abord, tel qu'un sage, entièrement détaché des préoccupations terrestres,
ayant acquis dans l'exercice de la méditation et du
perpétuel retour sur lui-même cette haute insouciance des agitations stériles, et terminant dans l'accomplissement de devoirs saintement remplis une
existence qui demeurerait toute contemplative, si la
perfection de ses qualités morales ne le poussait à
faire le bien autour de lui.

Dans une telle peinture, la vie de campagne, loin

d'être, comme dans l'œuvre des *Paysans*, un élément de vulgarité, sera la raison de cette sagesse et de cette pureté ; elle nous semble le décor nécessaire d'une telle vie ; elle nous représente l'atmosphère purifiante au milieu de laquelle une âme si haute peut atteindre à la perfection de développement moral dont le curé Bonnet donne le magnifique exemple. Il n'est pas jusqu'à l'humilité de ses moyens d'existence, jusqu'à la médiocrité de son intérieur, jusqu'à la pauvreté de son église qui ne soit le complément nécessaire, l'explication de sa conduite, comme nous avons accoutumé de lire en la biographie des plus éminents esprits ce détachement du confort et des jouissances matérielles si chères aux autres hommes. L'âme, tout entière absorbée par des préoccupations plus nobles, ne se soucie aucunement de ces choses, et leur absence contribue à expliquer de telles existences. Non seulement elle contribue à les expliquer, mais elle en fait la « poésie », de même qu'une simple église de village peut à certaines heures du jour et dans de certaines dispositions d'âme nous communiquer une impression plus religieuse que la plus splendide cathédrale. — « Malgré tant de pauvreté, cette église ne manquait pas des douces harmonies qui plaisent aux belles âmes et que les couleurs mettent si bien en relief... A l'aspect de cette chétive maison de Dieu, si le premier sentiment était la surprise, il était suivi d'une admiration mêlée de pitié. N'exprimait-elle pas la misère du pays ? Ne s'accordait-elle pas avec la simplicité naïve du presbytère? Elle était d'ailleurs propre et bien tenue. On y respirait comme un parfum de vertus champêtres, rien n'y trahissait l'abandon. Quoique rustique et simple, *elle était habitée par la prière, elle avait une âme : on la sentait, sans s'expliquer comment!* »

Cette âme de la petite église de village, c'est l'âme même du curé Bonnet, une âme d'un ordre rare et d'une singulière pureté, faite pour inspirer l'admiration et pour attirer les réciproques confidences. Toute sa conduite s'explique par des mobiles intérieurs de la plus haute noblesse. A l'abbé Gabriel, type du prêtre mondain, qui est entré dans les Ordres pour « faire une belle carrière », et qui lui demande avec étonnement pour quelles raisons il a embrassé l'état ecclésiastique, l'abbé Bonnet répond simplement : — « Je n'ai point vu d'état dans la prêtrise. Je ne comprends pas qu'on devienne prêtre pour des raisons autres que les indéfinissables puissances de la vocation. »

Tel est le type du prêtre accompli, si noble et si rare, comme toute chose belle en ce monde, figure à jamais respectable et digne de notre admiration, quelles que soient les croyances de celui qui l'approche, car il offre l'exemple de ce qui se rencontre ici-bas de plus précieux et de plus pur : le dévouement à un idéal supraterrestre ! Frère du savant convaincu et de l'artiste passionné, il mérite un respect non moindre que ceux-ci, parce qu'il poursuit comme eux un but supérieur et que son âme nous paraît d'une essence aussi rare que la leur. De même que le savant et l'artiste apportent à l'humanité souffrante le fruit de leurs découvertes et le baume consolant de la beauté, le curé Bonnet communique à ceux qui l'entourent le réconfort de ses pieux enseignements ; pour les humbles, il est le pasteur respecté dont la parole est écoutée comme un oracle : à ceux que l'existence passionnée a jetés hors des voies droites de la vertu, que les exigences d'une nature extrême a poussés vers des actes que le monde réprouve, il donne la consolation suprême. A une madame Graslin, torturée par le remords, il apporterait le calme, si le calme pouvait exister pour une telle âme. Il prononce du moins les seules paroles qui puissent convenir à sa situation morale et dévoile en les prononçant la supériorité de son esprit : — « Vous n'êtes pas juge dans votre propre cause ; vous relevez de Dieu, dit le prêtre ; vous n'avez le droit ni de vous condamner ni de vous absoudre. Dieu, ma fille, est un grand reviseur de procès. — Ah ! fit-elle. — *Il voit l'origine des choses, là où nous n'avons vu que les choses elles-mêmes.* » — Le curé Bonnet est une des plus hautes figures de Balzac, une des plus sereines et des plus imposantes parmi les agitations et les troubles de la comédie humaine...

La campagne est un milieu exceptionnellement favorable au développement des natures riches non pas seulement par le cœur, mais aussi par l'intelligence. Edgar Poë écrivait qu'au nombre des conditions indispensables, selon lui, pour faire une existence heureuse, il fallait compter la vie en plein air :

— « Les idées de mon ami, dit-il dans le domaine d'Arnheim, peuvent être résumées en quelques mots. Il n'admettait que quatre principes, ou plus strictement quatre conditions élémentaires de félicité. Celle qu'il considérait comme la principale était — chose étrange à dire — la simple condition purement physique du libre exercice en plein air. La santé, disait-il, qu'on peut obtenir par d'autres moyens est à peine digne de nom. » — Edgar Poë semble se placer ici au point de vue exclusivement physique ; mais les conditions physiologiques du développement ne réagissent-elles pas, et puissamment, sur les conditions morales ? Après un mûr et rigoureux examen des faits, ne sommes-nous pas amenés à confondre les deux et à les envisager dans un rapport de cause à effet ?

La première condition pour que la vie de campagne puisse produire les conséquences que nous marquons, est que l'individu qui s'y trouve soumis soit déjà moralement ou intellectuellement riche, c'est-à-dire qu'il ait des facultés assez hautes pour supporter la solitude. C'est ici le lieu de rappeler la magnifique page de Schopenhauer sur la solitude, conséquence de la supériorité : — « Toute société exige nécessairement un accommodement réciproque, un tempérament : aussi, plus elle est nombreuse, plus elle devient fade. On ne peut être *vraiment soi qu'aussi longtemps qu'on est seul.* Qui n'aime donc pas la solitude, n'aime pas la liberté, car on n'est libre qu'étant seul. Toute société a pour compagne inséparable la contrainte et réclame des sacrifices qui

coûtent d'autant plus cher que l'individualité est plus
marquante. Par conséquent chacun fuira, supportera
ou chérira la solitude en proportion exacte de la
valeur de son propre *moi*. C'est là que le mesquin
sent toute sa mesquinerie, et le grand esprit toute sa
grandeur : bref chacun s'y pèse à sa vraie valeur. »
— La seconde condition, qui n'est que le corollaire
de la première, c'est qu'une activité quelconque
vienne remplir cette solitude et la meubler en quelque sorte, car — et c'est encore Schopenhauer qui
l'affirme après Aristote, — « la vie est dans l'activité. Plus cette activité sera d'ordre noble, plus
hautes seront les facultés qu'elle mettra en jeu, plus
la nature intime de l'être soumis à ce régime se développera noblement, et tendra vers des fins supérieures. »
Cette idée de la bienfaisante action d'une vie solitaire dut hanter Balzac, et ce fut pour lui donner un
corps qu'il créa ces deux types si rares et si nobles :
l'abbé Bonnet et le médecin Bénassis. Dans la
retraite où ils vivent, ils tendent tous deux vers le
développement le plus complet de leur être intérieur,
et tous deux y tendent pour des causes différentes :
le premier, en vertu de sa nature intime et parce que
la simplicité de ses goûts, jointe à l'absolue conviction
de la foi, lui marque sa vocation, ainsi qu'il le dit lui-
même. Le second se consacre à une existence de
dévouement pour oublier une vie antérieure troublée
par des passions multiples, et s'il nous semble aussi
noble que l'abbé Bonnet dans l'exercice de ses bien-

faisantes fonctions, peut-être les événements de son passé le diminuent-ils à nos yeux! Il n'arrive en effet à la noblesse morale qu'assez tardivement, après de cruelles expériences : le récit de ses années de jeunesse, la confession qu'il fait à son ami Genestas expliquent entièrement sa conduite : — « Je cherchais alors à me faire une vie autre que celle dont les peines m'avaient lassé. Il me vint au cœur une de ces pensées que Dieu nous envoie pour nous faire accepter nos malheurs. Je résolus d'élever ce pays comme un précepteur élève un enfant. Ne me sachez pas gré de ma bienfaisance : j'y étais intéressé par le besoin de distraction que j'éprouvais. »

Il s'explique lui-même par ces paroles. Ce besoin d'activité qui est au fond de tout être va chercher à se satisfaire dans la bienfaisance et la charité : il entreprendra d'améliorer le sort de ceux qui l'entourent, de les intéresser au travail, de développer en eux l'instruction et de les moraliser par le bien-être : — « Je ne me suis abandonné à aucune illusion ni sur le caractère des gens de la campagne, ni sur les obstacles que l'on rencontre en essayant d'améliorer les hommes et les choses. Je n'ai point fait des idylles sur mes gens ; je les ai acceptés parce qu'ils sont de pauvres paysans, ni entièrement bons, ni entièrement méchants, auxquels un travail constant ne permet point de se livrer au sentiment, mais qui parfois peuvent sentir vivement. Enfin j'ai surtout compris que je n'agirais sur eux que par des calculs d'intérêts et de bien-être immédiat. »

C'est là de bonne psychologie en matière d'éducation. Bénassis disserte beaucoup dans le cours de cet ouvrage ; il est quelquefois fatigant par sa manière de philosopher : on sent trop souvent Balzac derrière les idées qu'il exprime. Ses narrations sont d'une longueur exagérée et ses vues sur la société à maintes reprises fastidieuses. — On n'en goûte que mieux par contraste les pages où *il agit*, tout le chapitre par exemple dans lequel Balzac le montre parcourant, avec Genestas, la campagne où se trouvent disséminées les maisons des paysans de sa commune. Il apparaît là dans toute la noblesse de sa nature, faisant le bien simplement et grandement, consacrant son temps, son intelligence et son activité avec ce désintéressement des âmes dont le sacrifice fait la grandeur !

FIN.

TABLE DES MATIÈRES

CHAPITRE PREMIER

LA PRÉFACE DE LA « COMÉDIE HUMAINE ».

Conception d'ensemble de la *Comédie humaine* : comment elle
s'opéra. — Solidarité des phénomènes de la vie ; esprit généralisateur de Balzac. — Nature du véritable esprit scientifique. —
L'esprit *systématique,* soutien de toute grande œuvre.
L'idée *maîtresse* de la *Comédie humaine* : l'humanité et l'animalité. — Doctrine de l'*Évolution* opposée à celle de la *Création.*
— L'*Unité de plan* appliquée aux espèces sociales. La théorie
des *Milieux* et des *Types* indiquée par Balzac. Réaction de ces
idées sur l'œuvre.
Les *Idées à côté* : La théorie des *Forces.* — Conception *amorale*
de l'art. — Seule lacune de ses vues d'ensemble en ce qui touche
la religion   1

CHAPITRE II

LES JEUNES GENS.

Naissance du sentiment d'amour chez le jeune homme. *Calyste de
Guénic.* — Éveil de la jalousie maternelle : mélange de crainte
et de fierté. — Caractéristique de ce premier amour : timidité
apparente. — Violence foncière de l'instinct du sexe.
Rastignac : complexité de ses tendances. — Absence de frein moral. Nature ondoyante de sa personnalité. Théorie psychologique
de M. Taine. — Ses luttes ; ses volte-face ; pour quels motifs il
doit succomber.
Point commun aux principaux jeunes gens de Balzac : *aucun principe directeur de la vie. Félix de Vandenesse.* — Souffrances des

 âmes d'élite. Réaction salutaire de ces souffrances : leur importance comme préparation à l'amour. — Relations du jeune homme avec la femme déjà mûre. Illusion volontaire de celle-ci : semblant de maternité.

L'amour subordonné au sentiment : *Lord Grenville*. Extrême rareté de son cas. Cause de séduction d'un ordre unique...   **17**

CHAPITRE III

LES JEUNES FILLES.

Comment Balzac a conçu les jeunes filles : leur caractère de *passivité* dans l'amour. Il les a peintes en grisaille.

Leur impersonnalité due surtout à l'éducation. — Rôle capital de l'éducation : ce qu'elle est; ce qu'elle devrait être. — Idées de Balzac à ce sujet : *Mme du Tillet* et *Mme Félix de Vandenesse*.

Césarine Birotteau : la jeune fille de la petite bourgeoisie. — Caractère égoïste de l'amour.

Éveil de l'amour chez la jeune fille : signes physiologiques. *Ursule Mirouet*. La jeune fille guidée par l'instinct. Balzac applique la théorie de Schopenhauer.

Eugénie Grandet. La femme créée par l'amour.

Véronique Graslin. L'amour né d'émotions intellectuelles...   **51**

CHAPITRE IV

LES FEMMES MALHEUREUSES.

Seule manière de comprendre les « femmes » de Balzac : les aimer. — Rôle de l'*imagination sympathique*.

La femme abandonnée : *Mme de Beauséant*. — Solitude hautaine et fière. Dédain du monde. — La persistance du besoin d'aimer.

Rapports de l'homme et de la femme dans le mariage. Gravité de la question. Souveraine maîtrise de Balzac : *Mme d'Aiglemont*. — Contraste entre les lois sociales et les besoins des âmes supérieures. Le mariage, prostitution légale. — Première rencontre de la jeune fille avec les réalités de l'amour. — Désaccord sensuel entre les époux. Infériorité fréquente du mari : *le colonel d'Aiglemont*.

La fidélité dans l'amour; fidélité au souvenir : elle manque à Julie d'Aiglemont.

Mme de Mortsauf : prédilection de Balzac pour ce personnage. Avec quel amour il l'a peint. Sa vie n'est qu'une souffrance ininterrompue. — Illusions de maternité.

Les âmes qui ont une fin unique : l'amour. *Mme Graslin* et Mme de Mortsauf. Points communs et différences. Disproportion du rêve et de la réalité. — Les femmes mères ; les femmes amantes. — La souffrance, cause de développement de la vie intérieure. — L'adultère moral aussi grave que l'adultère physique.

Mme Hulot : l'amour conjugal résigné. Sentiment du devoir accompli. Objections adressées au personnage. Défense de Mme Hulot.

Mme Claës : sentiment d'amour chez la femme contrefaite. Séduction morale toujours renouvelée ; séduction physique toujours la même.

La faiblesse, séduction décisive des femmes de Balzac. Caractère transfigurateur de la poésie........................   73

CHAPITRE V

LES COURTISANES.

Sur la liberté de l'art. L'art purifié par l'artiste.

Puissance et fatalité de l'instinct d'amour. — *Esther.* L'âme demeurée vierge en dépit des souillures physiques. Réapparition des premiers instincts. Toute la psychologie d'Esther repose sur des observations physiologiques. — Rapprochement entre Balzac et Goya. — Auréole poétique d'Esther. Elle est plutôt une « femme malheureuse » qu'une courtisane.

L'inconscience acquise, trait caractéristique de la *Fille. Josépha. Jenny Cadine.*

La courtisane consciente : *Valérie Marneffe.* — Obsédante réalité de ce type. — Pour le psychologue, rien que des états d'âme nécessaires et tranchés. Balzac à la fois moraliste et psychologue ; ne se contente pas de peindre un personnage ; précise sa réaction sur son milieu. Valérie Marneffe, la courtisane bourgeoise. Caractère redoutable de ce type. Différence avec la « fille » : tout en elle est dissimulé. Diversité de ses incarnations ; ressources inépuisables de son esprit. — Sa mort, impuissante à faire naître la pitié.

La servante maîtresse : *Flore Brazier.* Sa fonction sociale. Ses lâchetés de fille ; une seule chose lui manque pour se développer : un milieu favorable.

Irresponsabilité originelle de la courtisane : les protections sociales, seules causes de vertu.

La courtisane femme du monde : *Mme de Rochefide*. Rapprochement avec Valérie Marneffe...................... **113**

CHAPITRE VI
LES PERSONNAGES EXCESSIFS.

Le roman de *caractères* et le roman de *mœurs*. — Balzac a excellé dans les deux. — Diversité des êtres et des destinées. — Il ne vit dans le monde que des *forces* en mouvement.

Goriot : caractère absorbant de son amour. — En quoi il a donné prise aux attaques. — Goriot, création shakespearienne. — Rapprochement avec le *roi Lear*.

Persistance de l'instinct sexuel. L'amour chez le vieillard : *Hulot*. — Caractère tragique et douloureux de sa passion. — Il la constate et la déplore lui-même. — Jusqu'où il descend. — Hulot est un véritable *symbole*.

Les passions *égoïstes* et les passions *altruistes*. — L'avarice, passion égoïste. — L'absorption monomaniaque : *Grandet*.

Vautrin : Sa signification et sa portée symbolique. — Tout est étrange et hors cadre en lui. — Ses vues d'ensemble sur la vie. — Son don de pénétration psychologique. Précision et hardiesse de ses jugements. — Il est artiste et poète. — Transposition ou dédoublement de sa personnalité. — Ses amours et ses haines. — La plus haute figure de Balzac.

Nouvelle application de la théorie des *forces* : *Philippe Bridau*.

L'idée fixe ou monomanie : *Balthazar Claës*. — La maladie mentale inguérissable.

Les personnages excessifs chez Dickens et Balzac. — Dans leurs créations on retrouve les qualités de leur race. — Chaque tendance doit être poussée à l'excès pour être comprise. — Les passions originelles et les passions tardives : les premières, bienfaisantes ; les secondes, meurtrières.

Identité foncière de l'âme humaine........ .... **147**

CHAPITRE VII
LES ARTISTES.

Amour de Balzac pour l'artiste. — Il s'est attaché surtout à l'artiste incomplet.

Lucien de Rubempré. — Côtés féminins de sa nature. — Sa délicatesse de complexion. — Ses initiations sentimentales : Mme de Bargeton. — Ses désillusions à Paris, comme homme et comme artiste.

Daniel d'Arthez, contraste vivant avec Rubempré. — Il représente l'énergie virile et la volonté.

Tentative de Balzac pour réhabiliter l'artiste; il généralise le type de d'Arthez. — Conception fausse d'une société d'artistes idéale. — Ce que sont en réalité les artistes entre eux.

Haine de Balzac pour le journalisme : les souffrances qu'il endure. Il se venge dans les *Illusions perdues.* Il réunit dans le personnage de *Lousteau* tout ce qu'il a vu de lâche et de vil.

Satire cruelle du journalisme. — Portée de ses jugements : le journalisme destructeur de la personnalité. Lucien de Rubempré succombe.

Raoul Nathan assez semblable à d'Arthez, mais inférieur.

Isolement nécessaire au véritable artiste. — Exemple de Balzac.

Wenceslas Steinbock : Le Rêve et la production.

Joseph Bridau : Rapprochement avec Balzac.

La femme artiste : Camille Maupin. Virilisation du type féminin.

Portrait du poète : *Louis Lambert.* — Différences avec le milieu. — Souffrances inévitables. — Révoltes : Chateaubriand, Shelley, A. de Vigny, Baudelaire, Edg. Poë. — Louis Lambert est presque une autobiographie. — La vie au collège. — Horreur de la promiscuité. — Compensations du poète : Tendresse et sensibilité. — Impuissance dans le domaine de la vie active.

Conditions indispensables à un mouvement d'art réformateur.   199

CHAPITRE VIII

LA VIE BOURGEOISE.

Principe d'esthétique moderne posé par Balzac : L'imagination sympathique peut s'attacher à toute classe sociale. — La bourgeoisie : *César Birotteau.* — Le bourgeois : Sens spécial donné au mot. — Mélange d'honnêteté stricte, de simplicité d'esprit et de vanité. — Rapprochement entre Birotteau et *Homais :* Homais, caricature de Birotteau.

La femme dans la bourgeoisie : *Mme Birotteau.* Sa supériorité de jugement. — La femme dans le peuple. — Élévation morale de Mme Birotteau : Elle est la *femme forte.* — Sa supériorité sur son milieu.

Ridicules de Birotteau, rachetés par ses vertus : Birotteau *grandi par le malheur*.

Le parvenu : Crevel. — Points communs entre Crevel et *M. Prud-homme.* — L'esprit satirique de Balzac. Crevel n'est plus seulement un portrait : c'est une caricature.

La classe bourgeoise. Etudes de groupes : *Les petits bourgeois.* — Encore l'esprit satirique : *Thuillier :* L'employé de bureau. — *Minard :* L'inventeur de lieux communs.— *Phellion :* L'honnê-teté niaise. — *Colleville :* L'esprit capable et gausseur.

La Peyrade : Comment il domine ce groupe. — Ses relations avec *Mme Colleville.* — La bourgeoise en quête d'émotions. — Le *comédien* dans La Peyrade. — Comment il est passé maître en l'art de tromper la femme. — Procédé infaillible : emphase et exagération du sentiment.......................... **243**

CHAPITRE IX

LA VIE DE PROVINCE

Haine de Balzac pour l'esprit provincial. — Première partie des *Illusions perdues.* — Les portraits n'ont pas vieilli : Le gentil-homme campagnard : *M de Chandour,* prototype du *Rodolphe de Madame Bovary.* — *M. de Saintot, M. de Barta.* La préten-tion jointe à l'ignorance.

Grossissement voulu des traits physionomiques. — Procédé iden-tique à celui de la *caricature.* — Les conversations complètent les portraits.

La bassesse des sentiments. — Rapprochement avec La Bruyère. *Les âmes pétries de boue et d'ordure.* — *Minoret-Levrault.* — *Goupil.* — *Mme Crémière.*

Quelques âmes nobles par exception : Le docteur *Minoret* — L'abbé *Chaperon.* — Ils vivent isolés, sans rapports avec les autres.

Solidarité de la vie de province. — La vieille fille : *Mlle Cormon.* — Le désir du mariage devenu obsession : Elle suscite la pitié plutôt que le sarcasme. — Elle est dupe jusqu'à la fin... **269**

CHAPITRE X

LA VIE DE CAMPAGNE

Idée maîtresse et portée sociale du roman *les Paysans :* Son caractère en quelque sorte *prophétique*. — Balzac pressent les revendications sociales.

L'âme paysanne composée de quelques instincts rudimentaires. — La vie morale n'y dépasse guère la limite de ces instincts. — Cette conception se dégage à merveille des types de Balzac: *Fourchon. Tonsard.*

Grossissement voulu jusqu'au tragique du type de *Fourchon*. — On sent trop Balzac derrière son personnage. — Le *Germinal*, de M. É. Zola: *Souvarine* opposé à *Fourchon*.

Exclusivisme de l'instinct dans les rapports sexuels. Le paysan s'accouple comme l'animal. Retour aux origines premières de l'homme.

Le *Curé de village*, contraste avec les *Paysans*. — Influence toute puissante de l'éducation. — Noblesse et pureté du type du curé *Bonnet*. — Haute poésie de cette figure. — Il est une manifestation de l'idéal.

Influence bienfaisante de la nature sur certains esprits. — *Bénassis*. — Le sens de la solitude. — Grandeur morale de la vie solitaire. **290**

PARIS. — TYP. DE E. PLON, NOURRIT ET Cie, RUE GARANCIÈRE, 8.

www.ingramcontent.com/pod-product-compliance
Lightning Source LLC
LaVergne TN
LVHW021235170726
843501LV00003B/790